금융파생상품

조 기 현

청목출판사

머리말

1970년대에 들어 브레튼우드 체제에 의거한 고정환율제가 변동환율제로 바뀌었다. 그리고 미국을 중심으로 한 각국의 통화정책의 기반이 이자율 중심에서 통화공급 중심으로 바뀌었다. 이같이 그동안 각국 정부의 간섭과 통제에서 시장논리를 존중하게 되는 커다란 변화의 물결은 지금까지도 계속됨으로써, 세계적으로 자율화 내지 규제완화가 급진전되고 있는 상황이다.

그러나 이같은 세계 각국의 금융시장에서의 환경변화는 환율과 금리의 변동폭을 확대시킴으로써 그만큼 금융시장이 가격위험을 부담하게 되었으며, 따라서 그만큼 금융기관 간의 경쟁이 심화되었다. 이에 따라 그동안 안정적이었던 금융기관의 수익기반이 악화됨으로써, 이에 대한 위험을 회피하여 금융기관이 안정적인 수익을 확보하기 위한 수단으로서 파생상품에 대한 관심이 고조되었으며, 최근 특히 선물, 스왑, 옵션 등 금융파생상품이 급속히 발달하게 된 것이다. 그러나 이로 인해 금융시장이 전보다 훨씬 다양화됨으로써 금융기관 간의 경쟁은 더욱 심화되고 말았다. 이같은 금융시장에서 지나친 자율화 내지 규제완화의 진전으로 인해, 결과적으로 2007년 9월에 미국발 세계적인 금융위기가 초래되기도 했던 것이다.

우리나라에서도 지난 외환위기를 계기로, 정부규제들이 전면적으로 철폐되고 있는 추세이다. 그리고 선물, 스왑, 옵션의 거래가 증가하면서 금융시장에서의 변화가 본격화되고 있다. 따라서 실제로 우리나라의 금융기관도 무한경쟁시대를 맞이함으로써, 본래부터 갖고 있었던 신용위험은 물론, 금리위험, 환위험, 가격위험, 유동성위험 등 다양한 위험에 직면하게 된 것이다. 즉 이같은 상황 속에서 우리나라의 금융기관은 증권과 금융파생상품의 거래를 통해, 다양한 수익원천과 위험관리 수단을 확보하는데, 치열한 경쟁을 벌이고 있는 것이다.

이같은 선물, 스왑, 옵션 등 금융파생상품은 주식과 채권 등의 본원증권과 달리, 상대적으로 적은 금액으로 많은 양의 거래가 가능하다. 즉 이같이 파생상품은 본원증권과 달리 레버리지가 크기 때문에, 이들 거래로 인한 수익의 폭과 손실의 폭이 커질 수밖에 없는 것이다. 따라서 금융파생상품 거래로 보다 안정한 수익을 제고시키기 위해서는 각종 위험을 고려하지 않으면 안되는 것이다.

그리고 이같은 금융파생상품의 거래는 위험에 대한 효율적인 헤지수단이 되기도 한다. 따라서 금융파생상품의 위험성이 아무리 크다 하더라도 우리나라의 금융시장이 개방된 이상, 선진금융기법을 갖고 있는 세계 유수의 금융기관과 기업과 경쟁할 수밖에 없다고 하는 측면에서 보면, 이같은 금융파생상품에 대한 연구에 몰두해야 할 것이다.

본서는 선물, 스왑, 옵션 등과 같은 금융파생상품에 대한 내용에 대해 될 수 있는 한 쉽게 이해하도록 서술하고자 노력하였다. 즉 이같은 금융파생상품에 대해 반드시 알아두어야 할 부분에 대해 놓치지 않고 설명했으며, 수학적 기초지식만 있으면 이해할 수 있도록 심혈을 기울였다. 다시 말해 본서는 대학교재로서뿐만 아니라. 이같은 금융파생상품에 대해 반드시 알아야 하는 금융기관에 종사하는 사람과 일반투자자도 쉽게 이해할 수 있도록 서술한 것이다.

본서는 다음과 같이 구성되어 있다. 제1부에서는 선물거래 전반에 대해 서술했으며, 제2부에서는 스왑거래 전반에 대해 설명했고, 제3부에서는 옵션거래 전반에 대해 살펴보았다.

본서는 저자가 대학교에서 자본시장론, 채권시장론, 증권투자론, 경제학원론, 모의투자 등 금융자산투자와 관련된 과목들을 강의하면서 마련한 강의노트와 국내외의 선물·옵션 교재, 그리고 각종 관련논문들을 참고하여 집필한 것이지만, 최근의 다양한 파생상품 거래를 제대로 반영하지 못한 점이 아쉽다. 이같이 부족한 부분들은 앞으로 계속 수정·보완해 갈 것이며, 이같이 여러 부족한 점에 대해서는 독자 여러분들의 아낌없는 조언과 질책을 기대한다.

아무쪼록 본서를 통해, 독자 여러분들께서 선물과 스왑, 그리고 옵션 등 금융파생상품에 대해 보다 쉽게 이해함으로써, 자기의 미래를 활짝 열게 되는 계기가 되었으면 한다.

끝으로 본서가 출간되기까지 주위의 여러분들로부터 많은 도움을 받은 것에 대해 깊이 감사드린다. 그리고 본서가 출간되도록 애써 주신 청목출판사의 유성열 사장님과 최명성 이사님, 그리고 출판관계자 여러분께 감사드린다.

2014년 2월

저자 씀

차 례

제2부 스왑거래

제3부 옵션거래

제1부

선물거래

제 1 장　선물거래의 개요
제 2 장　선물가격의 결정
제 3 장　선물거래전략

제 1 장

선물거래의 개요

본장에서는 선물거래의 개념, 선물거래의 종류와 주가지수선물의 개념, 그리고 선물거래의 기능을 중심으로 살펴보도록 한다.

1. 선물거래의 개념

선물계약(futures contract)이란 미리 정해 놓은 장래의 일정한 시점(결제일 또는 만기일)에 수량, 규격, 품질 등 거래조건이 거래소에 의해 표준화되어 있는 일정량의 특정상품을 미리 정해 놓은 가격(선물가격)으로 인수도하기로 현재시점에서 맺은 계약을 말한다. 그리고 이같은 선물계약의 결제일 이전에 반대매매를 행하거나 또는 결제일에 대금결제와 동시에 현물에 대한 인수도를 행함으로써 그 선물계약이 종료되는 거래형태를 선물거래(futures trading)[1)]라고 말하는 것이다. 따라서 선물계약 시점에서는 대상상품의 소유권이전과 이에 따른 채권·채무의 결제도 발생되지 않고, 단순하게 장래 이같은 이행약속만 존재

1) 선금거래(신불거래)를 돈을 먼저 주는 거래라고 하듯이, 선물거래란 물건을 먼저 주는 거래로 잘못 인식할 우려가 있다. 그러나 원래 일본말인 선물이란 현재물의 준말인 현물과 대응하는 개념으로서, 미래물이라고 인식하는 것이 훨씬 이해하기 쉬울 것이다.

하게 되는 것이다.

즉 거래소가 정한 표준품(standardized commodity)을 거래시점에서 경매가격, 즉 현재가격에 의해 거래대금을 지급함과 동시에 거래상대방에 의한 상품의 인도가 이루어지게 되는 경우는 현물거래(cash or spot transaction)가 된다. 그러나 매매 쌍방간에 거래대금의 지급과 상품의 인도를 현재의 거래시점이 아니라 미리 정해 놓은 미래의 일정시점에 이행하기로 하고, 현재의 거래시점에서는 경매를 통해 가격과 수량만 결정한 후, 거래소가 보장한다는 조건하에서 미래의 일정한 시점에서 거래대금 지급과 상품인도가 이루어지게 되는 경우에는 선물거래가 되는 것이다. 따라서 이같은 선물거래(futures trading)는 매매계약 시점과 상품의 인수도 및 대금결제 시점이 다르다는 점에서, 현재시점에서 매매계약과 상품의 인수도, 그리고 대금결제가 동시에 이루어지고 있는 현물거래(cash or spot transaction)와 대응되는 개념인 것이다.

예를 들어 2월에 어떤 표준품을 6월에 인수도하기로 체결한 선물계약인 경우, 이는 2월에 4개월 선물을 거래한 것이 된다. 따라서 6월이 되면 이 상품은 이미 원월물선물이 아니라 당월물선물(또는 현물)로 됨으로써, 결제일에는 상품과 매매대금이 교환되면서 이같은 선물계약은 종료되는 것이다. 즉 선물은 만기일에 접근할수록 현물화되어 가는 것이며, 만기일(인수도일)에는 바로 현물이 되는 것이다. 이는 만기일에 상품과 거래대금이 서로 교환됨으로써 이같은 선물계약에 의한 선물거래가 종료된다는 것을 의미하는 것이다. 따라서 선물시장에서는 이같은 당월물도 같이 거래되고 있기 때문에, 어떤 의미에서는 선물뿐만 아니라 현물도 거래되고 있다고 할 수 있을 것이다.

그리고 거래당사자가 미래의 일정시점에 특정상품을 현재시점에서 결정한 가격으로 인수도할 것을 약속한다는 점에서 선물거래와 선도거래는 차이가 없다. 그러나 선도거래(예를 들어 밭떼기와 선물환거래[2])는 거래당사자 간에 특정장소가 아닌 장외시장(over-the-counter

2) 선물환계약은 일종의 선도계약으로서 용어상 엄밀하게는 외환선도계약, 환선도

market)에서 이루어지는 사적(私的)거래로서, 대상상품을 인수하는 자와 인도하는 자가 자신이 원하는 인수 및 인도조건을 스스로 선택할 수 있다는 장점이 있지만, 자신의 거래조건을 충족시켜 줄 매매상대방을 찾기가 어려운 위험뿐만 아니라 상대방이 선도계약을 이행하지 않을 경우 큰 위험에 부딪치게 된다. 이같은 위험을 회피하기 위해 거래상품과 거래조건을 표준화시키고 조직화된 거래소를 통해 일정한 규칙 아래 이루어지는 공식적(公式的)거래로서, 매매성립을 쉽게 하고 매매상대방을 보다 쉽게 찾기 위해 매매의 수요와 공급을 일정한 장소, 즉 거래소에 집중시킴으로써 계약상대방의 결제불이행에 대비하기 위해 증거금제도[3])에 의한 증거금도 징수하고 가격변동에 따른 손익을 매일 계산・처리하는 일일정산[4])(daily resettlement or marking-to-market)을 실시하며, 신용도가 높은 제3자, 즉 청산소[5])(clearing house)가 이같

계약, 또는 통화선도계약 등으로 사용되어야 하는 것이다. 그리고 이같은 선물환계약이란 현재시점에서 미래의 특정시점에 일정한 환율로 외환을 거래하도록 미리 정해 놓는 계약을 말한다. 그리고 이에 의한 선물환거래란 거래일로부터 2영업일을 경과한 장래의 일정기일 또는 기간내에 일정금액, 일정 종류의 외환을 일정환율로써 인도할 것을 거래당사자간에 약정한 외환거래를 말한다. 이같은 선물환거래(forward transaction)는 장외에서 거래되기 때문에 거래상대방이 계약을 미실행할 위험부담이 있다는 점에서 통화선물거래(foreign currency futures trading)거래와 다르다. 그리고 통화선물거래는 통화를 매매대상으로 하는 선물거래로서, 즉 장래의 일정시점에 특정통화의 일정수량을 매매계약시에 정한 환율로 인도할 것을 약속하는 거래이다.

3) 증거금제도란 계약이행을 보증하기 위해 거래인들로 하여금 거래소나 거래소대리인(거래소회원, 즉 대부분 증권회사임)에게 계약금액 가운데 일정부분을 예치하도록 하는 제도를 말한다.

4) 일일정산이란 선물거래시 투자자포지션의 선물가격변화에 따른 손실을 보전할 수 있는 수준의 증거금이 항상 유지될 수 있도록 확인하는 제도적 장치를 말한다. 즉 일일정산 과정은 투자자의 미결제약정을 매일 당일의 종가로 재평가함으로써 선물가격변화에 따른 손익을 투자자증거금에 반영하는 것으로, 익일에는 전일까지의 포지션별 손익이 정산된 상태에서 거래를 시작할 수 있게 된다. 이같은 일일정산 과정을 통해 투자자의 손실액이 일정수준을 초과하여 증거금이 유지증거금 수준에 미달할 경우, 중개회사는 투자자에게 즉시 증거금을 개시증거금 수준까지 충당하도록 함으로써 증거금의 결제이행담보능력을 충실히 이행하도록 하고 있다.

5) 청산소란 선물의 매입자와 매도자 각각의 상대방이 되어 거래이행을 보증하고 거래종료시 까지 각각의 계약을 관리함으로써 선물거래의 가장 중요한 기능을 수행한다. 청산소의 주요 기능을 요약하면, ⓐ 선물계약의 이행보장 기능, ⓑ 일

은 계약이행을 보증하는 선물거래가 탄생하게 된 것이다. 현물거래와 선물거래, 그리고 선도거래의 차이점을 요약하면 [그림 1-1]과 같다.

[그림 1-1] 현물거래, 선물거래, 선도거래의 차이점

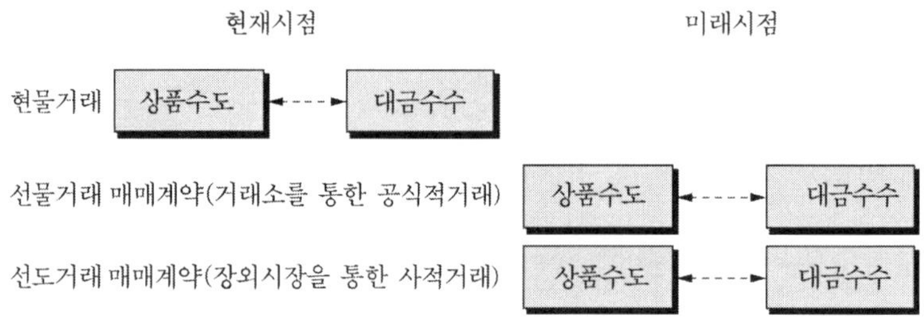

2. 선물거래의 종류와 주가지수선물의 개념

1) 선물거래의 종류

선물계약은 선물거래의 대상상품이 실물자산이냐, 아니면 금융자산이냐에 의해 상품선물과 금융선물로 구분된다. 우선 상품선물(commodity futures)은 옥수수, 콩, 소 등과 같은 농축산물과 알루미늄, 금, 은 등과 같은 금속, 그리고 원유, 천연가스 등과 같은 에너지를 선물거래의 대상상품으로 하고 있으며, 오랜 역사를 갖고 있는 전형적인 선물거래이다. 이에 대해 금융선물(financial futures)은 시카고상업거래소(Chicago Mercantile Exchange: CME)가 1972년 5월에 국제통화시장(International Monetary Market: IMM)을 설립하면서 통화선물(currency futures) 거래를 시작함으로써 금융선물의 시대를 열었다. 그리고 1982년에는 비로소 KCBT(Kansas City Board of Trade)에서 Value Line 지수(KCBT에서 거래되는 주가지수)를 대상으로 한 주가지수 선물거래를 처음으로 도입한 이후 여러 가지 주가지수 선물거래도 도입되었다. 최근에는 주

일정산 기능, ⓒ 청산 기능, ⓓ 현물인수도 기능 등이 있다.

가지수선물이 이미 활발한 거래에 힘입어 대표적인 선물상품으로 부각되고 있는 등 금융시장에 일대 혁신을 불러오고 있는 것이다.

이같은 금융선물은 상품선물에 비해 그 역사가 짧지만, 1970년대 이후 환율의 불안정과 고금리 및 지속적인 인플레 등 국제금융시장에서의 불확실성 증대와 이에 따른 거래위험의 급증으로 인해, 거래규모의 양적확대는 물론 각종 신금융상품의 개발로 그 중요성이 강조되고 있다. 그리고 선물거래 대상상품에 의한 선물거래의 종류는 〈표 1-1〉과 같다.

〈표 1-1〉 선물거래 종류

- 선물거래
  - 금융선물거래
    - 주가지수선물 : S&P500, NYSE지수, Value Line지수, Nikkei225지수, KOSPI200지수(한국), KOSDAQ50지수(한국)
    - 통화선물 : 영국파운드, 캐나다달러, 스위스프랑, 불란서프랑, 독인마르크, 일본엔, 미국달러지수, 유럽통화ECU, 미국달러선물(한국)
    - 금리선물 : T-bill, T-note, T-bond, CD, LIBOR, 유러달러, CD금리선물(한국), 국채선물(한국)
  - 상품선물거래
    - 농축산물 : 옥수수, 콩, 두유, 밀, 보리, 커피, 코코아, 솜, 오렌지쥬스, 설탕, 쌀, 목재, 소, 돼지
    - 금 속 : 알루미늄, 금, 은, 동, 플라티늄, 금선물(한국)
    - 에 너 지 : 원유, 벙커시유, 천연가스, 프로판, CRB지수

2) 주가지수선물의 개념

선물계약은 특정상품을 장래의 일정시점에 일정한 가격과 수량으로 거래할 것을 현시점에서 미리 정해 놓는 계약이라고 정의된다. 따라서 주가지수선물(stock index futures)은 이같은 선물의 개념을 주가지수라고 하는 상품에 적용한 것이다. 이같은 주가지수선물은 시장에 상장되어 있는 전체주식 또는 일부주식의 평균적인 흐름을 나타내면서 시장포트폴리오[6]를 대표하고 있는 주가지수를 거래대상 상품으로 하고 있

6) 시장포트폴리오란 시장에서 거래되고 있는 전종목의 주식을 각각의 시가총액비율에 의해 구성한 포트폴리오를 말한다.

는 선물로서 거래비용이 매우 저렴[7]하기 때문에, 현물포트폴리오의 가격변동위험을 헤지하는 데 매우 유용한 것이다.

따라서 투자자들은 향후 시장의 하락이 예상되는 경우는 현물포트폴리오의 체계적위험을 헤지하기 위해 단기적으로 주가지수선물을 이용할 수밖에 없다. 이는 대규모의 현물포트폴리오를 보유하고 있는 투자자들은 대규모의 주식을 매도할 때 발생되는 엄청난 거래비용과 시장충격으로 인해 포트폴리오의 자산배분상태를 변화시키는 의사결정을 신속하게 실행할 수 없는 경우가 일반적이기 때문이다. 이 때 주가지수선물을 이용한다면 저렴한 거래비용으로 시장충격 없이 자산구성상태를 신속하게 변경시킬 수 있게 되는 것이다. 이같이 주가지수선물은 현물포트폴리오의 비체계적위험의 경우 분산투자에 의해 어느 정도 제거되기 때문에, 분산투자에 의해 제거되지 않는 체계적위험을 제거시키는데 주로 이용되고 있다.

이같은 주가지수선물이 다른 선물에 비해 특이한 점은 거래대상 상품인 주가지수가 수치에 불과한 것이기 때문에 유형의 실물이 아니라, 기술적으로 인수도가 불가능한 무형이라는 사실이다. 따라서 결제일에 기초자산인 주가지수를 인수도할 수 없기 때문에, 결제일 이전에 반대매매를 통해 포지션을 청산하든지, 아니면 결제일에 가서 계약시점에서의 주가지수선물가격과 결제시점에서의 주가지수와의 차이에 일정한 금액(포인트당 50만원)을 곱한 금액을 현금으로 결제해야 된다.

이 외에도 주가지수선물거래를 이용하는 경우 현물거래시의 융자거래나 대주거래 등 신용거래에 비해 증거금이나 거래비용이 적고 한번의 거래로 신속하게 시장포트폴리오를 매수하고 매도할 수 있기 때문에, 현물거래시의 신용거래와 동일한 효과를 얻을 수 있게 될 것이다.

7) 거래비용이 저렴하다는 말은 주가지수선물을 이용하면 전종목을 매수하고 매도하는 것과 거의 동일한 효과를 얻게 되기 때문에, 시장위험을 관리하는데 있어 인덱스펀드를 매매하는 것에 비해 거래비용이 아주 적게 소요된다는 말이다.

3. 선물거래의 기능

선물거래는 가격변동위험에 의한 투자위험 헤지, 저렴한 비용에 의해 거래 활성화와 투자수단으로서의 투기자금 흡수를 통한 시장유동성 제고, 효율적 자원배분을 위한 가격발견 기능 등 사회적, 경제적인 기능을 하고 있다. 이같은 선물거래의 기능에 대해 살펴보도록 하겠다.

1) 투자위험 헤지

선물거래의 가장 기본적이고 중요한 기능은 투자위험의 헤지 기능이다. 즉 선물거래는 포트폴리오의 가격변동에 따른 투자위험을 다른 투기자에게 전가시키고자 하는 헤저(hedger: 위험회피투자자)와 이같은 투자위험을 감수하고자 하는 투기자(speculator) 간에 투자위험에 대한 거래라 할 수 있을 것이다. 즉 가격변동위험을 회피하고자 하는 헤저는 가격변동위험이 있는 현물시장에서의 보유포트폴리오와 동일금액의 반대포지션을 선물시장에 투자함에 따라 장래 현물시장에서 발생하는 손실(또는 수익)을 선물시장에서 발생하는 수익(또는 손실)으로 상쇄시킬 수 있게 될 것이다. 이와 반대로 선물거래를 이용하여 가격변동위험을 감수하면서 보다 높은 수익을 얻고자 하는 투기자는 자신의 가격전망에 의거하여 예상되는 가격변화로부터 수익(또는 손실)을 얻을 수 있게 된다. 이 때 가격변동위험은 헤저로부터 투기자로 전가될 뿐이지, 소멸되는 것은 아니다. 이같이 선물시장에서의 선물거래는 헤지로부터 투기자에게 가격변동위험을 효율적으로 전가시키는 메커니즘을 제공하게 되는 것이다.

또한 이같이 선물거래를 이용하는 경우 현물시장에 일시적인 큰 충격을 주지 않고 비교적 적은 비용으로 가격변동위험에 대해 신속하게 대처할 수 있게 된다. 즉 선물시장을 이용한 헤지거래는 현시점에서 보유포트폴리오의 미래가치를 확정시킴으로써 포트폴리오의 가격변동위험을 제거할 수 있을 뿐만 아니라, 투자자들의 위험선호도에도 적절하게 대처할 수 있게 되는 것이다.

2) 시장유동성 제고

선물거래는 적은 증거금만으로 큰 금액의 거래가 가능함으로써 투자원금에 대한 손익의 레버러지가 크기 때문에, 적은 투자자금으로 높은 위험을 감수하면서 높은 수익을 얻고자 하는 투기자에게 좋은 투자수단이 된다. 더욱이 투자자는 개별투자종목의 선정에 고민할 필요가 없이 시장전체의 흐름에 투기하는 것이 가능하다. 즉 단순하게 장래 시장이 강세라고 예상하는 경우는 선물을 매수하고 약세라고 예상하는 경우에는 선물을 매도함으로써 수익을 얻게 되는 것이다. 이같은 투기성자금이 시장에 유입되면, 시장의 유동성이 제고되는 경제적 기능을 하게 되는 것이다.

그리고 아비트라지거래에 의해서도 시장의 유동성은 제고될 수 있다. 예를 들어 선물가격이 이론적으로 타당한 수준에 비해 높은 경우는 선물을 매도하고 현물을 매수하는 아비트라지가래가 이루어지게 될 것이다. 즉 낮은 증거금 수준 등 제도적 이점으로 인해 선물시장에서의 거래비용이 매우 낮기 때문에 한계비용이 다소 높은 정보까지 반영됨으로써 아비트라지거래가 활발하게 이루어지게 됨에 따라 시장의 유동성이 제고될 수 있는 것이다.

3) 가격발견 기능

선물시장의 투자자들은 장래의 현물가격에 대한 예상에 의거하여 거래하고 있기 때문에, 선물가격은 해당현물의 수요와 공급에 관련된 각종 정보를 반영하게 될 것이다. 즉 선물가격은 불특정다수의 투자자가 장래 현물가격과 관련된 자신들의 정보와 분석능력을 이용함으로써 종합적으로 판단한 결과가 가격경쟁을 통해 반영되고 있기 때문에, 장래 현물가격에 대한 투자자들의 평균예상치라고 할 수 있을 것이다. 예를 들어 6월물 주가지수선물의 가격은 선물시장 투자자들이 오는 6월의 현물시장에 대한 개별적인 예상들이 현재의 선물가격으로 종합되었다는 것이기 때문에, 신뢰도가 매우 높은 장래 현물가격에 대한 평균예상치라고 할 수 있다는 말이다. 따라서 현물시장 투자자에게는 선물가격이 중요한 투자지표가 되기 때문에, 현물가격은 선물가격을 반영해 가는 경우가 많은 것이다.

그러나 시간이 경과함에 따라 현물시장의 수급요인이 바뀜에 따라 선물시장 투자자들의 장래 현물가격에 대한 예상이 변동하게 될 경우, 선물가격도 변동하게 될 것이다. 물론 선물가격이 장래의 현물가격을 항상 정확히 예상하고 있는 것은 아니지만, 적어도 현시점에서 투자자들의 장래 현물가격에 대한 합리적 기대치를 나타내고 있다고 할 수 있는 것이다. 이같은 선물거래의 가격발견 기능을 통해, 선물가격은 각 경제주체들이 합리적인 의사결정을 할 수 있도록 도와주고 있는 것이다.

그리고 선물가격은 투자자들의 기대변화에 의해 크게 변동하게 되는데, 이같은 선물가격 흐름에 의해 시장이 강세인가 아니면 약세인가를 구분할 수 있을 것이다. 그러나 본디 선물가격 그 자체는 장래의 예상가격이 아니라 현물가격에다가 보유비용[8]을 합한 금액이어야 한다. 이때 선물가격과 현물가격 간의 괴리가 이론적인 수준을 상회하는 경우에는 아비트라지거래가 이루어짐으로써 일단의 가격조정도 발생하게 될 것이다.

8) 보유비용에 대해서는 제2절 선물의 가격결정에서 1. 보유비용을 참조하기 바란다.

제 2 장

선물가격의 결정

본장에서는 보유비용의 개념과 선물가격의 결정(보유비용모형), 그리고 베이시스를 중심으로 살펴보도록 한다.

1. 보유비용의 개념

선물가격의 구조를 알기 위해서는 우선 보유비용의 개념부터 살펴보아야 할 것이다. 보유비용이란 어떤 자산을 일정기간 보유하는데 따른 비용으로서, 이같은 자산보유에 따른 순투자비용을 말한다. 그리고 투자비용이란 어떤 자산을 매수하기 위해 차입한 자금에 대해 지급해야 하는 이자와 그 자산을 보유하기 위한 보험료, 보관료, 수수료 등 제반 비용, 즉 투자의 기회비용을 말하는 것이다. 그러나 일반적으로 금융자산의 경우에는 그 보유에 따른 별도의 비용이 발생하지 않기 때문에, 이때의 투자비용은 자산매수를 위한 차입금에 대한 지급이자만 고려하면 될 것이다.

그리고 자산의 경우에는 그 자산보유로 인해 수익이 발생하게 될 것이다. 즉 채권의 보유자는 이자를 얻을 수 있으며, 주식보유자는 배당을 얻게 된다. 따라서 순투자비용인 보유비용이란 상기한 투자비용에서 이같이 자산보유로 인해 발생한 수익을 공제한 것을 말한다. 예를 들어 채권의 경우 보유기간 동안에 발생하는 채권매수자금의 조달금리의 지출과 표면금리에 의한 수입의 차이가 바로 순투자비용인 보유비용이 되는 것이다.

그런데 투자비용은 자산보유자의 자금지급을 말하는 것으로서, 항상 양(+)의 값을 갖는데 비해, 순투자비용인 보유비용은 양(+)의 값 뿐만 아니라 음(-)의 값도 갖게 된다. 즉 양(+)의 순투자비용인 보유비용은 자산보유에 따른 수익이 투자비용보다 더 많은 경우를 의미하며, 이와 반대로 음(-)의 순투자비용인 보유비용은 자산보유에 따른 수익이 투자비용보다 더 적은 경우를 의미하게 되는 것이다.

2. 선물가격의 결정(보유비용모형)

선물거래에서 선물의 이론가격에 대해 살펴보면 다음과 같다. 선물의 이론가격이란 미래에 매수 또는 매도하고자 하는 기초자산(예를 들어 주가지수)의 가격을 현재의 시점에서 결정한 가격을 말한다. 즉 이같은 선물의 이론가격은 미래시점에서 실제로 이루어지게 될 가격에 대해 현재 주어진 모든 정보를 이용하여 예상함으로써 결정되고 있다. 따라서 선물의 이론가격은 아래 식(2-1)과 같이 현물가격에 만기까지 현물을 보유하는데 발생되는 보유비용을 합한 값이 될 것이며, 이를 보유비용모형(cost-of-carry model)이라고 한다.

$$\text{선물이론가격}(F) = \text{현물가격}(S) + \text{보유비용}(C) \qquad (2\text{-}1)$$

그리고 보유비용이란 현물 매매일로부터 선물만기일까지 어떤 현물자산을 일정기간 보유하는데 발생되는 투자비용에서 현물자산의 보유자에게 지급되는 투자수익을 차감한 순투자비용을 말한다. 그리고 이같이 현물자산을 보유하는데 발생되는 투자비용에는 선물보유와 달리 현물매수에 필요한 자본조달 비용(이자비용)과 현물보관에 필요한 보관비용이 있을 것이고, 현물자산의 보유자에게 지급되는 투자수익에는 주식일 경우의 배당과 채권인 경우의 이자 등 현금수입과 편의수익이 있을 것이다. 예를 들어 주식의 경우 보유기간 동안에 발생하는 주식매수자금의 이자비용지급과 주식보유에 의한 배당수입과의 차이가 바로 순투자비용인 보유비용이 되는 것이다. 그리고 현물을 매수하여 선물만기일까지 보유하는 것과 선물을 매수하는 것을 비교해 보면, 선물가격과 현물가격 간의 차이는 다음과 같은 보유비용(투자비용-투자수익)에 의해 발생하게 되는 것이다〈아래 (식 2-3) 참조〉.

첫째로, 현물을 매수하는 경우는 현물매수에 필요한 자본을 조달해야 할 것이고 이에 따라 이자비용이라고 하는 투자비용이 발생하게 된다. 그러나 선물을 매수하는 경우에는 현물매수와는 달리 이같은 매수비용이 필요없게 될 것이다.

둘째로, 현물을 매수하여 일정기간 동안 보관하기 위해서는 보관비용이라고 하는 투자비용이 필요하게 된다. 그러나 선물을 매수하는 경우에는 이같은 보관비용이 필요하지 않다. 그리고 이같은 보관비용은 상품선물의 가격결정시에 고려하게 된다.

셋째로, 현물을 보유하고 있는 기간 동안에는 보유현물로부터 현금수입이라고 하는 투자수익이 발생된다. 즉 주식을 보유하고 있는 경우는 배당수입을 얻게 될 것이고, 채권을 보유하고 있는 경우에는 이자수입을 얻게 된다. 그리고 이같은 현금수입은 일부 금융선물의 가격결정시 고려하게 된다.

넷째로, 실제로 선물보유자와 달리 현물보유자만이 일종의 편익이라고 하는 비금전적인 투자수익을 얻게 된다. 이같은 편익(convenience)은 편의수익(convenience yield)이라고도 한다. 그리고 이같은 편의수익도 일부 상품선물의 가격결정시 고려하게 된다.

$$\begin{aligned}\text{보유비용} &= \text{투자비용} - \text{투자수익} \\ &= \text{이자비용}(r) + \text{보관비용}(c) - \text{현금수입}(d) - \text{편의수익}(y) \quad (2\text{-}2) \\ &= \text{이자비용}(r) - \text{현금수입}(d) \quad (2\text{-}3)\end{aligned}$$

이 때 금융선물의 경우에는 $c=y=0$이 되기 때문에, 위 식(2-2)는 위 식(2-3)과 같이 될 것이다. 여기서 금융선물의 이론가격을 좀 더 엄밀하게 산출하기 위해서는 현물가격에 더해주는 투자비용인 현물가격의 이자율과, 현물가격에서 차감해 주는 투자수익인 현물가격의 배당수익률, 그리고 잔존기간 등을 고려할 때, 위 식(2-1)과 (2-3)을 합하면 아래 식(2-5)와 같이 된다. 즉 이자비용은 [현물가격(S_t)×연이자율(r)×선물만기까지의 $\frac{잔존일수}{365}=\frac{(T-t)}{365}$로 계산되고, 현물보유시 발생하는 현금수입(주식의 경우 배당금)의 만기시 가치는 [현물가격(S_t)×연배당수익률(d)×선물만기까지의 $\frac{잔존일수}{365}=\frac{(T-t)}{365}$]로 계산되며 이를 $D(t,\ T)$라고 하면, 아래 식(2-5)는 다시 아래 식(2-7)로 바뀌게 된다.

$$F_t = 현물가격(S_t) + 보유비용(C)$$
$$= 현물가격(S_t) + 투자비용(r: 이자비용)$$
$$-투자수익(d:\ 현금수입) \qquad (2\text{-}4)$$
$$= S_t + [S_t \times r \times \frac{(T-t)}{365}] - [S_t \times d \times \frac{(T-t)}{365}] \qquad (2\text{-}5)$$
$$= S_t + St \times (r-d) \times \frac{(T-t)}{365}] \qquad (2\text{-}6)$$
$$= S_t[1 + r \times \frac{(T-t)}{365}] - D(t,\ T) \qquad (2\text{-}7)$$

다만 선물의 이론가격 F_t, 현물가격 St, 연이자율 r, 연배당수익률 d, 현재시점 t, 선물만기시점 T, 잔존일수 $T-t$

이 같은 선물의 이론가격인 위 식(2-7)은 다음과 같이 하더라도 도출 된다. 즉 보유비용에 의한 선물가격의 결정과정을 살펴보기 위해, 차익거래의 기회가 없으며 거래비용과 공매도에 대한 제약이 없고 차입이자율과 대출이자율이 같다고 하는 완전자본시장을 가정해 보면 다음과 같다. 현재시점 t에서 이자율 r로 St만큼 차입하여 현물을 매수하고, 이와 반대로 선물가격 F_t에 선물을 매도한 경우 이같은 선물매도에는 현금지출이 필요하지 않기 때문에, 현재시점 t에서의 투자금액(포트폴리오의 가치)은 0가 될 것이다.

그리고 선물의 만기시점 T에서는 차입금에 이자까지 포함하여 $S_t[1+r\times\frac{(T-t)}{365}]$ 만큼 상환하고, 현물은 만기시점 T의 가격 S_T에 매도하게 될 것이다. 그리고 선물매도 포지션을 F_T에 청산하게 되면 $F_t - F_T$의 손익이 발생하게 된다. 즉 선물에 대한 매수 또는 매도 포지션을 취한 투자자는 만기일에 현물을 인수도하거나 가격변동에 의한 현금결제를 하게 된다. 다시 말해 현재시점 t에서 선물가격 F_t에 선물을 매도하고 만기일 T에 이같은 선물매도포지션을 F_T에 청산하는 경우는 $F_t - F_T$의 손익이 발생하게 된다는 것이다. 이와 반대로 t에서 선물가격 F_t에 선물을 매수하고 만기일 T에 이같은 선물매수포지션을 F_T에 청산하는 경우에는 $F_T - F_t$의 손익이 발생하게 되는 것이다.

이 때 현물을 보유하는 동안 발생한 현금수입의 만기시 가치를 $D(t, T)$라고 하면, 선물의 만기시점(T)에서 현물가격(S_T)과 선물가격(F_T)이 같아진다는 사실에 의해 이같은 포트폴리오의 가치(V)를 구하면 아래 식(2-8)이 된다.

$$V = S_t - S_t + F_t - F_T + S_t - S_T[1+r\times\frac{(T-t)}{365}] + D(t,\ T)$$
$$= F_t - S_t[1+r\times\frac{(T-t)}{365}] + D(t,\ T) \qquad (2\text{-}8)$$

그런데 현재시점 t에서 투자금액이 0이기 때문에, 차익거래의 기회를 배제하면 선물만기시점 T에서 포트폴리오의 가치도 0가 되어야 한다. 따라서 위 식(2-8)은 아래 식(2-9)로 바꿔 쓸 수가 있을 것이다.

$$F = t - S_t[1+r\times\frac{(T-t)}{365}] - D(t,\ T) \qquad (2\text{-}9)$$

결과적으로 위 식(2-9)는 위 식(2-7)과 같이 선물이론가격의 결정모형을 나타내는 일반화된 식이며, 이같은 보유비용모형에서의 선물이론가격은 현물가격에 보유비용(이자비용-현금수입)을 더함으로써 결정된다는 것을 의미하고 있는 것이다. 그리고 주가지수선물(주식선물 포함)의 경우 현금수입은 배당금이 되며, 현물가격은 주가지수(주식선물의 경우에는 주식가격)가 된다. 또한 이상에서 살펴본 보유비용을 이용한 선물이론가격의 결정모형(보유비용모형)은 선물과 현물 간 뿐만 아니라, 만기일이 서로 다른 선물 간에도 동일하게 적용된다. 아래의 〈표 2-1〉은 위 식(2-9)의 도출내용을 요약해 놓은 것이다.

〈표 2-1〉 보유비용과 차익거래 배제 등에 의한 선물가격결정(만기시점 T에서 $S_T = F_T$)

구 분	현재시점 t	선물 만기시점 T
차입(이자율 r) 현물매수(t) 또는 매도(T) 현금수입 선물매도(선물가격 F_t)	$+S_t$ $-S_t$ 0	$-S_t[1+r \times \frac{T-t}{365}]$ $+S_T$ $+D(t, T)$ $F_t - F_T$
합계	0	$F_t - S_t[1+r \times \frac{T-t}{365}] + D(t, T)$

그리고 위 식(2-4)에서 보는 바와 같이 투자비용(이자비용)이 투자수익(현금수입, 즉 배당금)보다 커서 보유비용이 양(+)의 값을 갖는 경우는 선물의 이론가격이 현물가격보다 높아야 하며, 이와 반대로 투자비용이 투자수익보다 작아서 보유비용이 음(-)의 값을 갖는 경우에는 선물의 이론가격이 현물가격보다 낮아야 할 것이다. 예를 들어 금융선물인 채권선물의 경우 단기이자비용이 장기이표수익보다 적은 경우 보유비용이 음(-)의 값을 갖게 됨에 따라, 선물의 이론가격이 현물가격보다 낮게 된다. 그러나 일반적으로 현물보유에 따른 투자비용이 투자수익보다 크기 때문에, 보유비용은 양(+)의 값을 갖게 된다. 따라서 이같이 선물가격이 현물가격보다 높은 시장을 정상시장(normal market)이라고 하며, 이와 반대로 선물가격이 현물가격보다 낮은 시장을 역조

시장(inverted market)이라고 한다.

이같은 선물의 이론가격을 산출하는 위 식(2-7)이 도출되기 전의 위 식(2-5)나 (2-6)을 요약해보면, 다음과 같다.

① 현물가격(S_t)이 상승하면, 선물의 이론가격(F_t)의 상승을 예상할 수 있다.

② 이자율(r)가 상승하면, 선물의 이론가격(F_t)의 상승을 예상할 수 있다.

③ 배당수익률(d)이 상승하면, 선물의 이론가격(F_t)의 하락을 예상할 수 있다.

④ 잔존일수($T-t$)가 길어지면, 선물의 이론가격(F_t)의 상승을 예상할 수 있다.

3. 베이시스

1) 베이시스의 개념

주가지수선물 등 주식관련 선물의 베이시스(basis)란 선물가격과 현물가격과의 차이, 즉 선물가격에서 현물가격을 차감한 값을 말한다. 그리고 우리는 위 식(2-6)에서 현물가격(S_t)을 좌변으로 이항할 경우에는 베이시스(B_t)의 개념도 도출된다. 이같은 베이시스를 산출하는 아래 식(2-10)을 요약해 보면, 다음과 같다.

$$B = t - F_t - S_t = S_t \times (r-d) \times \frac{(T-t)}{365} \qquad (2\text{-}10)$$

① 베이시스(B_t)는 선물가격(F_t)-현물가격(S_t)으로서, 보유비용인 $[S_t \times (r-d) \times \frac{(T-t)}{365}]$를 의미한다.

② 베이시스가 (+)인 경우는 정상시장으로서, 콘탱고(contango)라고

말한다. 왜냐하면 위 식(2-6)인 $[F_t = S_t + S_t \times (r-d) \times \frac{(T-t)}{365}]$ 에서 잔존일수$(T-t)$가 길어지면 선물의 이론가격(F_t)이 상승함에 따라, 잔존일수$(T-t)$가 길수록 선물의 이론가격은 현물가격보다 높은 것이 정상적이기 때문이다.

③ 베이시스가 (-)인 경우에는 비정상시장으로서, 백워데이션(backwardation)이라고 말한다.

또한 ① 현물가격(S_t)이 상승하면 베이시스(B_t)의 값은 감소한다.

② 이자율(r)이 상승하면 베이시스(B_t)의 값은 증가한다.

③ 배당수익률(d)이 상승하면 베이시스(B_t)의 값은 감소한다.

④ 잔존기간$(T-t)$이 길어지면 베이시스(B_t)의 값은 증가한다.

그리고 위 식(2-10)에서 베이시스(B_t)의 특징을 살펴보면, 베이시스(보유비용)의 값은 만기가 가까워질수록, 즉 잔존기간$(T-t)$이 0에 근접하게 될수록 선물가격(F_t)과 현물가격(S_t)과의 수렴현상이 발생하게 된다. 다시 말해 잔존기간$(T-t)$이 0가 되면, 선물가격과 현물가격은 일치하게 되는 것이다. 그리고 선물가격이 현물가격과 완전한 정의 상관관계가 성립하는 경우에는, 즉 선물가격과 현물가격이 동일하게 움직이는 경우에는 이같은 베이시스(B_t)의 값은 항상 0이 될 것이다.

2) 베이시스위험

현물가격의 변동위험을 선물에 의해 매도헤지를 하는 경우에 대해 생각해 보자. 이 때 헤지시점에서의 베이시스와 청산시점에서의 베이시스가 변함으로써 헤지결과가 달라지게 될 것이다. 즉 만기일 전에 헤지포지션을 청산하는 경우에는 이같은 베이시스위험(basis risk)에 직면하게 되는 것이다.

즉 만기 이전에는 베이시스의 변화가 매우 불규칙하게 이루어진다. 왜냐하면 현물가격과 선물가격이 여러 가지 변수에 의해 영향받기 때문이다. 그러나 헤저의 입장에서는 이같은 베이시스의 변동을 쉽게 예상하기 어렵기 때문에, 이같은 베이시스위험에 노출되어 있는 것이다. 이같은 베이시스위험은 보유비용으로 결정되는 이론베이시스에 의한 위험이 아니라, 바로 선물시장의 수급에 의해 결정되고 있는 선물가격과 현물가격과의 차이인 시장베이시스에 의한 위험인 것이다. 그러나 선물가격과 현물가격의 변동폭이 동일하다면, 일정한 베이시스가 항상 유지될 수 있기 때문에 선물을 이용함으로써 현물가격의 변동위험을 거의 완벽하게 헤지할 수 있을 것이다. 하지만 현실적으로 베이시스위험이 존재하기 때문에, 완벽한 헤지가 불가능하게 된다.

이제 현물포지션을 갖고 이를 선물매도로 헤지하는 경우를 살펴보자. 이 때 헤지포지션의 손익은 다음과 같이 결정될 것이다.

$$
\begin{aligned}
\text{헤지포지션의 손익} &= \text{현물손익 - 선물손익} \\
&= (S_1 - S_0) - (F_1 - F_0) \\
&= (F_0 - S_0) - (F_1 - S_1) \\
&= B_0 - B_1 \qquad \qquad (2\text{-}11)
\end{aligned}
$$

다만 T_0시점(헤지시점)에서의 베이시스 B_0, T_1시점(청산시점)에서의 베이시스 B_1

위 식(2-11)에서 보는 바와 같이, 현물과 선물의 반대포지션 손익은 바로 헤지시점(거래시점)과 청산시점(반대매매시점 또는 만기시점)에서의 베이시스 차이임을 알 수 있다. 따라서 시간이 지남에 따라 베이시스가 감소하는 경우, 즉 $(B_0 - B_1) > 0$인 경우는 헤지포지션에 수익이 발생하고, 이와 반대로 베이시스가 증가하는 경우, 즉 $(B_0 - B_1) < 0$인 경우에는 헤지포지션에 손실이 발생하게 되는 것이다.

제 3 장

선물거래전략

선물시장에 참여하는 투자자들은 헤저와 투기자로 구분된다. 헤저란 선물시장을 이용함으로써 위험을 회피하고자 하는 자이며, 투기자란 선물가격의 차이에 의해 투자수익을 얻고자 하는 자이다. 우리나라에서는 1996년부터 주가지수선물거래가 시작되었기 때문에, 본장에서는 주가지수선물을 중심으로 헤지거래, 투기거래, 주가지수 차익거래(아비트라지거래), 스프레드거래 등 선물거래전략에 대해 구체적으로 살펴보도록 한다.

1. 헤지거래

1) 헤지거래의 개념

주가지수선물거래에서의 헤지거래란 주식시장의 전체적인 가격변동에 따른 투자위험을 효과적으로 회피하기 위해, 주가지수선물시장에서 주식시장에서의 현물포트폴리오와 동일 금액으로 반대되는 포지션을 취하게 되는 거래를 말한다. 이에 따라 주가지수선물시장에서 주식시장에서의 현물포트폴리오와 동일금액의 주가지수선물포지션을 반대로 취함으로써 원래의 현물포트폴리오 구성에 변화를 주지 않은 채 체계적위험, 즉 시장위험(가격변동위험)을 방어할 수 있게 되는 것이다. 이같이 주가지수선물은 시장포트폴리오를 대표하고 있는 주가지수를 거래대상으로 하고 있는데다 거래비용이 저렴하기 때문에, 이에 의한 헤지거래는 현물포트폴리오의 위험을 관리하는데 아주 유용한 것이다.

즉 대규모의 현물포트폴리오를 보유하고 있는 기관투자자가 향후 주가가 하락할 것으로 예상하는 경우 보유주식의 금액과 동일한 주가지수선물을 매도함에 따라, 주가하락으로 인한 보유주식의 가격하락, 즉 손실을 주가지수선물거래에서의 수익을 통해 만회할 수 있게 될 것이다. 이 때 주가지수선물을 매도하지 않고 보유주식을 모두 매도할 수도 있겠지만, 이같이 주식시장에서 대규모의 현물포트폴리오를 일시에 매도하게 되면 시장에 충격을 크게 주는 등 현실적으로 매우 어려울 뿐만 아니라 거래비용도 많이 소요되기 때문에 실행하기가 쉽지 않을 것이다. 그리고 이는 향후 주가가 상승할 것으로 예상되는 경우에도 역으로 생각하면, 동일하게 적용될 것이다.

이같은 헤지거래에는 매도헤지와 매수헤지의 두 가지가 있다. 매도헤지(short hedge)란 현물시장에서 현물포트폴리오 보유자는 향후 시장이 하락할 것으로 예상되는 경우 현물가격이 하락하게 되면 손해를 입게 되기 때문에, 보유 현물포트폴리오에 대응하는 주가지수선물을 매도함으로써 향후 가격하락위험을 제거하는 것을 말한다. 이와 반대로 매수헤지(long hedge)란 현물매도포지션(대차거래에 의한 차입공매도 등)을 보유하고 있는 투자자가 향후 시장의 상승을 예상하고 있는 경우에는 주가지수선물시장에서 선물을 미리 매수함으로써 현물가격의 상승에 의한 보유 현물매도포지션의 손실을 회피하기 위한 거래를 말한다.

우선 매도헤지의 예부터 살펴보자. 예를 들어 2012년 3월 9일 현재 10억원 규모의 현물을 보유하고 있는 투자자가 향후 시장이 하락할 것으로 예상되지만 보유현물을 매도할 수 없는 처지에 있기 때문에, 코스피200지수의 선물을 10계약 매도함으로써 현물시장에서의 손실을 선물시장에서 만회하고자 한다고 하자. 이 때 코스피200지수는 현재 200.00

포인트이고, 선물거래단위금액은 포인트당 50만원이다. 그리고 보유주식가격과 주가지수선물가격은 동일변동폭으로 변화하고 거래비용은 없다고 가정한다. 3개월 후 시장이 실제로 10% 하락했을 경우, 헤지의 결과는 아래의 〈표 3-1〉과 같게 될 것이다. 즉 시장이 예상대로 하락함으로서 현물시장에서 손해를 보았지만, 선물시장에서 그만큼 수익을 얻게 됨으로써 보유현물의 가격변동위험으로부터 회피, 즉 헤지를 할 수가 있게 될 것이다.

〈표 3-1〉 매도헤지 후 주가하락

날짜	현물시장	선물시장
3/9	보유주식금액 10억원	주가지수선물 10계약 매도 (200포인트×50만원×10계약= 10억원)
6/7	주가 10% 하락 보유주식의 평가액 9억원	주가지수선물가격 10% 하락 주가지수선물가격 180포인트로 환매수
손익	1억원 손실	1억원 수익 (20포인트×50만원×10계약)
결과	1억원(선물시장에서의 수익) - 1억원(현물시장에서의 손실) = 0원	

이와 반대로 매도헤지 3개월 후에 시장이 실제로 10% 상승했을 경우의 헤지결과는 상기한 매도헤지 후 주가 하락의 경우와 반대로, 아래의 〈표 3-2〉와 같다. 즉 매도헤지 후 주가상승시 현물시장에서의 수익과 선물시장에서의 손실로 인해, 헤지결과인 투자자의 손익은 매도헤지 후 주가하락의 경우와 같이 0가 됨으로써 보유현물의 가격변동위험으로부터 회피, 즉 헤지를 할 수가 있음을 알 수 있다.

다음으로 매수헤지의 예에 대해 살펴보자. 예를 들어 2012년 3월 9일 현재 10억원 규모의 현물매도포지션(대차거래에 의한 차입공매도 등)을 보유하고 있는 펀드매니저가 향후 시장이 상승할 것으로 예상되면, 이같은 현물매도포지션으로 인한 손실위험을 현물매도포지션과 동일금액의 코스피200지수선물 10계약을 매수함으로써 회피하고자 한다고 하자. 이 때 다른 가정은 상기한 매도헤지의 예와 동일하다.

〈표 3-2〉 매도헤지 후 주가상승

날짜	현물시장	선물시장
3/9	보유주식금액 10억원	주가지수선물 10계약 매도 (200포인트×50만원×10계약= 10억원)
6/7	주가 10% 상승 보유주식의 평가액 11억원	주가지수선물가격 10% 상승 주가지수선물가격 220포인트로 환매수
손익	1억원 손실	1억원 손실 (△20포인트×50만원×10계약)
결과	1억원(선물시장에서의 수익) - 1억원(현물시장에서의 손실) = 0원	

펀드매니저가 예상한대로 시장이 3개월 후 실제로 10% 상승했을 경우, 현물매도포지션에 대한 헤지결과는 아래의 〈표 3-3〉과 같게 될 것이다. 즉 시장이 예상대로 상승함으로써 현물시장에서 손해를 보았지만 선물시장에서 그만큼 수익을 얻게 됨에 따라, 보유현물의 가격변동위험으로부터 회피, 즉 헤지를 할 수가 있는 것이다.

〈표 3-3〉 매수헤지 후 주가상승

날짜	현물시장	선물시장
3/9	현물매도포지션 10억원	주가지수선물 10계약 매수 (200포인트×50만원×10계약= 10억원)
6/7	주가 10% 상승 보유주식의 평가액 9억원	주가지수선물가격 10% 상승 주가지수선물가격 220포인트로 전매도
손익	1억원 손실	1억원 수익 (20포인트×50만원×10계약)
결과	1억원(선물시장에서의 수익) - 1억원(현물시장에서의 손실) = 0원	

이와 반대로 매수헤지 3개월 후에 시장이 실제로 10% 하락했을 경우의 헤지결과는 아래의 〈표 3-4〉와 같이 된다. 즉 현물매도포지션인 경우 헤지거래시의 예상과 반대로 시장이 하락한다면, 헤지결과인 투자자의 손익은 현물매도포지션에서의 수익과 선물매수포지션에서의 손실이 같게 되어 0가 됨에 따라 보유현물의 가격변동위험으로부터 회피,

즉 헤지를 할 수가 있음을 알 수 있다.

〈표 3-4〉 매수헤지 후 주가하락

날짜	현물시장	선물시장
3/9	현물매도포지션 10억원	주가지수선물 10계약 매수 (200포인트×50만원×10계약= 10억원)
6/7	주가 10% 하락 보유주식의 평가액 9억원	주가지수선물가격 10% 하락 주가지수선물가격 220포인트로 전매도
손익	1억원 수익	1억원 손실 (△20포인트×50만원×10계약)
결과	1억원(선물시장에서의 수익) - 1억원(현물시장에서의 손실) = 0원	

2) 추적오차

추적오차(tracking errors: 미반영오차)란 보유하고 있는 현물포트폴리오 수익률과 주가지수 수익률과의 차이를 말한다. 그리고 이같은 추적오차로 인해 주가지수선물의 기초자산인 주가지수를 정확하게 쫓아가는 현물포트폴리오를 설정하지 못하면, 주가지수선물을 이용하여 현물포트폴리오를 제대로 헤지할 수가 없게 될 것이다. 따라서 펀드매니저가 이같은 주가지수선물을 이용함으로써 자신이 운용하고 있는 현물포트폴리오를 제대로 헤지하기 위해서는 주가지수를 잘 쫓아가는 현물포트폴리오를 구성해야 할 것이다. 왜냐하면 현물포트폴리오의 수익률 가운데 주가지수와 관련되지 않는 요인은 주가지수선물에 의해 헤지되지 않을 것이기 때문이다.

따라서 주가지수선물을 이용한 현물포트폴리오의 헤지 효율성은 아래의 [그림 3-1]에서 보는 바와 같이 첫째로, 보유하고 있는 현물포트폴리오 수익률과 주가지수 수익률과의 차이인 추적오차와 둘째로, 헤지가 설정될 때와 헤지가 청산될 때의 베이시스 차이에 의한 베이시스위험의 정도에 따라 결정되게 된다. 그리고 베이시스위험에 대해서는 선물가격의 결정에서 이미 살펴보았다.

[그림 3-1] 주가지수선물을 이용한 주식포트폴리오의 헤지

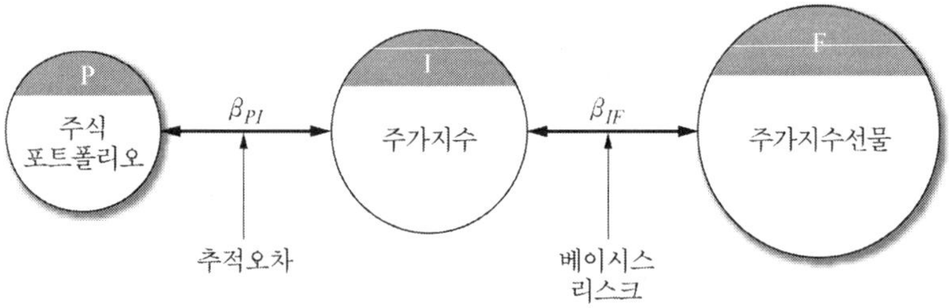

이같은 추적오차를 회피하기 위한 현물바스켓(basket: 현물포트폴리오)의 구성은 주가지수를 쫓아가는 인덱스펀드의 설정과정과 전혀 동일하다. 즉 현물바스켓의 편입종목은 주가지수를 가능한 한 정확하게 반영하도록 구성해야 하는데, 지금 현재 우리나라 주가지수의 산정이 시가총액방식에 의해 산출되고 있기 때문에 주로 시가총액 비중이 큰 대형주로 선정되고 있다. 이같이 주가지수를 쫓아가는 현물바스켓을 구성하는 방법에는 주가지수의 구성종목 전체를 시가총액 비중대로 편입하는 완전복제법과 소수의 대표종목으로 현물바스켓을 구성하는 부분복제법이 있다.

완전복제법은 주가지수를 구성하고 있는 모든 종목을 현물바스켓에 편입하는 방법으로서, 주가지수를 정확하게 쫓아간다는 점에서 추적오차를 제거시키는 이론적으로 가장 완벽한 방법이다. 그러나 구성종목 가운데 유동성이 현저하게 떨어지거나 기관의 자체적인 내부규정에 의해 편입할 수 없는 종목이 있기 때문에, 구성가능 종목이 100종목 이상을 초과하는 경우라 하더라도 현실적으로는 이같은 완전복제법에 의해 완벽한 현물바스켓을 구성할 수가 없다. 이에 대해 부분복제법은 이같은 완전복제법과는 달리 주가지수를 구성하고 있는 종목 가운데 일부 종목만 선정·편입시킴으로써 주가지수에 최대한 일치시키고자 하는 방법으로서, 이같은 부분복제법에는 층화추출법과 최적화법, 그리고 상기 두 방식의 결합에 의한 복합법 또는 층화·최적화법이 있다. 층화추

출법(stratified sampling)은 주가지수를 구성하고 있는 업종의 비중과 업종내 시가총액 비중을 고려하여 업종별 대표종목을 구성종목으로 선정하는 일종의 샘플링(sampling)방법이다. 최적화법(optimization)은 업종과 종목별 특성치 등의 기준, 즉 재무비율과 유동성 등에 의해 종목을 선정한 후에 일정한 제약조건(filtering)을 만족시키는 종목으로 구성하는 방법이다. 그리고 상기 두 방식의 결합에 의한 복합법 또는 층화・최적화법(sampling optimization method)은 말 그대로 복합법인 것이다.

그러나 일반적으로 부분복제법에 의해 현물바스켓을 구성하고 있기 때문에, 이에는 이에 포함되지 않은 종목으로 인해 추적오차가 발생할 위험을 갖게 될 수밖에 없다. 즉 최초에 설정한 종목별 편입비중이 개별종목의 가격변화와 구성종목의 편출입에 의해 달라질 수밖에 없게 될 것이다. 이같이 주가지수와 현물바스켓 간의 추적오차가 발생하게 되면 현물바스켓의 재구성(rebalancing)이 필요하게 된다. 따라서 이같은 재구성시에 추가적인 비용이 소요되기 때문에, 처음부터 이같은 추적오차가 적도록 현물바스켓을 구성하는 것이 매우 중요하다. 이는 선물가격과 현물가격 간에 나타나는 베이시스위험과 유사한 개념이라 할 수 있을 것이다.

그리고 이같은 현물바스켓의 재구성은 주가지수를 구성하고 있는 종목자체가 변경될 때도 이루어져야 함은 물론이다. 즉 거래소는 예를 들어 코스피200지수에 대한 정기적인 종목변경을 매년 1차례, 즉 매년 6월물의 선물・옵션 동시만기일 직후에 행하고 있다. 또한 이같은 상기적인 변경 이외에도 구성종목에 대한 긴급한 사유(상장폐지 등)에 의해 편출입(특별변경)이 발생할 수도 있다. 따라서 이 때 대형주가 신규편입 또는 제외될 경우에는 이같은 대형주는 시가총액이 큰 종목이기 때문에, 현물바스켓에 대한 재구성 역시 큰 폭으로 이루어지게 될 것이다.

3) 헤지비율

헤지거래에서 가장 중요한 개념은 헤지비율이다. 헤지비율(hedge ratio)이란 아래 식(3-1)에서 보는 바와 같이 보유현물의 가격변동위험을 회피하기 위해, 보유하고 있는 헤지대상인 현물포트폴리오 금액에 대한 헤지수단인 선물계약 금액비율을 말한다. 여기서 헤지수단인 선물계약 금액=선물계약수×선물가격×거래단위금액이기 때문에, 아래 식(3-1)은 아래 식(3-2)로 바꾸어 쓸 수 있을 것이다.

$$\text{헤지비율}(h) = \frac{\text{헤지수단인 선물계약 금액}}{\text{헤지대상인 현물포트폴리오 금액} } \tag{3-1}$$

$$= \frac{\text{선물계약수} \times \text{선물가격} \times \text{거래단위금액}}{\text{현물포트폴리오 금액}} \tag{3-2}$$

그런데 이같은 헤지비율은 일반적으로 보유포트폴리오의 베타계수(β)를 사용하고 있기 때문에, 선물계약수는 아래 식(3-3)과 같이 구해질 것이다. 여기서 주가지수선물은 주가지수가 기초자산이어서 주가지수선물의 가격변화율이 시장포트폴리오의 가격변화율과 거의 같다고 할 수 있다. 때문에, 이같은 베타계수(β)[9]는 자본자산가격결정모형(CAPM)에서 구해지는 현물포트폴리오의 β_P와 같게 될 것이다.

$$\text{선물계약수} = \frac{\beta \times \text{현물포트폴리오 금액}}{\text{선물가격} \times \text{거래단위금액}} \tag{3-3}$$

4) 헤지거래의 종류

주가지수선물을 이용한 헤지거래는 단순헤지거래와 베타조정헤지거래로 구분된다.

---

9) 베타계수(β)란 개별주식 또는 현물포트폴리오의 수익률이 시장수익률에 대해 얼마나 민감하게 반응하는가를 측정하는 수치를 말한다.

(1) 단순헤지거래

단순헤지거래란 보유 현물포트폴리오의 가격변동위험을 제거하기 위해 선물거래를 이용함으로써 현물포트폴리오의 시장위험을 헤지하는 것을 말한다. 예를 들어 2012년 3월 9일 현재 현물펀드에 100억원을 투자하고 있는 펀드매니저가 향후 3개월간 시장의 하락을 예상함에 따라, 이같은 현물펀드에 대해 코스피200지수선물 6월물을 이용함으로써 3개월 동안 헤지거래를 하고자 한다. 그리고 3월 9일 현재 현물펀드의 베타계수(β)의 평균은 1.5이며, 현재 코스피200지수선물 6월물의 가격이 200.00포인트라고 할 때, 코스피200지수선물 6월물을 몇 계약을 매도해야 하는가? 즉 위 식(3-3)을 이용하면, 코스피200지수 6월물을 150계약 매도해야 한다.

$$\text{선물계약수} = \frac{1.5 \times 100\text{억원}}{200 \times 50\text{만원}} = 150(\text{계약})$$

이제 현물포트폴리오의 가격변동위험을 완벽하게 헤지할 수 있는, 즉 β계수가 필요없는 다른 예를 하나 더 들어보도록 하자. 2012년 3월 9일 현재 코스피200지수를 완전복제하는 현물펀드에 100억원을 투자하고 있는 펀드매니저가 향후 3개월간 시장의 하락을 예상함에 따라, 이같은 현물펀드에 대해 코스피200지수선물 6월물을 이용함으로써 3개월 동안 헤지거래를 하고자 한다. 그리고 3월 9일 현재 코스피200지수, 즉 현물가격은 200.00포인트, 코스피200지수선물 6월물의 가격 201.10포인트, 91일물 CD금리는 연 3%, 예상배당금의 만기시 가치는 0.4라고 할 때, 코스피200지수선물 6월물을 몇 계약을 매도해야 하는가? 즉 위 식(2-6)이나 (2-9)를 이용하여 코스피200지수선물 6월물의 이론가격이 201.10포인트로 현재가격과 같기 때문에 가격변동위험이 없음을, 즉 β계수가 필요없음을 알 수 있을 것이다. 따라서 헤지대상인 현물포트폴리오 금액을 헤지수단인 주가지수선물가격×거래단위금액으로 나누어 주면, 매도해야 할 선물계약수가 100계약으로 구해진다.

코스피200지수선물 6월물의 이론가격(F_t)

$$= S_t[1 + r \times \frac{(T-t)}{365}] - D(t, T)$$

$$= 200[1 + 0.03 \times \frac{91}{365}] - 0.4$$

$$= 201.10$$

$$선물계약수 = \frac{100억원}{201.10 \times 50만원} \fallingdotseq 100(계약)$$

이같이 주가지수선물의 시장가격이 보유비용모형에 의해 결정되는 이론가격과 같고, 완전복제법에 의해 현물포트폴리오(완벽한 인덱스펀드)를 구성한 경우, 즉 현물포트폴리오의 추적오차가 없는 경우에는 완전헤지된 현물포트폴리오의 시장위험은 0가 될 것이며, 그 수익률은 아래 식(3-4)와 같이 무위험수익률이 되는 것이다.

+현물포트폴리오(완벽한 인덱스펀드)의 수익률 - 주가지수선물의 수익률
=+무위험자산의 수익률 (3-4)

(2) 베타조정헤지거래

베타조정헤지거래란 주가지수선물을 이용하여 현물포트폴리오의 평균베타를 조정함으로써 체계적위험(베타계수)을 조정함에 따라, 시장의 움직임에 대처하는 헤지거래를 말한다. 즉 주가지수선물이 없다면, 향후 시장이 상승할 것으로 예상되는 경우는 베타계수가 높은 주식을 현물포트폴리오에 편입시킴으로써 현물포트폴리오의 체계적위험을 증가시킴에 따라 수익을 확대시키고, 이와 반대로 향후 시장이 하락할 것으로 예상되는 경우에는 베타계수가 낮은 주식을 편입시킴으로써 현물포트폴리오의 체계적위험을 감소시킴에 따라 손실을 최소화시키는 적극적인 포트폴리오 전략을 구사했을 것이다. 이같은 적극적인 포트폴리오

전략을 시장시기선택(market timing)이라고 한다. 그러나 우리는 베타조정헤지거래에 의해 향후 시장이 상승할 것으로 예상되면 주가지수선물을 이용하여 베타계수를 높임으로써 주가상승시 수익확대를 겨냥할 수 있게 될 것이고, 향후 시장이 하락할 것으로 예상되면 베타계수를 낮춤으로써 주가하락시 손실의 정도를 최소화시킬 수 있다. 따라서 베타조정헤지거래는 넓은 의미에서의 시장시기선택이라고 할 수 있는 것이다.

그리고 개별주식을 교체함으로써 현물포트폴리오의 체계적위험을 조정하는 것은 비체계적위험의 분산을 왜곡시키거나, 종목선정에 의한 운용수익률과 베타조정헤지거래에 의한 운용수익률 간에 서로 상충되는데다 거래비용도 많이 소요될 것이다. 그러나 이같은 베타조정헤지거래는 주가지수선물을 이용함으로써 개별주식의 교체없이 현물포트폴리오의 체계적위험(베타계수)을 조정시키는 효과를 거둘 수 있게 되는 것이다. 또한 현물포트폴리오의 운용수익률은 서로 상충되고 있는 종목선정[10](stock selectivity)능력 뿐만 아니라, 얼마나 베타조정헤지거래를 잘 하느냐에 의해 좌우된다. 여기서 종목선정에 의한 운용수익률과 베타조정헤지거래에 의한 운용수익률 간에 서로 상충된다는 것은 저평가되어 있는 종목이 있다 하더라도 그 종목의 체계적위험이 높은 경우, 향후 시장이 하락할 것으로 예상된다면 그 종목에 투자할 수 없게 되는 것을 의미하는 것이다.

논의를 단순화시키기 위해 베이시스위험이 없고 추적오차만 있다고 가정하자. 아래 식(3-4)는 주가지수선물을 이용함으로써 현물포트폴리오의 체계적위험, 즉 베타계수를 조정할 때 매도 또는 매수해야 하는 주가지수선물의 계약수를 구해 주는 식이다. 그리고 주가지수선물 계약수의 값이 양(+)이면 주가지수선물을 매수포지션으로 취해야 하고, 이와 반대로 주가지수선물 계약수의 값이 음(-)이면 주가지수선물을 매

10) 저평가된 주식을 매수하고 고평가된 주식을 매도함으로써, 시장수익률 이상의 운용수익률을 실현하고자 하는 적극적인 투자전략을 말한다.

도포지션으로 취해야 할 것이다.

$$N = (\beta_T - \beta_P) \times \frac{P_S}{P_F} \tag{3-4}$$

다만 β_T : 현물포트폴리오의 목표베타

β_P : 현물포트폴리오의 시장인덱스에 대한 현재베타

P_S : 현물포트폴리오의 현재가치

P_F : 주가지수선물가격의 거래단위금액에 의한 현재가치

N : 주가지수선물 계약수

예를 들어 2012년 3월 9일 펀드매니저가 보유하고 있는 현물포트폴리오의 현재가치가 100억원, 베타가 0.7, 만기가 3개월 후인 주가지수선물 6월물의 가격은 3월 9일 현재 200.00포인트라 하자.

① 펀드매니저가 향후 시장이 상승할 것으로 예상하고 있어 현물포트폴리오의 베타를 현재의 0.7에서 1.2로 높이고자 하는 경우, 이때 펀드매니저의 목표베타(β_T)가 1.2 이고 위 식(3-4)에 의해 주가지수선물의 매수포지션 계약수를 구해 보면 50계약이 될 것이다.

$$N = (1.2 - 0.7) \times \frac{100\text{억원}}{200 \times 50\text{만원}} = 50(\text{계약})$$

② 펀드매니저가 향후 시장이 하락할 것으로 예상하고 있어 현물포트폴리오의 베타를 현재의 0.7에서 0.5로 낮추고자 하는 경우, 이때 펀드매니저의 목표베타(β_T)가 0.5이고 위 식(3-4)에 의해 주가지수선물의 매도포지션 계약수를 구해 보면 20계약이 될 것이다.

$$N = (0.5 - 0.7) \times \frac{100\text{억원}}{200 \times 50\text{만원}} = -20(\text{계약})$$

③ 펀드매니저가 포트폴리오의 시장위험을 완전하게 제거시키고자

하는 경우, 즉 펀드매니저의 목표베타(β_T)가 0인 경우에는 위 식(3-4)에 의해 주가지수선물의 매도포지션 계약수를 구해 보면 70계약이 될 것이다. 즉 주가지수선물의 매도포지션을 70계약을 취하면, 보유하고 있는 현물포트폴리오의 가격변동위험을 최소화시킬 수 있을 것이다.

$$N = (0 - 0.7) \times \frac{100\text{억원}}{200 \times 50\text{만원}} = -70(\text{계약})$$

그리고 펀드매니저는 종목선정에서 초과수익률을 달성하기 위해 저평가된 주식을 매수하면서 동시에 주가지수선물을 이용함으로써 시장위험을 헤지할 수 있을 것이다. 예를 들어 펀드매니저가 향후 시장의 하락을 예상하는 경우 시장위험을 제거하기 위해 필요한 주가지수선물을 더욱 매도함으로써, 약세장임에도 불구하고 수익을 얻을 수 있게 된다. 이에 따라 펀드매니저는 주식운용의 실패를 약세시장의 탓으로만 돌릴 수 없게 되는 것이다. 왜냐하면 펀드매니저가 기업고유의 위험을 감수하면서 초과수익을 올리고자 할 때, 이같은 시장위험은 더 이상 통제불가능한 요인이 아니기 때문이다. 즉 종목선정과 주가지수선물을 이용함으로써 현물시장의 위험을 최소화 내지 제거시키면서 펀드매니저의 운용수익률을 크게 증대시킬 수 있을 것이다. 따라서 종목선정과 베타조정헤지거래가 운용수익률에 영향을 미치게 되는 상충적인 점도 제거시킬 수 있게 되는 것이다.

2. 투기거래

주가지수선물거래에서의 투기거래란 현물보유와 관계없이, 단순히 장래 선물가격의 변동에 대한 예상을 통해 선물을 매도 또는 매수함에 따라 매매차익을 얻기 위한 거래를 말한다. 선물거래는 일반적으로 15~18%의 적은 위탁증거금만으로 거래가 가능함에 따라 현물시장에서의 거래보다 레버리지효과(손익증폭효과)가 크고, 또한 언제든지 반대매매를 통해 청산할 수 있기 때문에 헤지거래가 아닌 투기목적의 거래에 많이 이용되고 있다. 즉 선물을 이용한 투기거래는 낮은 위탁증거금을 이용한 레버리지 투자와 같은 것이다. 다시 말해 1억원의 선물거래를 위해 실제로 필요한 위탁증거금은 코스피200지수선물의 경우는 거래대금 1억원의 15% 증거금률로 1,500만원, 개별주식선물의 경우에는 거래대금 1억원의 18% 증거금률로 1,800만원이 필요하다는 말이다. 이를 레버리지 개념으로 바꾸어 말하면, 코스피200지수선물의 경우는 투자자금(증거금)의 6.6배의 레버리지효과를 가져오게 되는 것이며, 개별주식선물의 경우에는 투자자금(증거금)의 5.5배에 해당하는 거래를 하게 되는 것이다.

이같은 투기거래는 선물가격의 변동위험을 감수하면서 매매차익을 목적으로 한다는 점에서, 보유현물의 위험을 선물로 제거하는 헤지거래와 구분된다. 즉 헤저(hedger)는 자신의 위험을 다른 투자자에게 이전시키고자 하는 데 반해, 투기자(speculater)는 이같은 위험을 감수하고자 한다. 이같이 헤저의 상대방 역할을 투기자가 맡음으로써 선물가격의 형성을 원활히 하고 유동성을 제고시키고 있는 것이다.

주가지수선물을 이용한 투기거래의 예를 들어보자. 2012년 3월 20일 투자자 갑이 향후 시장이 상승할 것으로 예상하고 코스피200지수선물 6월물을 10계약 매수하기로 했으며, 지금 현재 6월물 선물의 가격이 200.00포인트라고 하자. 선물매수계약수가 10계약이기 때문에, 1억 5,000만원(200.00포인트×10계약×50만원×15%)의 위탁증거금이 필요하다. 그리고 코스피200지수선물 6월물 10계약을 매수한 후 6월물 선물의 가격이 예상대로 3월 30일에 20% 상승했다면, 투자자 갑은 수익실현을 하기 위해 3월 30일에 6월물 선물매수포지션 10계약을 240.00포인트에 전매도함으로써 청산하게 될 것이다.

이 때 투자자 갑이 현물(주식)을 1억 5,000만원 어치 매수했다면 투자수익률이 20%로서 3,000만원의 투자수익을 얻게 되겠지만, 코스피200

지수선물 6월물에 투자했기 때문에 2억원[(240.00포인트 - 200.00포인트) × 10계약 × 50만원]의 수익(계약당 2,000만원)을 얻게 됨에 따라 투자수익률은 133.33%에 달하고 있다. 그리고 이는 현물에 투자한 경우보다 6.66배(1억 5,000만원/3,000만원)의 레버러지효과가 발생하게 된 것이다. 이같이 코스피200지수선물에 대한 투자는 적은 증거금으로 높은 수익률을 얻을 수 있는 반면에, 예상이 안 맞을 경우에는 그만큼 손실폭도 커지게 된다. 이를 선물투자의 레버러지효과(leverage effect)라고 말한다.

3. 주가지수 차익거래

주가지수 차익거래를 살펴보기 전에 우선 프로그램매매(program trading)란 주식을 개별적으로 매매하는 것이 아니라, 컴퓨터 프로그램을 이용함으로써 현물바스켓에 의해 매매하는 것을 말한다. 즉 기관투자자들이 자신들의 투자전략을 컴퓨터에 사전에 프로그래밍을 해둠에 따라 시황변동시 컴퓨터가 자동적으로 매수 또는 매도시점을 포착하여 컴퓨터 스스로가 주문을 내도록 하던가, 아니면 경보를 울림으로써 기관의 펀드매니저가 시장내외의 여건을 판단한 후 주문을 내도록 하는 고도의 투자기법을 말하는 것이다. 여기서 현물바스켓이란 프로그램화된 현물포트폴리오, 즉 인덱스펀드[11])를 말하는 것이다.

이같은 프로그램매매는 1970년대 기관투자자들이 포트폴리오를 구성할 때 대규모거래(block trading)를 개빌하고사 하는 데서 시작되었다. 즉 광의의 프로그램매매는 주가지수 차익거래, 포트폴리오 보험[12]), 자

---

11) 인덱스펀드(index fund)란 벤치마크지수(Bench Mark Index), 즉 코스피 200 지수와 같이 움직이는 현물포트폴리오를 말한다.

12) 포트폴리오보험(portfolio insurance)이란 시장가격이 하락할 경우는 포트폴리오의 가치가 일정 수준 아래로 하락하는 것을 방지하며, 시장가격이 상승 할 경우에는 포트폴리오의 가치도 동반 상승하도록 하는 투자전략을 통칭하는 것을 말한다. 대표적인 포트폴리오보험 기법은 풋옵션을 매수하는 것이며, 이의 단점을 보완하기 위해 동적 자산재구성을 이용하기도 한다. 예를 들어 현재

산배분 전략[13] 등 대규모의 복잡한 주문을 자동으로 처리하여 거래가 이루어지도록 하기 위해 컴퓨터 프로그램을 사용하고 있는 모든 거래를 말하는 것이다. 이 가운데 특히 주가지수 차익거래(index arbitrage)는 거래시 많은 주식을 가격변동이 없을 만큼 짧은 시간내에 거래가 이루어지도록 해야 하기 때문에, 이같은 컴퓨터에 의한 대량 주문시스템이 필요하게 되는 것이다. 따라서 협의의 프로그램매매는 이같은 컴퓨터에 의한 주가지수 차익거래를 말하는 것으로, 이 때의 프로그램매매는 주가지수 차익거래와 같은 말로 사용되게 된다.

이제 주가지수 차익거래란 주가지수 선물가격과 이론가격 간에 일시적으로 나타나는 가격불균형을 이용함으로써 일정한 무위험수익을 얻고자하는 거래를 말한다. 주가지수 차익거래 그리고 현실적으로는 소위 전술적인 차익거래라고 불리우는 '시장베이시스'(선물가격-현물가격)를 이용한 주가지수 차익거래가 이루어지고 있는 것이다. 이 때 주가지수를 실제로 거래할 수 없기 때문에, 이같은 주가지수를 추적하는 현물바스켓(현물포트폴리오)에 의해 거래해야 되는 것이다.

이같은 주가지수 차익거래는 매수차익거래와 매도차익거래로 구분된다. 매수차익거래란 주가지수의 선물가격이 이론가격에 비해 고평가되어 있을 때 고평가된 주가지수선물을 매도하고 상대적으로 저평가된

시장 상황에서 지켜야 할 포트폴리오가치의 마지노선이 10% 하락하는 수준이라면, 헤지회사는 현재 시장가치 보다 10% 낮은 행사가격의 풋옵션을 투자자에게 판매하고, 그 이후 시장이 실제로 하락하는 경우 헤지회사는 투자자가 매수한 풋옵션의 행사 가격과 이를 밑도는 시장가치와의 차액을 보상해 주는 것이다.

13) 자산배분(asset allocation)은 거시적 차원에서 여러 자산종류별로 어떻게 자금을 배분하고 변동시키는가를 말하는 것이다. 즉 일반적으로 자산배분은 주식과 채권 등 자산 간의 구성비율을 각 자산의 가격변동에 따라 투자가의 위험선호도 등을 고려함으로써 그들 각각에게 걸맞는 자산구성을 결정하게 되는 것이다. 예를 들어 향후 주가가 하락할 것으로 예상하는 경우의 바람직한 자산배분 전략은 보유주식을 모두 매도하는 대신에 채권을 매수하는 것이 될 것이다. 이와 반대로 향후 주가가 상승할 것으로 예상되는 경우에는 보유채권을 매도하는 대신에 주식을 매수해야 되는 것이다. 이같은 자산구성의 변화는 자산의 대량매매로 인해 많은 거래비용이 수반되는 단점이 있다. 그러나 이같은 단점을 보완할 수 있는 것이 바로 주가지수 차익거래인 것이다.

현물바스켓을 매수한 이후, 선물만기시점이나 이같은 고·저평가가 해소되는 시점에서 각각의 포지션을 청산하는 거래를 말한다. 이에 대해 매도차익거래란 주가지수의 선물가격이 이론가격에 비해 저평가되어 있을 때 저평가된 주가지수선물을 매수하고 상대적으로 고평가된 현물바스켓을 공매도한 이후, 선물만기시점이나 이같은 저·고평가가 해소되는 시점에서 각각의 포지션을 청산하는 거래를 말하는 것이다.

즉 차익거래 가운데 하나인 매수차익거래란 지금 현재 시장베이시스가 (+)일 때, 즉 콘탱고일 때 향후 시장베이시스가 축소될 가능성이 높다고 예상될 경우는 현재 고평가되어 있는 선물을 매도하면서 현물바스켓에 포함되어 있는 현물을 매수하는 거래를 말한다. 그리고 이같은 매수차익거래를 행한 후에, 실제로 이같은 시장베이시스가 축소되는 시점에서 반대매매(상기 매도했던 선물을 환매수하면서, 동시에 매수했던 현물바스켓을 전매도하는 매매, 즉 한번 이루어진 매매를 반대로 정리하는 매매를 말함)를 행함으로써 무위험수익을 얻는 차익거래가 이루어지고 있는 것이다. 그러나 이 때 시장베이시스가 예상과 달리 확대되는 경우에는 위험성이 나타나게 될 것이다. 그리고 이는 현재 시장베이시스가 (-)일 때, 즉 백워데이션일 때 이루어지는 차익거래의 다른 하나인 매도차익거래의 경우에도 이같은 매수차익거래의 경우와 반대로 생각하면 동일하게 적용된다.

또한 이같은 주가지수 차익거래의 실행과정은 차익거래의 규모와 투자정책의 수립을 전제로 하여 현물바스켓의 구성과 관리, 차익거래기회의 포착과 거래실행, 그리고 차익거래 청산시점 포착과 가가의 포지션 해소의 단계를 밟고 있다. 우선 차익거래의 규모와 투자정책의 수립은 제반 운용시스템의 사전점검과 포지션관리체제의 확립, 리스트관리체제의 정비 등을 통해 차익거래 실행을 준비하는 단계이다. 현물바스켓의 구성과 관리는 현물바스켓의 구성방법 확정과 주문가능한 예비바스켓의 마련, 그리고 바스켓내 구성종목의 편입비중 조절 등을 통한 추적오차의 최소화를 위한 단계이다. 또한 현물바스켓의 규모에 해당하는 선물계약수를 계산해야 할 것이다. 차익거래기회의 포착과 거래실행은 주가지수선물이 현물바스켓에 비해 현저하게 고·저평가되는 시점을 포착하기 위해 전문적인 매매시스템을 가동하면서 기회가 포착되었을 때 주가지수선물과 현물바스켓을 동시에 각각 반대주문을 내야 한다. 특히 현물바스켓의 경우에는 적게는 수십 개 종목에서 많게는 수백 개 종목까지 편입되어 있기 때문에 프로그램에 입력하는 주문발주시스템을 구비하고 있어야 할 것이다. 그리고 차익거래의 청산시점 포착과 각각의 포지션 해소는 각각의 포지션 설정을 위한 주문체결이 완료되면 그 때부터 실시간으로 주가지수선물과 현물바스켓 간의 고·저평가가 해소되는 시점을 포착해야 할 것이다.

그런데 선물만기일 전에 선물의 고·저평가가 해소되는 경우는 상기 매도(또는 매수)한 선물포지션과 상기 매수(또는 매도)한 현물바스켓을 다시 반대매매함으로써 청산하면 되는 것이다. 그러나 선물만기일까지 이같은 청산기회를 포착하지 못한 경우에는 이같은 선물만기일이 지나게 되면 상기한 차익거래는 더 이상 유지할 수 없게 되기 때문에, 선물만기일까지 상기한 차익거래를 강제로 청산시켜야만 한다.

이같이 각각의 포지션을 청산하는 주문이 체결완료되면, 최초 설정할 당시와 각각의 포지션 청산시점 간의 주가지수선물과 현물바스켓의 손익과 거래비용을 모두 계산함으로써 주가지수 차익거래의 손익을 계산하면 되는 것이다.

예를 들어 2012년 3월 9일 현재 코스피200지수(현물가격)는 200.25포인트이고, 코스피200지수 6월물 선물의 가격은 203.75포인트이다. 그리고 2012년 3월 9일 현재 91일물 CD 금리는 연 6%이고, 만기시 예상배당수익률은 연 0.6%라고 하자. 위 식(2-6)을 이용하면 다음과 같다.

$$F_t = S_t + [S_t \times (r-d) \times \frac{(T-t)}{365}]$$

$$= 200.25 + [200.25(0.06 - 0.006) \times \frac{98}{365}]$$

$$\fallingdotseq 203.15$$

이 때 차익거래자는 현재 거래되고 있는 6월물 주가지수선물의 가격이 이론가격에 비해 고평가되어 있기 때문에, 매수차익거래를 하게 될 것이다. 즉 10억원을 연 6%의 이자율로 차입함으로써 인덱스펀드를 구성하고, 6월물 주가지수선물을 203.75포인트에 10계약을 매도하면 될 것이다.

$$N = \frac{10\text{억원}}{203.75} \times 50\text{만원}$$
$$\fallingdotseq 10(\text{계약})$$

6월물 주가지수선물의 만기일인 6월 14일에 코스피 200지수가 7% 하락함으로써 186.23포인트가 되었다면, 6월물 지수선물 만기시에는 선물지수와 현물지수가 동일하게 되기 때문에 6월물 주가지수선물의 종가가 186.23포인트가 될 것이다. 따라서 지수선물의 가격이 17.52포인트 하락했기 때문에 선물매도포지션에서 8,760만원(17.52 × 50만원 × 10계약)의 수익이 발생함과 함께, 주가지수가 7% 하락했기 때문에 인덱스펀드의 가격은 9억 3천만원으로 7천만원의 손실을 입게 되었다. 그리고 차입금이자 1,611만원($\frac{10\text{억원} \times 6\% \times 98}{365}$)을 감안하면, 매수차액거래의 순이익은 1억 7,215만원이 된다. 그리고 현물의 보유비용은 다음과 같이 금융비용에서 배당수입을 공제한 금액이 된다.

$$\text{현물보유비용} = 10\text{억원} \times [(0.06 - 0.006) \times \frac{98}{365}] = 1{,}450\text{만원}$$

이를 정리해 놓은 것이 아래 〈표 3-5〉이다. 이와 반대로 6월물 주가지수선물의 만기일인 6월 14일에 코스피200지수가 7% 상승함으로써 214.27포인트가 된 경우, 매수차익거래 후 주가지수 상승시의 결과는 아래 〈표 3-6〉과 같다.

〈표 3-5〉 매수차익거래 후 주가지수 하락시의 결과

날짜	현물시장	선물시장
3.9	연 6%로 차입하여 10억원 규모의 인덱스펀드 구성 · 매수	6월물 주가지수선물 203.75포인트에 10계약 매도
6.14	주가지수 7% 하락 인덱스펀드 매도 -7,000만원	6월물 주가지수선물 186.23포인트에 환매수 +8,760만원
6.14	현물보유비용 -1,450만원 (금융비용 - 배당수입)	
결과	손실 -8,450만원	수익 +8,760만
매수차익거래 손익 : 8,760만원(선물시장 수익) - 8,450만원(현물시장 손실) = 310만원		

〈표 3-6〉 매수차익거래 후 주가지수 상승시의 결과

날짜	현물시장	선물시장
3.9	연 6%로 차입하여 10억원 규모의 인덱스펀드 구성 · 매수	6월물 주가지수선물 203.75포인트에 10계약 매도
6.14	주가지수 7% 상승 인덱스펀드 매도 +7,000만원	6월물 주가지수선물 214.27포인트에 환매수 -5,260만원
6.14	현물보유비용 -1,450만원 (금융비용 - 배당수입)	
결과	수익 +5,550만원	손실 -5,260만원
매수차익거래 손익 : 5,550만원(현물시장 수익) - 5,260만원(선물시장 손실) = 290만원		

위 표 2개에서 보는 바와 같이 주가지수차익거래자는 주가지수의 동일한 상승이나 하락을 막론하고, 주가지수차익거래시 선물가격과 선물이론가격의 차이인 0.6포인트에 해당하는 300만원(0.6포인트×50만원×10계약)의 수익을 얻게 된다. 이 때 290만원, 300만원, 310만원의 오차는 주가지수의 상승 또는 하락과 선물계약수의 계산시 반올림한 결과라 생각된다.

4. 스프레드거래

우선 스프레드(spread)란 두 가지 서로 다른 선물계약 간의 가격차이를 말하는 것이다. 따라서 스프레드거래란 이같이 서로 다른 두 가지 선물계약을 동시에 매수 또는 매도하는 거래로서, 두 가지 선물 가운데 상대적으로 저평가된 것을 매수하고 상대적으로 고평가된 것을 매도하는 거래를 말하는 것이다. 예를 들어 스프레드거래란 동일한 두 가지 상품 간의 매매, 즉 강남의 비싼 40평 아파트(10억원)를 매도하면서 동시에 강북의 싼 40평 아파트(6억원)를 매수했다고 가정할 때 이같은 거래를 말하는 것이다. 즉 스프레드거래란 동일한 두 개의 상품 간에 어떤 비싼 것을 하나 매도하면서, 다른 어떤 싼 것을 하나 매수하는 것을 말하는 것이다. 우리는 우리도 모르는 사이에 일상적으로 이같은 스프레드거래를 하고 있다. 따라서 이같은 스프레드거래는 분명히 어려운 용어가 아닌 것이다. 그리고 이같은 스프레드거래는 결제월 간(또는 만기간) 스프레드거래와 상품 간 스프레드거래의 두 가지로 구분된다.

이같은 스프레드거래는 투기거래에 비해 위험도가 적은 대신, 수익도 낮은 것이 특징이다. 왜냐하면 스프레드거래는 서로 다른 두 가지의 선물계약을 반대방향으로 거래하는 것이어서, 스프레드의 한쪽 포지션에서 발생되는 손실이 다른 한쪽의 포지션에 의해 발생되는 수익에 의해 상쇄됨에 따라 투기거래에 비해 손익위험이 적어지기 때문이다. 따라서 스프레드거래는 투자자가 투기거래시 감수하게 되는 가격위험보다 훨씬 작고 제한된 스프레드 변동에 의한 위험만을 감수하고자 할 때 이루어지는 것이다.

1) 결제월간 스프레드

결제월간 스프레드(intra-commodity spread)거래란 향후 스프레드의 변화를 예상함으로써 기초자산이 동일한 선물계약 가운데 결제월이 다른 종목 간(예를 들어 코스피200지수의 3월물과 6월물 간)의 가격차(원월물 선물가격 - 근월물 선물가격)를 이용하는 거래를 말한다. 즉 거래대상이 동일한 선물 가운데 하나를 매수하고, 다른 하나는 매도하는 거래를 말하는 것이다. 주가지수선물 등 주식관련 선물의 경우에는 일반적으로 보유비용(이자비용 - 배당금수입)이 양(+)의 값을 갖게 되기 때문에, 원월물가격이 근월물가격보다 높다. 따라서 향후 스프레드의 확대를 예상하고 있는 경우는 근월물을 매도하고 원월물을 매수하는 스프레드매수 전략을 취하게 될 것이다. 이와 반대로 향후 스프레드의 축소를 예상하고 있는 경우에는 근월물을 매수하고 원월물을 매도하는 스프레드매도 전략을 취하게 된다. 여기서 2012년 2월 10일 현재 거래가 주로 이루어지고 있는 3월물의 선물이 근월물이 되고, 이에 대해 6월물의 선물이 원월물이 되는 것이다. 그리고 이같은 원월물은 오는 3월의 2번째 목요일에 현재의 3월물 선물의 만기일이 지난 다음에 근월물로 바뀌게 되는 것이다.

예를 들어 2012년 3월 9일 현재 코스피 200지수선물의 6월물(근월물) 가격은 200.25포인트, 9월물(원월물) 선물의 가격은 201.75포인트이기 때문에 6월물과 9월물 간의 스프레드는 1.50포인트(=201.75 - 200.25)이었다. 이 때 투자자가 향후 스프레드의 확대를 예상하고 있을 경우, 근월물인 6월물을 200.25포인트에 1계약을 매도하면서 동시에 원월물인 9월물을 201.75포인트에 1계약을 매수하는 스프레드매수 거래를 하게 될 것이다. 그 이후 3월 14일에 스프레드는 2.50(=204.50 - 202.00)포인트로 투자자의 예상과 같이 확대되었다. 이에 따라 이 날 투자자는 코스피200지수선물의 6월물(근월물) 1계약을 202.00포인트에 반대매매(환매수)를 하면서 동시에 9월물(원월물) 선물 1계약을 204.50포인트에 반대매매(전매도)함으로써 스프레드 포지션을 모두 청산하였다고 하면, 투자자의 순이익은 아래 〈표 3-7〉과 같이 계산된다.

〈표 3-7〉 결제월 간 스프레드거래의 결과

날짜	선물시장
3.9	코스피200지수선물 6월물(근월물) 200.25포인트에 1계약 매도 코스피200지수선물 9월물(원월물) 201.75포인트에 1계약 매수
3.14	코스피200지수선물 6월물(근월물) 202.00포인트에 1계약 반대매매(환매수) 코스피200지수선물 9월물(원월물) 204.50포인트에 1계약 반대매매(전매도)
결과	6월물(근월물) 손실 = (200.25 - 202.00) × 1계약 × 500,000만원 = - 875,000원 9월물(원월물) 수익 = (204.50 - 201.75) × 1계약 × 500,000만원 = + 1,375,000원
순이익 : 1,375,000원 - 875,000원 = 500,000원	

2) 상품간 스프레드

상품간 스프레드(inter-commodity spread)거래란 기초자산이 서로 다른 두 개의 선물계약이지만, 가격움직임이 비슷한 선물간(예를 들어 농산물의 작황에 따른 콩이나 밀과 같이 결제일이 동일한 선물간)의 가격차를 이용하는 거래를 말한다. 즉 서로 다른 두 개의 선물계약을 동시에 매매함으로써 이같은 스프레드의 변동에 의해 수익을 얻고자 하는 스프레드거래를 말하는 것이다. 이에는 시장간 스프레드(inter-market spread: 특히 국내선물시장과 미국선물시장에서의 주가지수선물 간)거래도 포함된다. 이같은 상품 간 스프레드는 서로 다른 선물계약을 대상으로 하는 거래이기 때문에, 각각의 선물계약에 영향을 미치는 변수들로 인해 결제월 간 스프레드에 비해 그 변동폭이 훨씬 크다.

그리고 코스피200지수선물과 개별주식선물[14]간의 상품 간 스프레드거래를 하는 경우에는 코스피200지수선물과 개별주식선물의 가격 등락폭과 방향에 따라, 스프레드거래의 수익이 결정될 것이다. 거래의 유형상 이같은 상품 간 스프레드거래는 헤지펀드[15] 등에서 일반적으로 행

14) 개별주식선물(single-stock futures)이란 주식종목을 대상물로 하는 선물거래를 말한다. 이같은 선물거래가 탄생하게 된 것은 공매도가 제한된 주식시장에서 주가의 하락추세에 대응하기 위해 주가지수선물에 의해 부족한 가격변동성을 보완하기 위해서이다. 우리나라에서는 2008년 5월 6일에 도입되었다.

15) 헤지펀드(hedge fund)란 100명 미만의 투자가들로부터 개별적으로 자금을 모아 파트너십(partnership)을 결성한 후에 카리브해의 버뮤다제도와 같은 조세회피 지역에 위장거점을 설치하고 자금을 운영하는 일종의 투자신탁을 말한다.

하고 있는 Long/Short거래[16]와 유사한 점이 많다고 할 수 있다.

예를 들어 개별주식선물이 주가지수선물보다 더 상승할 것으로 예상하고 있는 투자자가 2012년 3월 15일에 현대차선물 50계약을 20만원에 매수하고 코스피200지수선물 1계약을 200.00포인트에 매도했다고 하자. 그 후 3월 20일에 투자자의 예상대로 개별주식선물이 주가지수선물보다 더 상승함에 따라, 현대차선물 50계약을 23만원에 매도하고 코스피200지수선물 1계약을 220.00포인트에 매수했다고 하자. 이 때 투자자의 수익은 〈표 3-8〉과 같이 계산된다. 즉 현대차선물과 코스피200지수선물에 대해 각각 동일금액을 투자한 후 3월 15일에서 3월 20일까지 현대차선물이 15% 상승해 코스피200지수선물의 10%보다 더 상승함에 따라, 현대차선물의 매수포지션에서 1,500만원의 수익을 얻은 반면에 코스피200지수선물의 매도포지션에서 1,000만원의 손실을 입게 됨으로써 결국 500만원의 수익을 얻게 된 것이다.

〈표 3-8〉 상품 간 스프레드거래의 결과

날짜	선물시장	
3.15	현대차선물 매수	20만원 × 50계약 × 10배 = 1억원 투자
	코스피200지수선물 매도	200.00포인트×1계약×50만원=1억원 투자
3.20	현대차선물 매수	(23만원 - 20만원) × 50계약 × 10배 = 1,500만원
	코스피200지수선물 매도	200.00포인트-220.00포인트)×1계약×50만원=-1,000만원
결과	1,500만원 - 1,000만원 = 500만원	

그러나 이같은 헤지펀드는 파생상품을 교묘하게 조합함으로써 도박성이 큰 신종상품을 개발하고 있기 때문에, 헤지펀드는 국제금융시장을 교란시키는 하나의 요인으로 지적되고 있는 것이다. 그리고 전세계의 헤지펀드 가운데 절반 이상을 차지하는 조지소로스가 운영하고 있는 퀀텀펀드가 특히 유명하다.

16) Long/Short거래란 매수를 의미하는 롱포지션(long position)과 매도를 의미하는 쇼트포지션(short position)을 동시에 취하는 매매전략을 말한다. 즉 장기적으로는 주식시장에서 저평가된 주식을 매수하고, 단기적으로는 고평가된 주식을 매도하는 매매기법을 조합한 장단기매매기법인 것이다. 이같은 매매는 전통적으로 헤지펀드의 일반적인 매매방식이기도 하다. 또한 이같은 Long/Short거래는 한나라의 주식시장에서 뿐만 아니라 세계각국의 주식시장을 대상으로도 이루어지고 있다. 예를 들어 최근 자동차업계의 상황분석에 의해 향후 단기적으로 하락이 예상되는 일본의 도요다자동차를 매도하는 대신, 향후 장기적으로 상승이 예상되는 우리나라의 현대자동차를 매수하는 매매전략을 취하게 되는 것이다.

제2부

스왑거래

제 4 장

스왑거래의 개요

본장에서는 스왑거래의 개념, 스왑거래의 기능, 스왑거래의 생성과 발전, 그리고 스왑시장의 기본 용어를 중심으로 살펴보도록 한다.

1. 스왑거래의 개념

우선 다음 장에서 살펴볼 옵션(option)거래는 미래 특정일에 미래 정해놓은 거래조건을 만족하는 경우는 수도결제[1)]가 발생할 수도 있고,

1) 일반적으로 일반상품 현물거래의 수도결제일은 거래당일이 된다. 즉 일반상품의 현물거래 수도결제는 예를 들어 곰보빵을 사는 경우, 거래당일에 곰보빵을 인수받고(매매상대방은 곰보빵을 인도하고) 그 대가로 돈을 지급하는(매매상대방은 돈을 받는)행위를 말하는 것이다. 그러나 주식과 통화 등 금융상품의 수도결제일은 현물거래라고 하더라도, 그 수도결제일은 일반적으로 거래당일을 포함하여 3영업일 째로 되어 있다. 그리고 이같은 수도결제일이란 금융상품을 수도결제하는 날로서, 거래당사자들 끼리 수도결제일에 금융상품의 인수도와 그에 대응하는 매매대금인 자금을 상호 교환하는 날을 말하는 것이다. 그런데 예를 들어 미국 유학 중인 자식에게 달러화를 보내고자 은행에 가서 환전을 하는 경우, 즉 은행과 통화 현물거래인 원/달러 거래를 하는 경우, 거래가 발생하는 시점에서 원화를 지급하고 달러화를 수취하게 됨으로써, 거래와 동시에 수도결제가 발생된다. 그러나 이는 은행이 개인의 편의를 위해 거래와 동시에 수도결제를 대신해 주는 것이다. 그러나 실제로 은행 간의 원/달러 현물거래는 원화와 달러화 간의 수도결제가 거래당일을 포함하여 3영업일에 발생하게 되는 것이다. 이에 대해 선물거래와 스왑거래, 그리고 옵션거래 등 파생상품 거래의 수도결제일은 매매계약시 미리 정해놓은 미래 특정일이 되는 것이다.

만족하지 않을 경우에는 수도결제가 발생하지 않을 수도 있는 거래이다. 이에 대해 스왑(swap)거래란 현물거래와 선도거래 또는 일련의 선도거래가 몇 개 합쳐진 하나의 거래로서, 미래 특정일에 미래 정해 놓은 거래조건을 만족하던 만족하지 않던 간에, 항상 수도결제를 해야 하는 거래를 말한다. 즉 이같은 스왑거래[2]는 미래 특정일에 주로 서로 다른 금리 또는 통화로 표시된 부채 등 미래의 현금흐름을 거래당사자 간에 상호 교환하는 거래인 것이다. 그리고 이같은 스왑(swap)이라는 말은 곧 교환이라는 뜻인 것이다.

그리고 이같은 스왑은 가장 최근에 개발된 파생상품 가운데 하나이다. 상기한 스왑거래의 개념에서 나오는 선도(forward)거래란 제1부의 선물거래에서 살펴본 바와 같이 현물거래와 달리, 매매당일에 거래계약을 체결하면서, 본 거래계약의 수도결제는 매매당일에 바로 발생하지 않고 미래 특정일에 발생하는 거래를 말한다. 대표적인 선도거래의 형태는 바로 선물(futures)거래이다. 이같은 선물거래는 미래 특정일에 발생하게 될 거래상품의 인수도와 그에 대응하는 자금의 거래를 원활하게 하도록 하기 위해, 즉 수도결제가 잘 이루어지도록 하기 위해, 거래소(exchange)가 거래상품인 선물을 표준화시킴으로써, 거래소에 주식과 같이 상장되어 거래되고 있다. 따라서 파생상품[3]은 기초자산과 거래유형에 따라, 다음의 〈표 4-1〉과 같이 구분할 수 있을 것이다.

---

2) 스왑거래에는 ① 동일한 통화이지만 금리가 다른 금리스왑, ② 동일한 금리이지만 결제통화가 다른 통화스왑 등이 있다. 그리고 외환시장에서 외국통화 현물과 같은 액수의 선물(先物)을 교환하는 거래도 있다.

3) 파생상품은 그 상품이 기초로 하고 있는 기초자산에 따라, 이자율(채권 포함)파생상품, 통화파생상품, 주식(개별 주식 또는 주가지수)파생상품, 상품(원유 등 commosity)파생상품, 신용파생상품(CDS가 대표적임) 등으로 구분된다. 그리고 파생상품의 거래 유형에 따라, 선도거래(선물거래 포함), 스왑거래, 그리고 옵션거래로 크게 구분된다.

〈표 4-1〉 파생상품의 구분

구분	선도거래(선물거래)	스왑거래	옵션거래
이자율	FRA,이자율선물 (국고채선물)	이자율 스왑	아자율 옵션
통화	선물환, 통화선물	외환스왑, 통화스왑	통화옵션
주식(주가지수)	주식선도, 주가지수 선도, 주식선물, 주가 지수선물	주식스왑, 주식지수스왑	주식옵션, 주가지수옵션
원자재 (상품: commodity)	상품선도	상품스왑	상품옵션
신용(credit)	신용선도	신용(지수)스왑	신용(지수)옵션

그리고 스왑거래는 앞서 말한 대로 현물거래와 선도거래 또는 일련의 신도거래가 몇 개 합쳐진 하나의 거래인 것이다[4]. 그리고 이같은 스왑의 구조는 다음의 [그림 4-1]에서 보는 바와 같이, 일련의 수취하는 현금흐름과 일련의 지급하는 현금흐름으로 구분할 수가 있을 것이다. 즉 일련의 현금흐름을 교환하는 거래계약으로 볼 수 있는 것이다. 또한 이 같은 스왑이 경제적으로 의미가 있기 위해서는 입금되는 현금흐름의 현재가치와 출금되는 현금흐름의 현재가치가 원칙적으로 같아야 한다.

[그림 4-1] 스왑의 구조

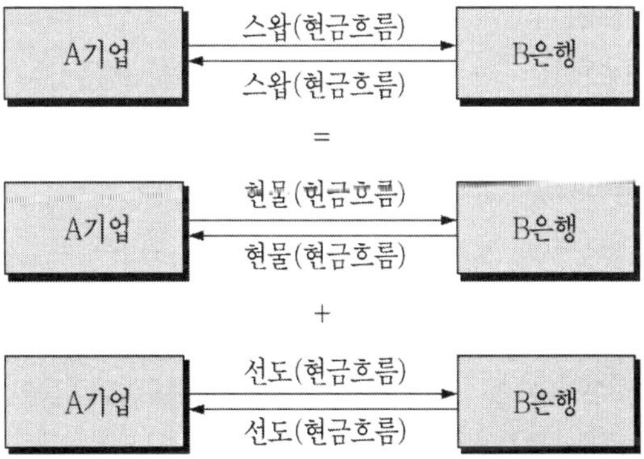

4) 금융투자교육원. 『파생상품투자상담사 2』, 박영사, 2013년, pp. 15-17.

스왑거래에서 발생하는 현금흐름의 교환은 크게 초기교환(initial exchange), 쿠폰교환(coupon exchange), 만기교환(final exchnge)으로 구분하고 있다. 이같은 스왑거래에서의 현금교환 종류는 다음의 [그림 4-2]와 같다. 즉 초기교환에서는 원금교환이 이루어지기도 하고, 이루어지지 않기도 한다. 즉 일반적으로 금리스왑의 경우는 원금교환이 없지만, 통화스왑의 경우에는 원금교환이 이루어지는 경우가 많다.

[그림 4-2] 스왑거래에서의 현금흐름 교환

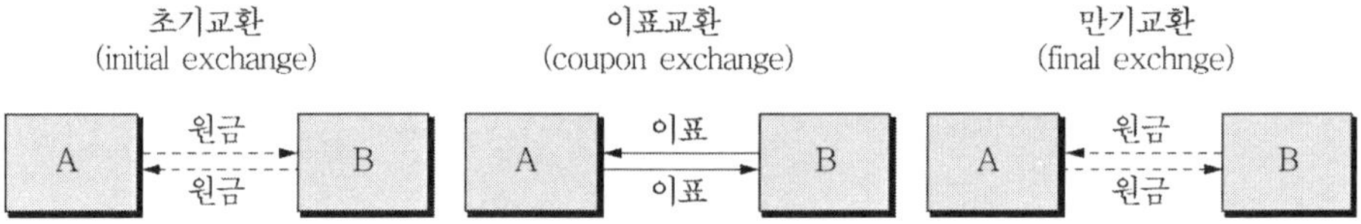

이같은 원금교환은 정해진 액수의 교환이기 때문에 스왑가격을 계산하는데 손쉽지만, 중간에 이루어지는 쿠폰교환에 대한 스왑가격을 평가하는 것은 쉽지만은 않다. 즉 일반적으로 스왑거래의 쿠폰교환에는 고정금리쿠폰(=명목원금 × 고정금리 × day count fraction)과 변동금리쿠폰(=명목원금 × 변동금리 × day count fraction)이 있다. 여기서 day count fraction이란 이자계산의 일수를 정하는 규칙으로서, 각 통화 마다 각각의 관행이 있다. 예를 들어 달러화의 변동금리 계산의 경우는 'act/360'이 사용되고 있으며, 원화의 변동금리 계산의 경우에는 'act/365'가 사용되고 있다. 그리고 act란 'actual number of days'의 줄인 말로서, 실제 이자계산 기간인 이자의 '경과일수'를 말한다. 따라서 상기한 바와 같이 고정 또는 변동의 금리쿠폰을 계산하기 위해서는, 명목원금에다가 고정 또는 변동의 연율금리를 곱한 후 이같은 실제의 이자 경과일수(act)를 곱한 값을, 금리가 연율(1년간의 이자율)로 사용되기 때문에 360일 또는 365일로 나누라는 의미인 것이다. 즉 이같은 실제의 이자 경과일수를 곱한 값을 금리가 연율(1년간의 이자율)로 사용되기 때문에 360일 또는 365일로 나누라는 것이 바로 'act/360' 또는

'act/365'로 표기되고 있는 것이다.

따라서 스왑거래에서 이같은 현금흐름이 어떻게 발생하는지에 대해 살펴보면 다음과 같다. 예를 들어 어떤 은행이 명목원금 1억달러에 대해 연율 5%의 고정금리를 지급하고, 6개월 Libor(변동금리)금리를 수취하는 2년 만기의 스왑계약을 체결했을 경우, 그 현금흐름은 다음과 같을 것이다.

우선 이는 고정금리를 지급하고, 6개월 Libor 변동금리를 수취하는 스왑거래인 것이다. 즉 6개월 후에는 명목원금 1억달러에 대한 6개월 Libor 변동금리를 수취함으로써, 그만큼의 현금유입이 발생하게 될 것이다. 그리고 1년 후에는 명목원금 1억달러에 대한 5.00% 이자만큼의 현금유출이 발생하게 됨과 동시에, 명목원금 1억달러에 대한 6개월 Libor 변동금리를 수취하게 됨으로써, 그 차액만큼만 현금유출이 발생하게 될 것이다. 그 이후 1년 6개월 후와 만기 2년 후에도 같은 방법에 의한 현금흐름이 발생하게 되는 것이다(〈표 4-2〉 참조).

〈표 4-2〉 스왑거래에서의 현금흐름 예

기간	현금유출	현금유입
6개월 후		\$1,000,000×Libor×act/360
1년 후	\$1,000,000×6.00%×360/360	\$1,000,000×Libor×act/360
1.5년 후		\$1,000,000×Libor×act/360
2년 후	\$1,000,000×6.00%×360/360	\$1,000,000×Libor×act/360

2. 스왑거래이 기능

첫째, 스왑거래도 선물거래와 옵션거래와 같이, 이자율이나 환율의 변동으로 인한 위험을 회피할 수 있다. 이는 스왑거래의 가장 큰 기능이다.[5] 예를 들어 현재 달러당 원화환율이 1,000원인데, 우리나라의 A 기업이 1억달러를 연율 5%에 3년간 차입했다고 하자. 이 때 A기업은

5) 이필상 · 정은호 · 조한용. 『제2판 선물 · 옵션』, 법문사, 2005년, pp. 186-187.

매년 500만달러(=1억달러 × 0.05)의 이자를 지급해야 할 것이다. 그런데 이같은 이자지급을 달러화로 지급하게 되기 때문에, 향후 달러당 원화환율이 크게 변동함으로써 달러당 750원에서 1,250원 사이에서 크게 움직일 경우, 실제 A기업의 이자지급액은 원화로 37억 5,000만원(=500만달러 × 750원)에서 62억5,000만원(=500만달러 × 1,250원) 사이에서 움직이게 될 것이다. 즉 A기업의 매년 이자지급액이 원화로 37억 5,000만원에서 62억 5,000만원이 될 수도 있다는 것이다. 그리고 원금을 상환하게 되는 3년 후에는 원화로 750억원(=1억달러 × 750원)에서 1,250억원(=1억달러 × 1,250원)이 될 수도 있는 것이다.

이같이 향후 환율변동이 심할 경우에는 향후 현금흐름에 대한 예상이 매우 어려워지기 때문에, 기업활동에 불확실성이 커지게 될 것이다. 즉 달러당 원화환율이 연말에 현재시점과 같이 달러당 1,000원이 될 것으로 예상하고 연말에 이자를 지급하기 위해 50억원(=500만달러 × 1,000원)만 준비하고 있다가, 연말에 달러당 원화환율이 1,250원이 된다면 A기업의 연말 이자지급액은 62억 5,000만원(=500만달러 × 1,250원)이 될 것임에 따라, 12억 5,000만원이나 부족하게 될 것이다. 현실적으로 돈 몇 억원이 부족해서 부도나는 기업들이 많다는 점을 감안한다면, 기업입장에서는 이같은 환율변동은 매우 큰 위험이 되는 것이다.

따라서 이같은 경우에는 우리나라의 A기업과 비슷한 규모와 비슷한 이자지급조건의 원화표시 부채를 보유하고 있는 미국의 B기업이 존재한다면, 우리나라의 A기업은 미국의 B기업과 상호 보유하고 있는 부채를 교환함으로써, 또는 이자지급액만 상호 교환하여 지급하도록 함으로써, 두 기업 모두 상호 환율변동에 의한 이자지급액의 변화를 없앨 수 있게 될 것이다. 즉 이들 두 기업이 서로 향후 3년간 달러당 1,000원으로 스왑계약을 체결함으로써, 우리나라의 A기업은 이자지급시 매년 50억원(=500만달러 × 1,000원)을 미국의 B기업에게 지급하고, 미국의 B기업으로부터 매년 500만달러를 수취하게 될 것이다. 따라서 우리나라의 A기업은 미국의 B기업으로부터 수취한 매년 500만달러를 가지고 미국의 B기업에게 매년 원화이자를 지급하면 되기 때문에, 향후 3년간 환율이 급변하더라도 이자지급액이 변하지 않게 되는 것이다. 이와 똑같은 논리로, 미국의 B기업도 향후 3년간 환율이 급변하더라도 이자지급액은 변하지 않게 되는 것이다.

물론 이같은 스왑거래시 달러당 원화환율이 현재의 1,000원에서 750원으로 하락하는 경우, 즉 원화가치가 상승하는 경우, 스왑거래를 하지 않았다면 실제로 우리나라의 A기업의 이자지급액이 50억원(=500만달러 × 1,000원)에서 37억 5,000만원(=500만달러 × 750원)으로 감소하게 되기 때문에 결과적으로 손해를 보는 것처럼 생각될 수도 있을 것이다. 그러나 앞서 말한 선물거래에 의한 헤지와 같이 스왑거래에 의한 헤지의 가장 큰 목적도 미래의 현금흐름을 고정시키는 것이기 때문에, 이같은 스왑거래는 매우 유용한 위험헤지의 수단이 되는 것이다. 그리고 실제로 이같은 스왑거래는 미래의 환율예상과 거래당사자들의 신용도, 그리고 자금시장 상황 등을 고려하여 체결되는 것이며, 대부분의 금융기관들이 거래당사자가 되고 있기 때문에 환율변동이 스왑거래에 불리하게 작용한다 하더라도 상기한 예와 같이 큰 기회손실을 보는 경우는 많지 않을 것이다. 또한 만의하나 간혹 큰 손실이 있다 하더라도, 이는 스왑거래로 인한 손실이라고 말하기 어렵다. 왜냐하면 이같은 스왑거래로 인해, 불확실한 미래의 현금흐름을 고정시켰기 때문이다.

그리고 스왑거래는 기업이나 금융기관의 금리리스크 노출을 헤지(제거)하는 수단으로도 많이 이용되고 있다. 예를 들어 B은행으로부터 변동금리로 자금을 조달한 A기업은 향후 금리상승이 예상될 때, 스왑은행과의 스왑거래를 이용하여 변동금리부채를 고정금리부채로 전환시킴으로써, 금리리스크를 회피할 수 있게 될 것이다. 즉 A기업이 스왑은행과 변동금리로 이자를 받고 고정금리로 이자를 지급하는 스왑거래를 체결함으로써, 스왑은행으로부터 받는 변동금리 현금(이자)유입으로 A기업이 B은행에게 지급해야 하는 변동금리 현금(이자)유출을 상쇄함으로써, A기업의 예상대로 향후 금리가 상승한다 하더라도 A기업의 금리리스크는 헤지될 것이다. 결과적으로 A기업은 변동금리의 이자지급은 상쇄되고 고정금리의 이자지급만 남게 되는 것이다. 그리고 이와 마찬가지로 채권보유자의 경우에도 향후 금리상승시 채권가격의 하락으로 인한 손실을 헤지하기 위해, 변동금리를 수취하고 고정금리를 지급하는 스왑거래를 체결함으로써 금리리스크를 헤지할 수 있을 것이다([그림 4-3] 참조).

[그림 4-3] 스왑거래에 의한 금리리스크 구조변환

그러나 만약 자금을 고정금리로 차입한 기업이 향후 금리가 하락할 것으로 예상하는 경우에는 고정금리로 이자를 지급하는 것이 불리하게 될 것이기 때문에, 상기한 바와 같이 향후 금리상승을 예상하는 경우와 반대로, 변동금리를 지급하고 고정금리를 받는 스왑거래를 체결하여 고정금리부채를 변동금리부채로 전환시킴으로써 향후 금리하락의 혜택을 누릴 수 있게 될 것이다.

둘째, 스왑거래는 투기적으로 이용될 수도 있다. 예를 들어 연기금관리자들은 금리가 상승할 것으로 예상될 때, 변동금리를 수취하는 스왑거래에 의해 고수익을 얻기도 한다.

셋째, 스왑거래는 선물거래나 옵션거래와 함께, 대표적인 금융위험관리기법 가운데 하나가 되었으며, 선물거래나 옵션거래와 다른 고유한 금융위험관리 기능을 갖고 있다. 즉 선물거래와 옵션거래는 거래소시장을 중심으로 발전되어 왔으며, 따라서 이들은 특정형식의 표준물 위주로 거래되어 온 것이다. 그러나 이같은 표준물 위주의 거래만으로 복잡한 경제적 거래내용의 위험을 관리하는 데는 분명한 한계가 있다. 예를 들어 기업이 위험을 헤지하고자 하는 대상자산이 거래되지 않을 수도 있으며, 위험을 헤지하고자 하는 시점과 일치하는 선물거래나 옵션거래가 없을 수도 있는 것이다.

넷째, 스왑거래는 유동성이 높기 때문에, 새로운 스왑거래를 체결하고자 할 때 스왑은행을 통해 원하는 구조의 스왑거래를 체결하기에 편리하다. 또한 기존의 스왑거래를 중도에 해지하고자 할 경우에는 이를 상쇄시키는 반대구조의 스왑거래를 통해 제거할 수 있기 때문에, 중도 헤지에 따른 패널티도 회피할 수 있게 된다.

여기서 한 가지 의문이 생긴다. 즉 금리하락기에는 고정금리를 수취하고, 변동금리를 지급하는 스왑거래를 하고자 하는데, 그 상대방이 있을까 하는 것이다. 즉 금리하락기에 변동금리를 수취하고 고정금리를 지급하고자 하는 기관이 얼마나 있겠는가 하는 문제인 것이다. 그리고 이와 반대로 금리상승기에는 고정금리를 지급하고, 변동금리를 수취하는 스왑거래를 하고자 하는데, 그 상대방이 있을까 하는 의문이 생기게 될 것이다. 그러나 한 국가 내에서는 스왑수요가 한쪽방향으로 쏠리게 되는 것이 당연하겠지만, 다양한 금융상품이 존재하는 선진화된 스왑시장인 경우에는 이를 헤지하는 방법도 다양하게 존재하게 될 것이다. 따라서 금리전망이 한쪽방향으로 쏠려 원하는 방향으로의 스왑공급이 충분하지 않다 하더라도, 충분한 스왑스프레드를 제공할 수만 있다면 거래상대방을 찾는 것은 그리 어렵지 않을 것이다.

3. 스왑거래의 생성과 발전

스왑거래는 금융위험을 관리하는데 있어, 선물거래나 옵션거래의 표준물이 효과적으로 통제하기에 부적합한 일종의 틈새시장(niche market)을 공략하는 것으로 이해하면 될 것이다. 즉 스왑거래는 선물거래나 옵션거래와 같이 특정 표준물의 설정없이 거래당사자 간의 이해관계에 의한 사적합의에 따라, 자유롭게 거래내용을 설계할 수 있는 장점을 갖고 있는 것이다. 따라서 스왑거래는 거래소시장이 아니라, 장외시장에서만 거래되고 있다.

이같이 장외시장에서만 거래되고 있는 스왑거래의 경우 사적합의의 특성상, 스왑거래의 거래당사자 일방이 필요로 하는 조건을 충족하는 거래의 상대방을 찾기도 힘들 뿐더러, 이미 체결된 스왑거래는 도중에 제3자에게 매도될 수 없으며 해지도 거래당사자 간 합의에 의해서만 가능하도록 되어 있는 단점을 갖고 있었다. 그리고 스왑거래는 사적합의에 의존하기 때문에, 거래소시장의 선물거래나 옵션거래와 달리 거래이행도 보장되지 못한다는 단점도 있었다.

즉 스왑거래는 사적합의에 의해 자유롭게 거래내용을 설계할 수 있다는 장점을 갖고 있는 반면에, 거래당사자의 탐색 어려움, 유동성의 제약, 거래이행의 불확실성 등의 단점도 갖고 있는 것이다. 그리고 이 같은 스왑거래의 단점은 스왑거래의 양적발전을 제약했던 것이다.

그러나 스왑거래는 상업은행, 투자은행, 스왑전문회사 등이 스왑거래 체결의 중개기관 역할을 하면서, 서서히 양적발전을 시작하게 된 것이다. 왜냐하면 스왑거래의 중개기관이 거래당사자 탐색의 어려움을 해결하는 동시에 거래이행의 보장기능까지 수행하게 되면서, 스왑거래 체결의 편의성을 크게 증대시켜 주었기 때문이다.

이제는 스왑거래의 중개기관이 스왑거래의 거래당사자가 되는 딜러역할까지 담당하게 되면서 스왑거래의 양적발전이 본격화된 것이다. 왜냐하면 중개기관이 딜러역할을 담당하게 된 것은 바로 스왑거래가 갖고 있는 단점 가운데 하나인 유동성 제약을 극복한 것이었기 때문이다.

이같이 스왑거래의 중개기관이 딜러역할을 하면서 시작된 스왑거래의 유동성 제고는 국제스왑딜러협회(International Swap Dealer Association)[6]가 스왑거래의 표준물을 제안하면서 더욱 가속화되었다.

그리고 스왑거래는 시장참여자가 유지하고 있는 기존의 현물포트폴리오 가운데 위험관리가 필요한 자산 또는 부채의 내용에 따라, 크게 금리스왑거래와 통화스왑거래 등으로 구분되고 있다.

6) 현재의 국제스왑 및 파생상품협회(International Swaps & Derivatives Association: ISDA)임.

4. 스왑시장의 기본 용어

1) 스왑시장의 참여자

스왑시장에서 거래하는 상대방을 시장참여자(counter-party)라고 한다. 즉 스왑시장에서의 거래상대방, 즉 시장참여자는 다음과 같다[7].

(1) warehouse bank: 투자은행이나 대형 상업은행으로서, 스왑시장의 시장조성자(market maker) 역할을 수행하며, 자체포지션(스왑 book)의 운용을 통해 스왑시장을 주도해 가는 금융기관을 말한다.

(2) 중개기관(broker company): warehouse bank와 user(최종이용자) 또는 user들을 연결해 주는 기관으로서, 자체포지션 없이 고객 간의 거래중개를 통해 사장활성화에 기여하고 있는 기관을 말한다.

(3) 최종이용자(users): 스왑시장의 최종이용자(market user 또는 market follower)로서, 자체포지션의 관리를 목적으로 상호 직접적인 거래와 중개기관과의 중개거래를 통해 시장에 참여하는 기관을 말한다. 자금공여자(lender), 차입자(borrower), 자산/부채관리자(asset & liability manager) 등이 주로 수요자이다.

2) long swap 포지션과 short swap 포지션

스왑거래에서는 교환되는 이자(쿠폰교환)의 성격에 따라, 스왑포지션을 구분하게 된다. 일반적으로 변동금리를 수취(receive floating rate)하고, 그 빈대급부로 고정금리블 지급(pay fixed rate)하는 포지션을 long swap 포지션이라고 한다. 이와 반대로 고정금리를 수취(receive fixed rate)하고, 그 반대급부로 변동금리를 지급(pay floating rate)하는 포지션을 short swap 포지션이라고 한다. 또한 이를 고정금리의 지급여부에 따라, long swap 포지션을 payer swap 포지션이라고 하며,

7) 금융투자교육원. 『파생상품투자상담사 2』, 박영사, 2013년, pp. 24-30.

short swap 포지션을 receiver swap 포지션이라고 한다.

3) 명목원금

이자율스왑거래에서 원금은 상호 교환되는 것이 아니라, 단지 이자계산에만 사용될 뿐이다. 이에 따라 이같은 원금을 명목원금(notional principal)이라고 한다. 그러나 통화스왑에서는 원금이 상호간에 교환되기 때문에, 원금은 중요한 요소가 된다.

그리고 스왑계약시 원금은 항상 일정한 것이 아니라, 점차 증가하는 형태, 또는 점차 감소하는 형태로 계약할 수 있다. 즉 스왑계약시 원금이 점차 증가하는 형태의 스왑을 accreting swap이라고 하며, 원금이 점차 감소하는 형태의 스왑을 amortizing swap이라고 하기도 한다. 그리고 이 두 가지 형태를 모두 갖고 있는 형태의 스왑을 roller-coaster swap이라고 한다. 예를 들어 원금분할상환을 받은 기업이 지급이자 구조를 바꾸고자 한다면, 대출의 원금상환 일정에 맞추어 스왑거래의 원금도 감소해야 되기 때문에, 원금이 점차 감소하는 형태의 스왑인 amortizing swap 거래를 하게 되는 것이다.

4) 변동금리

변동금리(floating rate)는 스왑기간 동안 주기적으로 변동하여 결정되는 금리로서, 각 통화에 대한 단기금융시장(money market)에서 대표적인 변동금리 지표를 사용하게 된다. 그리고 일반적으로 변동금리 지표의 주기와 이자의 지급주기는 동일하게 적용된다. 예를 들어 달러화 이자율스왑거래의 경우, 변동금리 이자의 지급주기가 3개월이면, 달러화 3개월 Libor금리가 변동금리 지표가 되는 것이다. 그리고 이같은 달러화 스왑거래에 사용되고 있는 변동금리(floating index)는 주로 3개월 내지 6개월 만기의 Libor(London Inter-bank Offered Rate)[8]이다. 그

8) Libor금리는 주요 통화 스왑거래의 변동금리 지표로 가장 많이 사용되고 있는 금리이다. 이같은 Libor금리는 주요 통화에 대해 런던소재 금융기관들 간에 서로 자금을 대여할 때 적용되고 있는 금리로서, British Bankers Association이

러나 때로는 Libor 외에도, BA(은행인수어음)금리, CD(양도성예금증서)금리, CP(상업어음)금리 등도 사용되고 있다. 만약 3개월 만기의 Libor가 사용되는 경우는 변동금리의 이자지급은 매 3개월 마다 이루어지며, 6개월 만기의 Libor가 사용되는 경우는 변동금리의 이자지급은 매 6개월 마다 이루어지게 된다. 그리고 원화스왑계약의 경우에는 3개월 CD금리가 사용된다.

이론적으로 변동금리의 지급기간은 스왑 고정금리 결정에 영향을 미치지 않는다. 그러나 현실적으로 변동금리의 지급기간에 따라 자금결제의 미스매치가 발생함으로써, 신용위험이 달라질 수도 있으며, 시장의 수요와 공급에 따라 스왑 고정금리에 대한 소폭의 조정은 있을 수 있다.

변동금리의 이자계산은 money market basis 방식이 가장 많이 사용되고 있다. 예를 들어 각 통화의 이자율스왑금리 계산의 경우, 미국 달러화는 act/360이 사용되고 있고, 일본 엔화와 영국 파운드화, 그리고 우리나라 원화는 act/365가 사용되고 있다. 그리고 우리나라 원화 CD금리 계산에도 act/365가 사용되고 있는 것이다.

5) 고정금리

스왑거래상 가장 중요한 변수는 고정금리이다. 이같은 고정금리는 스왑거래의 만기까지 일정하게 적용되는 금리인 것이며, 이를 일반적으로

매일 런던시간 오전 11시를 기준으로 각 은행에서 제시한 금리를 산술평균함으로써 고시하고 있다. 각 통화에 대해 1일~12개월간의 각각의 Libor가 고시되고 있다. 즉 달러화 1개월 Libor, 달러화 3개월 Libor, 유로화 3개월 Libor, 유로화 12개월 Libor 등이 각각 고시된다. 그리고 Libor금리 적용은 다음과 같이 이루어지고 있다. 예를 들어 2014년 1월 15일에 은행으로부터 3개월간 1억달러를 3개월 Libor금리로 자금을 차입하는 거래를 했을 때, 실제 자금은 1월 17일에 수취하게 되고, 3개월 후인 4월 17일에 상환하는 조건이 될 것이다. 이같은 경우 이자계산 기간은 1월 17일~4월 17일이 된다. 그리고 이같은 거래에 적용되는 Libor금리는 달러화 Libor의 경우 이자계산 시작일의 '런던기준 제2영업일 전일'인, 즉 1월 17일의 2영업일 전인 1월 15일의 3개월 Libor금리로 결정되며, 이자지급은 이자계산 종료일인 4월 17일에 지급하게 되는 것이다. 참고로 우리나라 원화 스왑거래의 변동금리 지표인 CD금리는 '서울기준 제1영업일 전일'의 CD금리를 적용하고 있다.

스왑가격(swap price) 또는 스왑금리(swap rate)라고 한다. 쉽게 말하면, 이같은 고정금리(스왑가격 또는 스왑금리)는 고정금리 채권의 수익률과 같이 만기까지 적용되는 장기금리라고 생각하면 될 것이다. 왜냐하면 이론적으로 스왑금리는 스왑은행의 해당만기 장기채권 금리와 동일한 것이기 때문이다. 예를 들어 스왑거래에서 매 6개월마다 연율 5%의 고정금리를 지급하는 계약인 경우, 5%의 절반인 2.5%(=5% × 1/2, '30/360기준)를 지급하거나, 5% × act/360, 또는 5% × act/365 등 다양한 관행에 따라 지급이자가 계산되고 있다.

이같이 고정금리를 반년마다 지급하는 방법(semi-annual basis) 외에, 1년에 한번 지급하는 방법(annual basis), 분기마다 지급하는 방법(quarterly basis)들이 사용되고 있다. 그리고 고정금리 이자지급조건은 일반적으로 해당통화의 국내 채권시장의 관행에 의하고 있지만, 이는 수요자의 요구에 의해 결정되고 있기 때문에 매우 복잡하고 다양한 방법들이 사용될 수 있다.

예를 들어 스왑시장에서 스왑금리를 "고정금리: 5.0%, s.a., 30/360, Unadj."라고 표시되었다 하자. 여기서 5.0%, s.a., 30/360에 대해 설명하면 다음과 같다.

(1) 5.0%란 스왑가격인 연율 고정금리를 표시한 것이다.

(2) s.a.란 이자의 지급주기(frequency)를 표시한 것이다. 즉 s.a.는 semi-annual의 약자로서, 이자를 1년에 2번, 즉 매 6개월마다 지급한다는 것이다. 그 외 p.a.(per annum)는 이자를 1년에 1번 지급한다는 것이고, q.a.(quarterly-annual)는 이자를 1년에 4번, 즉 매 3개월마다 지급한다는 것이다.

(3) 30/360이란 이자계산 방법을 표시한 것이다. 예를 들어 2014년 1월 10일에, 1억원을 연율 5%의 금리로 만기일시 지급하는 6개월 만기(7월 10일) 정기예금의 이자계산을 해보도록 하자. 이는 다음의 2가지 방법으로 계산할 수 있을 것이다.

① 100,000,000 × 5%/2 = 2,500,000원

② 100,000,000 × 5% × $\frac{181}{365}$ = 2,479,452원

스왑시장에서는 이같은 이자계산 방법에 따라 동일한 금리표시에도 경제적 가치가 달라지기 때문에, 이를 명확히 하고 있다. 따라서 스왑시장에서 주로 사용되고 있는 이자계산 방법은 다음과 같다.

(1) act/365이란 이자계산 시작일과 종료일 기간에서 시작일을 제외하고 종료일을 포함하는 실제 차입날짜 수를 이자계산일로 하고 1년을 윤년과 관계없이 365일로 고정함으로써, 이자를 계산한다. 원화 이자율 스왑금리와 CD금리의 계산에는 이 방법이 사용된다. 예를 들어 2012년 1월 10일 ~ 2012년 7월 10일 기간의 이자를 연율 5%로 계산하는 경우, 이자 = 원금 × 5% × $\frac{182}{365}$가 된다.

(2) act/act란 이자계산 시작일과 종료일 기간에서 시작일을 제외하고 종료일을 포함하는 실제 차입날짜 수를 이자계산일로 하고 1년을 윤년인 경우는 366일로 하며 평년의 경우에는 365일 함으로써, 이자를 계산한다. 예를 들어 2012년 1월 10일 ~ 2012년 7월 10일 기간의 이자를 연율 5%로 계산하는 경우, 이자 = 원금 × 5% × $\frac{182}{366}$이 된다 (2012년은 윤년임).

(3) act/360이란 이자계산 시작일과 종료일 기간에서 시작일을 제외하고 종료일을 포함하는 실제 차입날짜 수를 이자계산일로 하고 1년을 윤년과 관계없이 360일로 고정함으로써, 이자를 계산한다. 달러화 등 주요 외국통화의 Libor금리 계산에 이 방법이 사용된다. 그리고 이같은 이자계산 방법은 주로 단기금융시장(money market)에서 사용되는 방법이기 때문에, 'money market basis'라고 한다. 예를 들어 2012년 1월 10일 ~ 2012년 7월 10일 기간의 이자를 연율 5%로 계산하는 경우, 이자 = 원금 × 5% × $\frac{182}{360}$이 된다.

(4) 30/360이란 이자계산 시작일과 종료일 기간의 1달을 무조건 30

일로 하고, 1년을 무조건 360일로 고정함으로써, 이자를 계산한다. 달러화 채권이나 대부분의 유로본드 채권의 쿠폰계산에 이 방법이 사용된다. 따라서 이를 'bond basis'라고 한다. 예를 들어 2012년 1월 10일 ~ 2012년 7월 10일 기간의 이자를 연율 5%로 계산하는 경우, 이자=원금 × 5% × $\frac{180}{360}$이 된다.

(5) Unadj.이란 이자계산 종료일이 휴일인 경우에는 이자지급이 발생할 수 없으며, 다음에 설명하는 business day convention(영업일 관행)에 의해, 이자지급일이 재결정되게 된다. 즉 만약 이자지급일이 다음 영업일로 하루 늦춰질 경우, 하루에 대한 이자를 감안하여 이자가 다시 계산되어야 한다고 할 수도 있을 것이다. 따라서 Unadj.는 이같은 이자의 재계산을 정하는 규칙인 것이다. 즉 Unadj.는 'unadjusted'의 약자로서, 비록 이자지급일이 하루가 늦춰지더라도 이자를 재계산하지 않는다는 규칙인 것이다. 만약 이자를 재계산한다고 정할 경우에는 Unadj. 대신에, 'Adj.'(adjusted)를 사용하게 된다. 예를 들어 2012년 1월 10일 ~ 2012년 7월 10일 기간의 이자를 연율 5%로 계산하는 경우 이자지급일인 2012년 7월 10일이 공휴일이기 때문에 실제 이자지급일이 7월 11일이라고 한다면, Unadj.의 경우는 이자 = 원금 × 5% × $\frac{180}{360}$이 되며, Adj.의 경우에는 이자 = 원금 × 5% × $\frac{181}{360}$이 되는 것이다.

일반적으로 30/360의 경우는 'Unadj.'방법을 암묵적으로 사용하고 있으며, act/365나 act/360의 경우에는 'Adj.'방법을 사용함으로써, 이자를 계산하고 있다. 왜냐하면 30/360의 방법이 유로본드 등 채권에 주로 적용되는데, 채권의 경우 지금 비록 하루치 쿠폰을 받지 못한다 하더라도, 다음 쿠폰지급시에는 하루가 더 감안됨으로써 이자지급을 받을 수 있기 때문이다. 이에 대해 act/365나 act/360의 경우에는 단기금융시장(money market)에서 주로 사용되고 있기 때문에, 자금에 대한 하루치 이자를 감안함으로써, 이자계산을 하는 것이 일반적이다.

6) 스왑거래에 사용되는 날짜표현

(1) trade date: 스왑거래(계약)를 체결하는 날이다.

(2) efective date: 스왑거래의 이자계산이 시작되는 날로서, 국제금융시장에서는 일반적으로 상기한 trade date 이후 2영업일 후(spot date)가 되지만, 따로 정할 수도 있다. spot date 이후에 efective date가 있는 스왑을 일반적으로 forward starting swap이라고 한다. 그리고 원화 금리스왑인 경우에는 trade date 이후 1영업일 후부터 기산이 된나.

(3) payment date: 이 날은 스왑결제일로서, 이자지급일 또는 원금교환일이다. 만약 결제일이 공휴일이면, 전일(preceding day) 또는 다음날(following day)로 할 것인지에 대해 결정해야 한다. 일반적으로 modified following day 방식을 사용하고 있는데, 이는 payment date가 공휴일이면 다음 영업일로 하지만, 다음 달로 넘어갈 경우에는 직전 영업일로 앞당겨진다.

공휴일은 각국미다 다르기 때문에, 스왑거래시 공휴일이 적용되는 도시를 명시해야 된다. 예를 들어 달러화 금리스왑거래는 Libor가 사용되기 때문에, London과 달러화 결제로 인해 New York의 공휴일을 적용하게 되는 것이다. 이같은 경우 어느 한 도시라도 공휴일이면, payment date가 조정된다.

여기서 자금수수일이 해당통화 국가의 공휴일인 경우에는 자금수수일을 정하는 규칙에는 크게 다음과 같은 3가지의 방법이 있다. 그러나 스왑시장에서는 'modified following'의 business day convention(영업일 관행)을 가장 많이 사용하고 있다.

(1) modified following: 자금수수일을 다음 영업일로 미루는데, 연(year)과 월(month)을 넘길 수 없으며, 이같은 경우에는 앞당기게 된다. 예를 들어 1월 30일이 자금수수 예정일이지만 토요일이고, 3월 31일 또한 일요일이기 때문에 2월 1일로 미루어야 하겠지만, 이같은 경우

에는 월이 넘어가게 되기 때문에 미루지 않고 오히려 앞당기어 1월 30일 하루 전인 1월 29일에 자금을 수수하게 된다. 그리고 이 때 만약 1월 29일 또한 공휴일이라면, 그 하루 전인 1월 28일이 자금수수일이 되는 것이다.

(2) following: 자금수수 예정일이 휴일이면, 무조건 다음 영업일로 넘어간다. 이 때 연과 월을 넘길 수 있게 된다.

(3) preceding: 자금수수 예정일이 휴일이면, 무조건 이전 영업일로 돌아간다. 이 때도 연과 월을 넘길 수 있게 된다.

(4) reset date: 이 날은 변동금리 이자계산에 사용되는 변동금리를 선택하는 날이다. 앞서 Libor의 결정과 이자지급일에서 살펴본 바와 같이, 몇일 자의 변동금리를 적용할 것인지를 정하는 조건이다. 달러화 Libor의 경우는 efective date의 '런던기준 제2영업일' 전일이 되며 (Libor set in advance), 원화CD금리의 경우에는 efective date의 '서울기준 제1영업일' 전일이 된다. 그러나 일부 스왑의 경우에는 이자계산 종료일, 즉 이자지급일 '제2영업일 전일'의 Libor를 적용함으로써 이자계산을 하는 경우도 있다. 이를 Libor in arrear 스왑이라고 한다(Libor set in arrear, payment in arrear).

제 5 장

스왑의 종류

본장에서는 스왑의 종류 가운데 상품스왑과 주식관련 스왑을 제외하고, 이자율스왑과 통화스왑에 대해서만 살펴보도록 한다.

1. 이자율스왑

1) 이자율스왑의 개요

이자율스왑(IRS: interest rate swap)이란 두 거래상대방이 일정기간 동안(만기) 동일통화에 대한 고정금리와 변동금리를 주기적으로 교환하는 거래(계약)을 말한다.[9] 즉 일정한 원금에 대한 고정금리 이자와 변동금리 이자를 서로 교환하는 거래인 것이다.

상기한 바와 같이 고정금리는 스왑거래의 만기까지 일정하게 적용되는 금리이다. 그리고 변동금리는 스왑기간 동안 주기적으로 변동함으로써 결정되는 금리로서, 각 통화에 대한 단기금융시장에서 대표적인 변동금리 지표를 사용하게 된다.

또한 상기한 바와 같이 이자율스왑의 경우에는 동일통화의 원금을 서로 교환하는 것은 의미가 없으며, 이같은 원금교환은 오히려 교환에

9) 금융투자교육원. 『파생상품투자상담사 2』, 박영사, 2013년, pp. 30-36

대한 결제위험만 존재하게 되기 때문에 원금교환이 이루어지지 않는다. 따라서 이자율스왑의 경우 원금은 단순히 원금만 계산하는 데 사용되기 때문에 명목원금이라고 한다.

그리고 이자율스왑의 고정금리 이자와 변동금리 이자와의 교환은 일반적으로 차액결제(payment netting) 방법에 의하고 있다. 즉 이같은 차액결제를 통해 거래상대방에 대한 결제위험을 감소시킬 수 있기 때문이다. 이는 고정금리 이자와 변동금리 이자의 지급주기가 다를 경우에도 차익결제는 적용되고 있다. 예를 들어 3개월 달러화 Libor금리를 지급하고, 1년에 한번 고정금리를 수취하는 스왑거래인 경우에는 처음 3번에 걸친 변동금리를 우선 지급하고, 1년이 되는 시점에서는 차액만을 수취하게 되는 것이다.

이제 원금이 서로 다른 이자율스왑거래인 일부 비정형(non-generic) 이자율스왑의 경우에는 변동금리와 고정금리의 계산에 적용되는 원금의 금액이 다를 수가 있다. 예를 들어 채권가격이 액면가의 50%인 고정금리 채권을 매수하여 이자율스왑에 의해 합성 FRN(floating rate note; 변동금리부채권) 투자로 변형하는 경우를 생각해 보자.

우선 채권을 액면가의 50%에 매수함으로써 이 채권투자에 필요한 금액은 액면가의 50%만 필요하기 때문에, 변동금리에 의한 차입에 지급해야 할 이자대상액은 액면가의 50%이다. 그럼에도 불구하고, 이 채권에서 나오는 고정금리 쿠폰은 액면가 100%에 대한 이자가 될 것이다. 따라서 이 투자자는 스왑은행과 채권액면가와 동일한 100% 명목원금에 대한 고정금리 지급과 함께, 채권액면가의 50% 명목원금에 대한 변동금리를 수취하는 스왑거래를 체결하면 되는 것이다. 이 때 고정금리 뿐만 아니라, 변동금리까지 명목원금 100%에 대한 스왑을 체결한 투자자는 새로운 금리 리스크에 노출되게 될 것이다([그림 5-1] 참조).

[그림 5-1] 원금이 서로 다른 이자율스왑에 의한 자산스왑거래

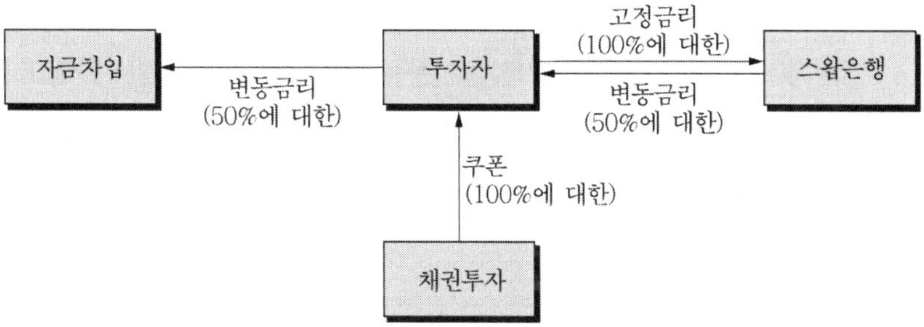

2) 이자율스왑의 예제

이자율스왑 거래의 실제 예를 통해, 이자율스왑 거래의 현금흐름 등 구체적인 내용을 살펴보도록 하자. 다음의 〈표 5-1〉은 3년만기 달러화 이자율스왑 거래를 나타낸 것이다.

〈표 5-1〉 3년만기 달러화 이자율스왑 거래 예

구분	거래내용
거래일(trade date)	Feb. 10, 2009
이자계산 시작일(effective date)	Feb. 12, 2009
만기일(termination date)	Feb. 12, 2012, subject to business days convention(영업일 관행 조건)
명목원금 또는 액면가(notional amount)	US$10,000,000
고정금리 지급자(fixed rate payer)	A은행
변동금리 지급자(floating rate payer)	B은행
고정금리(fixed rate)	3.20%, s.a. 30/360, Unadj.
변동금리(floating rate)	US$ 6M Libor+1.0%, act/360
영업일(business days)	London(for Libor fixing) & New York(for payment)
영업일 관행(business days convention)	modified following
서류(documentation)	ISDA의 표준계약서(ISDA standard)

상기 달러화 이자율스왑거래는 거래일인 2009년 2월 10일 계약을 체결했으며, 이자계산의 기산은 제2영업일 후인 2월 12일부터 시작하고, 스왑의 만기는 이자계산 시작일(effective date)로부터 3년 후인 2012년 2월 12일이다. 만약 만기일이 공휴일인 경우, 영업일 관행(business days convention)인 modified following 규칙에 따라 만기일이 결정된다(참고로 본 예에서는 실제 토요일과 일요일, 그리고 각 도시의 공휴일은 감안하지 않았다).

A은행은 고정금리 이자를 지급하는데, 향후 3년 동안 매 6개월(s.a.)마다 총 6번 지급하게 된다. 그리고 이자계산 방법이 30/360, Unadj.이기 때문에, 이자계산 기간의 실제 날짜 수와 상관없이 고정금리 3.2%의 절반인 명목원금의 1.6%를 지급하게 된다.

이에 대해 A은행은 매 6개월마다 총 6번, 변동금리 지표인 달러화 6개월 Libor금리에 연율 1%의 가산금리를 더한 변동금리 이자를 수취(B은행의 입장에서는 지급)하게 된다. 이자계산 방법이 act/360이기 때문에, 이자계산 기간의 실제 날짜 수를 감안함으로써 이자가 계산된다.

영업일 계산에 있어서의 Libor 결정에는 런던 공휴일을 감안하고, 이자지급은 뉴욕의 공휴일을 감안하는 조건이다. 이같이 하는 것은 다음과 같은 경우가 발생할 수 있기 때문이다. 예를 들어 2번째 변동금리 이자지급일인 2010년 2월 12일에 적용되는 이자계산 기간은 2009년 8월 12일 ~ 2010년 2월 12일이며, Libor는 이자계산 시작일인 2009년 8월 12일에서 런던기준 제2영업일 전일인 8월 10일의 고시금리를 사용한다. 비록 8월 10일이 뉴욕의 공휴일이라 하더라도 런던이 공휴일이 아니라면, 이전 영업일의 Libor 고시금리를 사용하지 않는 것이다. 이와 같은 논리로 하여, 이자지급일인 2010년 2월 12일이 런던 공휴일이고 뉴욕이 영업을 한다면 정상적으로 2월 12일에 결제가 이루어지게 되는 것이다.

서류(documentation)란 스왑거래를 체결한 후 사후전담부서(back office) 간에 계약서를 서로 교환하게 되는데, 이 때 ISDA 표준계약서를 사용하고 만약 사후에 스왑거래와 관련하여 문제가 발생할 경우에는 ISDA의 master agreement나 기타 표준계약서의 조건에 의하는 것을 말한다. 그리고 상기조건에 의한 구체적인 현금흐름은 다음의 〈표 5-2〉에 나타나 있다.

〈표 5-2〉 3년만기 달러화 이자율스왑의 현금흐름

시점	일자	날짜수	A은행 지급(B은행 수취)	A은행 수취(B은행 지급)
trade date	10-Feb-09			
Eff. Date	12-Feb-09			
6m	12-Aug-09	181	-US$10,000,000×3.2%×180/360	US$10,000,000×(Libor+1%)×181/360
1y	12-Feb-10	184	-US$10,000,000×3.2%×180/360	US$10,000,000×(Libor+1%)×184/360
1y6m	12-Aug-10	181	-US$10,000,000×3.2%×180/360	US$10,000,000×(Libor+1%)×181/360
2y	12-Feb-11	184	-US$10,000,000×3.2%×180/360	US$10,000,000×(Libor+1%)×184/360
2y6m	12-Aug-11	181	-US$10,000,000×3.2%×180/360	US$10,000,000×(Libor+1%)×181/360
3y	12-Feb-12	184	-US$10,000,000×3.2%×180/360	US$10,000,000×(Libor+1%)×184/360

시점	A은행 지급금액 (B은행 수취)	A은행 수취 (B은행 지급)	Net Payment	Libor	Libor결정일
trade date					
Eff. Date				1.50%	10-Feb-09
6m	-US$160,000	US$125,694	—US$34,306	1.80%	10-Aug-09
1y	-US$160,000	US$143,111	—US$16,889	2.00%	10-Feb-10
1y6m	-US$160,000	US$150,833	—US$9,167	2.10%	10-Aug-10
2y	-US$160,000	US$158,444	—US$1,556	2.90%	10-Feb-11
2y6m	-US$160,000	US$196,083	US$36,083	3.00%	10-Aug-11
3y	-US$160,000	US$204,444	US$44,444		

여기서 유의해야 할 것은 위의 〈표 5-2〉에서 2번째 이후의 Libor금리는 단순하게 가정한 Libor금리이며, 향후 2번째 이후의 Libor금리는 그 Libor금리의 결정일에 가서야 정확한 변동금리 이자를 계산할 수 있을 것이다. 그러나 1번째 Libor의 결정은 거래일인 2009년 2월 10일에 결정되기 때문에, 거래일 이후 6개월 후인 2009년 8월 12일에 지급되는 1번째 변동금리의 이자는 알 수 있는 것이다. 이 때 결제차액(net payment)이 '-'인 경우는 A은행의 지급금액이 수취금액보다 많기 때문

에 A은행은 결제차액을 지급해야 하며, '+'인 경우에는 A은행의 수취금액이 지급금액보다 많기 때문에 A은행이 결제차액을 수취하게 되는 것이다.

3) 이자율스왑과 채권과의 비교

이자율스왑 거래를 좀더 쉽게 이해하기 위해, 다른 금융상품과 비교함으로써, 분석해 보도록 하자.

상기한 예에서 A은행이 이자율스왑 거래 대신에, 다음과 같은 2개의 채권거래(원금 동일)를 했다고 가정해 보자.

① 3년만기 달러화 고정금리 채권 발행: 3.2%, s.a., 30/360, Unadj.

② 3년만기 달러화 FRN 채권투자: 6Month Libor+1.0%

아래 〈표 5-3〉에서 보는 바와 같이 A은행이 채권을 발행하는 경우는 발행일에 채권원금을 수취하게 되고, 향후 쿠폰조건에 따라 이자를 지급하게 된다. 이에 대해 A은행이 채권에 투자하는 경우에는 투자일에 원금(채권가격)을 지급하고, 향후 쿠폰조건에 따라 이자를 수취하게 된다. 그리고 만기일에는 서로 반대방향으로의 원금흐름이 발생하게 될 것이다.

만약 상기한 2개의 채권거래를 동시에 체결할 경우, 동일한 원금은 서로 상쇄되고, 서로 다른 조건의 쿠폰흐름만 남게 되는 것이다. 이같은 쿠폰흐름은 상기한 이자율스왑과 동일한 현금흐름을 갖게 될 것이다. 즉 A은행은 고정금리를 지급하고, 변동금리를 수취하는 이자율스왑을 거래했다는 것은 마치 고정금리 채권을 발행하고, 동일만기의 변동금리 채권(FRN)에 투자한 것과 동일한 것이다.

물론 투자자인 A은행의 입장에서는 상기한 2거래가 무차별적인 것은 아니다. 즉 채권발행과 채권투자가 이자율스왑 거래와 회계처리 방법이 다르고, 상대방에 대한 신용리스크[10] 등을 감안할 경우 A은행에

10) 신용리스크(credit risk)란 금융상품 거래상대방의 신용도 하락(부도 등)으로 인해, 거래조건을 이행하지 못할 경우에 발생가능한 손실위험을 말한다. 그리고 시장리스크(market risk)란 금융상품의 가치에 영향을 미치는 요인(즉 가

미치는 영향은 분명히 다를 것이다. 그러나 현금흐름과 같은 시장리스크 측면에서는 전혀 동일한 것이다.

〈표 5-3〉 3년만기 달러화 고정금리채권과 FRN의 현금흐름

시점	일자	고정금리 채권발행의 현금흐름
	10-Feb-09	
발행일	12-Feb-09	+US$10,000,000(원금)
6m	12-Aug-09	-US$10,000,000×3.2%×180/360
1y	12-Feb-10	-US$10,000,000×3.2%×180/360
1y6m	12-Aug-10	-US$10,000,000×3.2%×180/360
2y	12-Feb-11	-US$10,000,000×3.2%×180/360
2y6m	12-Aug-11	-US$10,000,000×3.2%×180/360
3y	12-Feb-12	-US$10,000,000×3.2%×180/360
3y(상환일)	12-Feb-12	-US$10,000,000(원금상환)

시점	일자	날짜수	FRN 투자의 현금흐름	Libor결정일
	10-Feb-09			
투자일	12-Feb-09		-US$10,000,000(원금)	10-Feb-09
6m	12-Aug-09	181	US$10,000,000×(Libor+1%)×181/360	10-Aug-09
1y	12-Feb-10	184	US$10,000,000×(Libor+1%)×184/360	10-Feb-10
1y6m	12-Aug-10	181	US$10,000,000×(Libor+1%)×181/360	10-Aug-10
2y	12-Feb-11	184	US$10,000,000×(Libor+1%)×184/360	10-Feb-11
2y6m	12-Aug-11	181	US$10,000,000×(Libor+1%)×181/360	10-Aug-11
3y	12-Feb-12	184	US$10,000,000×(Libor+1%)×184/360	
3y(상환일)	12-Feb-12		+US$10,000,000(원금상환)	

그리고 이자율스왑과 채권의 비교에서 투자자인 A은행 입장에서 고정금리를 지급하고 변동금리를 수취하는 이자율스왑은 고정금리채권 발행과 변동금리채권 투자가 동일하다고 했을 경우, 시장리스크도 동일할 것이다. 즉 시장금리가 변동할 때, 2거래의 손익은 동일한 방향으로 움직이게 될 것이다.

우선 고정금리채권과 시장금리와는 역의 관계에 있다. 예를 들어 시

격)의 변동에 의해, 금융상품의 가치가 변동할 수 있는 가격위험을 말한다. 이 밖에 위험에는 유동성리스크(liquidity risk), 운영리스크(operation risk), 법률리스크(legal risk) 등이 있다.

장금리가 상승하면 채권가격은 하락하고, 시장금리가 하락하면 채권가격은 상승하게 된다. 따라서 고정금리채권을 발행(차입, 매도, short포지션)했다는 것은 채권투자(투자, 보유, long포지션)와 반대이기 때문에, 시장리스크도 반대가 되는 것이다. 즉 채권 발행자 입장에서는 시장금리가 상승하는 경우는 이익이 발생하고, 시장금리가 하락하는 경우에는 손실이 발생하게 되는 것이다. 이에 대해 변동금리채권은 시장금리 변화에 따른 채권가격의 변화가 거의 없다. 따라서 고정금리를 지급하고 변동금리를 수취하는 이자율스왑은 시장금리가 상승하는 경우는 이익이 발생하고, 시장금리가 하락하는 경우에는 손실이 발생하게 되는 것이다. 이를 요약하면, 〈표 5-4〉와 같다. 즉 이는 receiver이자율스왑과 채권투자(long포지션)을 금리리스크면에서 서로 동일하며, 똑같은 논리에 의해 payer이자율스왑과 채권발행(short포지션)도 금리리스크면에서 서로 동일하다는 의미인 것이다. 그러나 여기서 이자율스왑과 대표적인 이자율 선도거래인 FRA(forward rate agreement)와의 비교는 제외한다.

〈표 5-4〉 시장금리 변화에 따른 채권과 이자율스왑의 손익변화

	고정금리 채권투자	고정금리 채권발행	고정금리 지급 이자율스왑 (payer swap)	고정금리 수취 이자율스왑 (receiver swap)
시장금리 상승	손실(-)	이익(+)	이익(+)	손실(-)
시장금리 하락	이익(+)	손실(-)	손실(-)	이익(+)

4) 스왑거래의 발생원인과 이자율스왑의 이용사례

우선 스왑시장에서의 팔자(offer)/사자(bid)에 대해, 살펴보도록 한다. 즉 스왑시장에서도 주식시장과 외환시장에서('bid/offer')와 같이 거래가격이 'two-way quotation'에 의해 호가된다. 다만 스왑시장의 경우에는 주식시장과 외환시장의 경우와 역으로, 시장관행상 '팔자(offer)/사자(bid)'로 순서를 바꾸어 매매호가를 고시하는 것이 일반적이다. 이

같은 스왑 offer rate는 스왑딜러가 고객으로부터 고정금리 수취스왑(receive swap)을 할 때에 적용되는 금리이다. 이같은 스왑 offer rate의 경우, 스왑딜러 입장에서의 receive swap은 고객 입장에서는 고객이 스왑딜러에게 고정금리를 지급하는 스왑(payer swap)이 되며, 이는 주식시장에서의 팔자호가에 해당된다. 즉 주식을 사고자 하는 고객이 당장 사고자 하면, 팔자호가(offer rate)로 살 수 있는 것이다. 그리고 스왑 bid rate는 스왑딜러가 고객에게 고정금리 지급스왑(payer swap)을 할 때에 적용되는 금리이다. 이같은 스왑 bid rate의 경우, 스왑딜러 입장에서의 payer swap은 고객 입장에서는 고객이 스왑딜러로부터 고정금리를 수취하는 스왑(receive swap)이 되며, 이는 주식시장에서의 사자호가에 해당된다. 즉 주식을 팔고자 하는 고객이 당장 팔고자 하면, 사자호가(bid rate)로 팔 수 있는 것이다.

또한 two-way quotation의 원리상 주식거래나 외환거래의 경우는 딜러의 입장에서 'buy low/sell high'의 원칙이 적용됨으로써 싸게 사고 비싸게 팔아야 그 스프레드만큼 이익이 된다. 그러나 스왑거래의 경우에는 'rcceive more/pay less'의 원칙으로 고정금리를 많이 받고 적게 지급해야 그 스프레드만큼 이익이 되는 것이다. 이에 따라 스왑시장에서는 'offer/bid'란 용어 대신에, 'receive/pay'라고 하기도 한다. 예를 들어 다음 그림에서 보는 바와 같이 만기 2년물 이자율스왑의 가격은 T(잔존만기 2년의 미국 재무성채권수익률) + 35/32(offer spread, bid spread)로 고시된 경우에는 다음 [그림 5-2]와 같다. 여기서 한 가지 고려해야 할 점은 채권시장에서 bid가격과 offer가격이 있는데, 이 가운데 어느 가격의 수익률을 스왑 고정금리에 사용할 것인가 하는 점인데, 일반적으로 채권가격의 bid가격이 offer가격보다 적기 때문에, 수익률은 역으로 bid수익률이 offer수익률보다 클 것이다.

[그림 5-2] 스왑금리의 고시 예

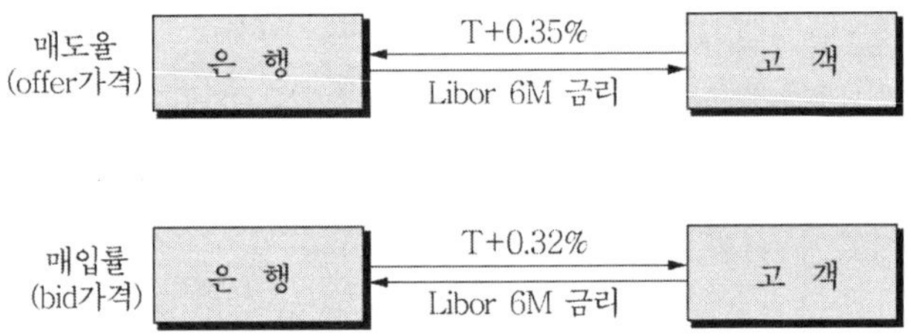

(1) 유리한 차입조건 달성

먼저 A사의 이자율스왑 사례를 소개한다. A사는 해외에서 자금을 조달하고자 하는데, 다음과 같은 2개의 대안을 갖고 있다.[11)]

① 이자율 5.6255의 고정금리채권의 발행

② Libor + 1.5%의 변동금리

여기서 우리는 A사가 고정금리에 의해 자금을 조달하는 것보다 변동금리에 의해 자금을 조달하는 것이 이자부담이 더 작을 것으로 생각되지만, 그럼에도 불구하고 A사는 금리리스크가 없는 고정금리에 의해 자금을 조달하는 것을 원했다. 즉 스왑딜러(주로 은행)가 A사에 대해 T-note[12)](당시 3.15%)+80bps(0.8%)의 고정금리를 수취하고 Libor를 지급하겠다는 스왑거래를 제시하였다. 따라서 A사는 상기 ①안을 원했지만, ②안을 선택하고 동시에 스왑거래를 체결하였다. 그 결과 [그림 5-3]은 A사의 금리리스크가 어떻게 제거되었는지를 나타내고 있다.

11) 금융투자교육원. 『파생상품투자상담사 2』, 박영사, 2013년, pp. 46-52.

12) 미국연방정부의 재무성은 T-bond, T-note, T-bill 등 여러 가지의 국채를 발행하고 있다. T-bond란 30년만기로 발행되고 있는 국채로서, 6개월마다 이자를 지급한다. T-note란 6개월마다 이자를 지급하는 이표채 형식으로 발행되고 있는 국채로서, 만기는 2. 3, 5, 7년이다. T-bill이란 할인채로 발행되는 단기국채로서, 만기는 4, 13, 26, 52주로 1년 미만이다.

[그림 5-3] A사의 금리스왑 예 1

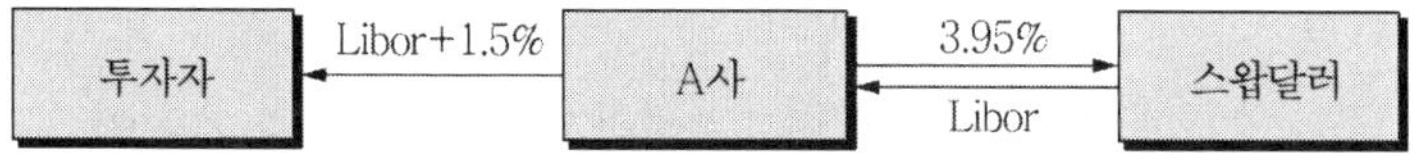

A사는 Libor + 1.5%로 차입하기 때문에 변동금리 리스크에 노출되어 있지만, 스왑딜러로부터 Libor금리를 받아 투자자에게 지급하게 되기 때문에, 이같은 변동금리리스크는 상쇄된다. 그리고 A사의 금리비용은 투자자에게 지급하는 고정금리 스프레드(가산금리) 1.5%와 스왑딜러에게 지급하는 고정금리 3.95%이다. 따라서 A사가 부담해야 되는 전체 금리비용은 고정금리 5.45%(=1.5% + 3.95%)가 된다.

결과적으로 A사는 변동금리에 의해 자금을 차입했음에도 불구하고, 스왑거래로 인해 고정금리만 지급하면 될 뿐 아니라, A사가 생각했던 고정금리로 자금을 차입할 때보다도 0.175%(=5.625%-5.45%) 저렴한 이자비용만 지급하면 되는 것이다. 이에 대해 스왑딜러는 고정금리(3.95%)를 받고 변동금리를 지급하기 때문에, 금리리스크에 노출되는데, 아마 스왑딜러는 다시 변동금리를 수취하고 고정금리를 지급하는 또 다른 스왑거래를 체결함으로써, 자기의 금리리스크를 헤지하게 될 것이다.

다음 예를 들기 전에, 우선 '비교우위론'(principle of comparative advantage)에 대해 설명하도록 한다. 2교역당사자인 A국과 B국이 각각 선박과 옷을 생산한다고 하자. 이 때 A국의 선박 노동생산성은 B국의 3배이고, A국의 옷 노동생산성은 B국의 2배라고 하자. 이같은 경우 A국이 선박산업이나 옷산업에 있어 모두 B국에 비해 절대우위가 있다고 말한다. 그러나 이 2산업에서 모두 절대우위가 있다고 해서, A국이 2가지 재화를 모두 생산함으로써 자급자족하는 것은 바람직하지 않다. 그보다는 A국이 생산성 차이가 더 크게 나는 선박산업을 특화하고 B국은 옷산업을 특화함으로써 서로 교역하게 되면, 양국 모두 더 큰 이익을 보게 된다고 하는 것이 바로 비교우위이론인 것이다.

이 때 A국은 선박산업에 비교우위가 있으며, B국은 옷산업에 비교우위가 있다고 한다. 이같이 비교우위론에 의해 양국이 교역을 했을 때, 양국 모두에게 더 큰 이익이 발생하게 되는 이유는 A국이 보다 생산성이 높은 분야에 자원을 집중하며, 다른 재화는 B국에서 수입하는 것이 한계가 있는 자원이용을 더 효율적으로 하는 효과가 있기 때문이다.

스왑거래를 하게 되면 거래참여자가 모두 이익을 보게 되는데, 그 이유는 바로 이같은 비교우위 때문이다. 즉 경제학에서의 비교우위론이 가장 잘 적용되는 것이 바로 스왑거래인 것이다. 그리고 이같은 비교우위론이 제대로 적용되기 위해서는 모든 생산요소의 이동이 자유로워야 되는데, 현실적으로 자본이나 노동과 같은 생산요소의 이동이 자유롭지 못하기 때문에, 일반재화의 교역에 비교우위론을 적용하는 데는 한계가 있을 수밖에 없는 것이다. 그러나 국제금융거래에 있어서는 대부분의 규제가 이미 제거되고 자본의 이동이 자유롭기 때문에 이같은 비교우위론이 제대로 적용되고 있는 것이다. 그 단적인 예가 스왑거래이며, 이같은 스왑거래를 통해 거래참여자 모두가 이익을 보게 되기 때문에, 스왑거래는 지난 30여년간 파생상품 가운데 가장 빠른 속도로 확대되어 온 것이다. 여기에서는 스왑거래의 이점을 바로 이같은 비교우위론에 의해 설명하고자 한다.

즉 C사와 D사 간의 금리스왑의 예를 들어보도록 한다. C사는 향후 10년간의 장기차입을 위해 변동금리시장의 경우는 Libor + 50bps(0.5%)로 차입할 수 있으며, 고정금리채를 발행할 경우에는 5.5%로 자금을 조달할 수가 있다. 이에 대해 D사는 변동금리시장의 경우는 Libor에 자금을 조달할 수 있으며, 고정금리채를 발행할 경우에는 4.5%로 자금을 조달할 수가 있다. 이 때 C사는 고정금리채로 차입을 원하고 있으며, D사는 금리가 하락할 것으로 예상하고 있기 때문에 변동금리채로 차입할 것을 원하고 있다고 하자.

차입여건을 보면, D사는 C사보다 변동금리와 고정금리 양쪽에서 절대우위를 갖고 있다. 그러나 D사는 C사보다 변동금리의 경우는 0.5% 유리한 반면 고정금리채의 경우에는 1.0%가 유리하기 때문에, 결과적으로 D사는 고정금리채에 비교우위를 갖고 있으며 C사는 상대적으로 변동금리채에 비교우위를 갖게 되는 것이다. 따라서 D사는 고정금리로 자금을 조달하고, C사는 변동금리로 자금을 조달한 후 양사가 같이 스왑거래를 하게 되면, 비교우위의 이익을 나누어 얻을 수 있게 될 것이다.

그리고 스왑딜러가 금리스왑의 매도호가와 매수호가를 각각 4.75%와 4.7%(offer/bid)를 제시했다고 가정하자. 즉 스왑딜러가 고정금리를 받고 변동금리를 지급하는 스왑거래를 C사와 하는 경우는 4.75%의 고정금리를 받고 Libor를 주게 된다. 이와 반대로 스왑딜러가 고정금리를 주고 변동금리를 받는 스왑거래를 D사와 하는 경우에는 4.7%의 고정금리를 주고 Libor를 받을 용의가 있음을 말해주는 것이 된다.

C사와 D사, 그리고 스왑딜러의 3자가 스왑거래에 합의함으로써 금리스왑을 할 경우의 현금흐름의 구조를 살펴보면, [그림 5-4]와 같다. 즉 C사는 변동금리로 차입한 후 스왑딜러로부터 변동금리를 받고 고정금리를 지급하는 스왑거래를 체결하고, D사는 고정금리로 차입한 후 스왑딜러로부터 고정금리를 받고 변동금리를 지급하는 스왑거래를 체결하면 양사가 모두 비교우위의 적은 금리로 원래 원하던 바와 같은 방법으로 자금을 차입한 결과가 되는 것이다. 결과적으로 변동금리로 자금을 차입한 C사는 변동금리 리스크를 스왑거래에 의해 제거한 후 고정금리비용만 지급하면 되고, D사는 고정금리로 자금을 차입하지만 스왑거래에 의해 고정금리비용은 제거되고, 변동금리비용만 지급하면 되는 것이다.

[그림 5-4] 금리스왑의 예 2

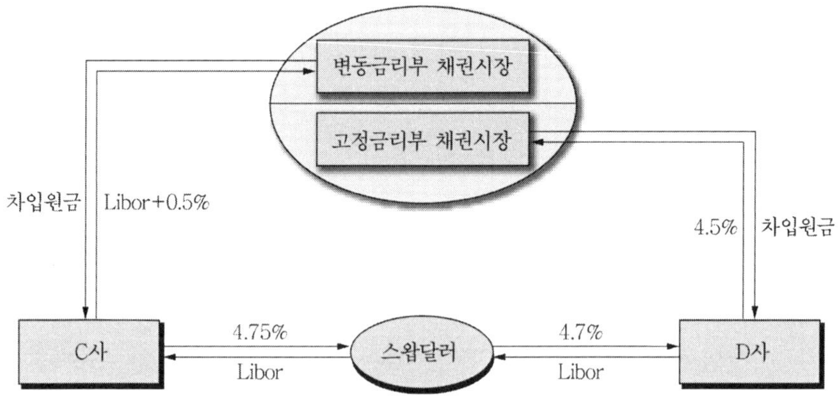

그러면 이같은 스왑거래를 통해, C사와 D사, 그리고 스왑딜러는 각각 어떠한 손익을 보게 되는지 〈표 5-5〉에 의해 살펴보자.

〈표 5-5〉 비교우위에 의한 스왑거래의 이익

구분	고정금리시장	변동금리시장	스왑		비용절감
			지급	수취	
C사 D사	(5.5%) 4.5%	Libor+0.5% (Libor)	4.75% Libor	Libor 4.7%	0.25% 0.2%
차이	1.0%	0.5%			
순차이	0.5%				

C사와 D사 간의 금리차이는 고정금리에서 1.0%, 변동금리에서 0.5%의 차이가 발생하며, 양시장에서의 금리차 간의 순차이는 0.5%이다. 즉 비교우위에 의해, 각각 변동금리와 고정금리에 의해 자금을 차입한 후 스왑거래에 의해 금리리스크를 헤지하면서 전체적으로 0.5%만큼의 이익이 발생하게 되고, 이같은 0.5%의 금리절약비용을 거래참가자 3자가 나누어 갖게 되는 것이다.

〈표 5-5〉에서 보는 바와 같이 C사는 고정금리를 원함에도 불구하고 고정금리시장이 아니라 변동금리시장에서 자금을 차입한 후 스왑거래를 체결하면, 변동금리 리스크가 제거되고 고정금리비용만 부담하면 되는 것이다. 즉 C사의 금리비용을 보면, 다음과 같다.

현금유출=Libor + 0.5% + 4.75%
현금유입=Libor
금리비용=현금유입 - 현금유출
=Libor-(Libor + 0.5% + 4.75%)
=- 5.25%

부호가 (-)인 것은 현금유출을 의미하는 것이다. 따라서 C사는 고정금리시장에서 차입했을 경우의 5.5%보다 0.25% 낮은 고정금리로 자금을 차입하는 효과를 갖게 되기 때문에, 0.25%의 이익을 보게 된다.

이에 대해 D사는 변동금리로 차입하고자 했음에도 불구하고, 변동금리보다 고정금리로 자금을 차입한 후 스왑거래를 체결하게 되면 고정금리의 리스크는 제거되고 변동금리의 현금흐름만 부담하면 되는 것이다. 즉 D사의 금리비용을 보면, 다음과 같다.

현금유출=4.5% + Libor
현금유입=4.7%
금리비용=현금유입 - 현금유출
=4.7% - (4.5% + Libor)
=- Libor + 0.2%
=- (Libor - 0.2%)

따라서 D사는 스왑거래 없이 변동금리로 자금을 차입했을 경우보다 0.2%의 이자지급을 절약할 수 있게 된다.

그리고 스왑딜러는 양사와 각각 스왑거래를 체결함으로써 D사로부터 Libor를 받아 C사에게 넘겨주는데, C사로부터 4.75%의 고정금리를 받아 D사에게 4.7%만 넘겨주기 때문에, 전체적으로 0.05%의 이익을 얻게 된다. 따라서 시장참가자 3자가 얻게 되는 이익인 C사 0.25%, D사의 0.2%, 스왑딜러의 0.05%를 합하며, 총계 0.5%의 이익을 얻게 된다. 그리고 이같은 0.5%의 이익은 C사와 D사 간의 금리에 대한 비교우위에 의거해 발생된 비용절감(순차이 0.5%)인 것이다.

(2) 변동금리 이자지급 고정(금리상승 리스크 관리)

예를 들어 A은행은 5년만기 은행차입을 하고자 한다. 차관단과 가격협상을 한 결과, 차입금리를 Libor + 40bps(0.4%)로 결정했다고 하자. 만약 A은행이 향후 Libor의 상승을 예상한 경우에는 5년만기 스왑거래에 의해, 5년간의 차입비용을 확정시킬 수 있을 것이다. 이때 5년만기 스왑거래시의 스왑금리[13](고정금리)는 3.39%/3.36%(USD/AMM[14] =act/36) 이었다면, A은행의 변동금리 차입과 스왑거래의 현금흐름은 다음의 [그림 5-5]와 같을 것이다.

[그림 5-5] 변동금리 차입과 고정금리 지급 스왑거래의 예

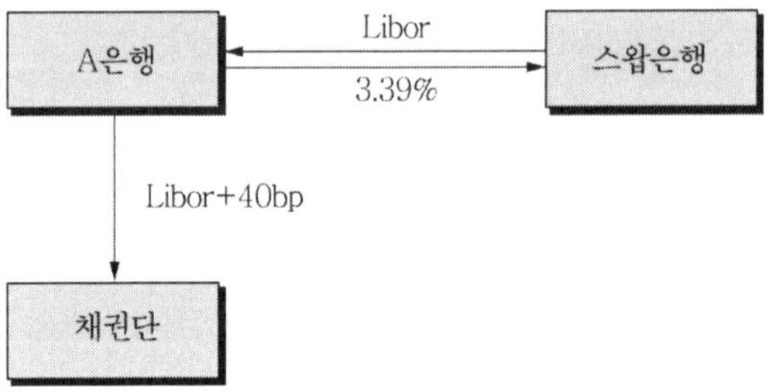

13) 스왑딜러가 고시하는 스왑금리는 바로 스왑거래의 고정금리이며, 변동금리는 자동적으로 각 통화의 기준 변동금리표를 전제하고 있다. 즉 달러화, 엔화, 유로화의 경우는 Libor금리가 되며, 원화의 경우에는 CD금리가 된다.

14) AMM이란 annual money market의 약자로서, 1년을 360일로 하고, 실제 경과일수를 감안하여 이자금액을 계산하는 것을 말한다.

즉 5년만기의 스왑거래시의 스왑금리(고정금리)가 3.39%/3.36%(USD/AMM, act/360)이기 때문에, 이 스왑거래는 offer rate인 3.39%가 적용되는 것이다. 즉 A은행은 향후 Libor의 변동과 상관없이 3.79%의 고정금리의 차입을 한 셈이 되는 것이다. 이 때 유의할 점은 변동금리의 차입 후 무조건 스왑거래를 하는 것이 항상 유리하다는 것이 아니라는 사실이다. 예를 들어 Libor가 예상과 달리, 상당기간 안정적으로 지속되는 경우나, 수익률곡선[15]의 우상향 기울기가 매우 급할 때, 즉 단기금리에 비해 장기금리가 매우 높을 때에는 단기금리(Libor)가 고정금리보나 상대적으로 많이 상승해야지만 스왑거래시 스왑거래를 하지 않았을 때에 비해 기회이익[16](스왑거래시의 발생되는 이익)이 발생하게 되기 때문에, 그러나 이같은 경우에는 현실적으로 단기금리가 고정금리보다 상대적으로 많이 상승하지 않을 것이기 때문에, 스왑거래를 하지 않고 당초 변동금리(Libor)의 차입상태를 그대로 놔두는 것이 유리할 수도 있는 것이다.

(3) 고정금리 차입을 변동금리로 전환

예를 들어 B기업은 7년만기 채권을 2년 전에 발행했다고 하자. 그런데 B기업은 향후 국제금리의 하락을 예상하고 있기 때문에, 이에 대비

15) 수익률곡선이란 채권의 만기수익률과 만기와의 관계를 나타낸 곡선으로서, 단기채수익률과 장기채수익률을 전체적으로 나타내 주는 곡선을 말한다. 즉 일반적으로 수익률곡선은 우상향하고 있는데, 이는 장기채수익률이 단기채수익률보다 더 높기 때문이다. 이같은 수익률곡선은 이자율과 경기는 같은 방향으로 움직이기 때문에, 수익률곡선이 우상향하게 되는 경우는, 즉 장기채수이률이 단기채수익률보다 더 높을(정상수익률) 경우는 시장참가자들이 향후 이자율의 상승을 예상함에 따라 경기호황을 예상하게 된다. 그리고 이와 반대로 수익률곡선이 우하향하게 되는 경우에는, 즉 장기채수익률이 단기채수익률보다 더 낮을(역전수익률) 경우에는 시장참가자들이 향후 이자율의 하락을 예상함에 따라 경기불황을 예상하게 되는 것이다. 따라서 수익률곡선은 신뢰도가 높은 경기선행지표이다.

16) 기회이익(opportunity profit, 현금보유시 얻을 수 있는 이익)이란 예를 들어 내가 현금으로 재화를 구매했을 경우, 만약 재화를 구매하지 않고 계속해서 현금을 보유하고 있었다면 재화가격이 하락했을 경우에도 현금을 보유함으로써 재화를 구매하지 않아 손해보지 않았을 때, 손해 본 재화의 가격과 보유현금(재화의 원래가격)과의 차이 만큼의 이익을 말하는 것이다.

하기 위해서는 5년만기 스왑거래를 하게 될 것이다. 당초 채권의 발행금리가 5%(AMM)이었다. 그리고 고정금리 수취스왑에 적용할 스왑금리는 3.39%/3.36%(USD/AMM, act/360)에서 bid rate인 3.36%이기 때문에, 아래 [그림 5-6]에서 보는 바와 같은 스왑거래에 의해 고정금리 차입을 변동금리 차입으로 전환시킬 수가 있다. 그리고 향후 금리가 예상대로 하락하는 경우에는 그만큼의 차입비용을 절감시킬 수 있을 것이다.

[그림 5-6] 고정금리 차입과 고정금리 수취 스왑거래의 예

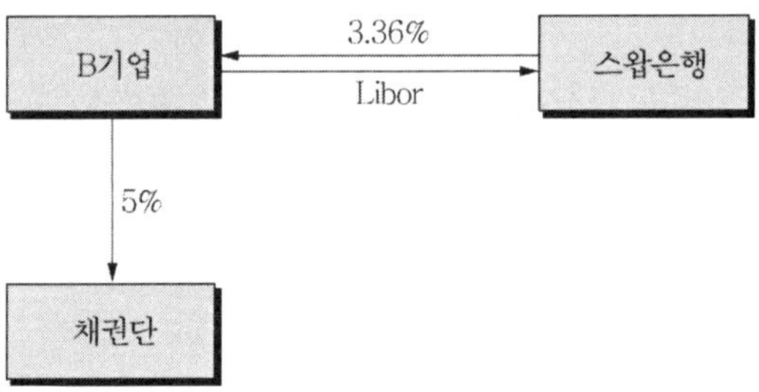

스왑거래 후 B기업의 순차입비용은 고정금리 5%에서 변동금리 Libor + 1.64%(= 5% - 3.36%)로 바뀌게 될 것이다. 만약 B기업의 변동금리 직접 차입비용이 Libor + 1.30% 수준인 경우에는 이같은 스왑거래를 하기보다는 변동금리로 차입하고 기존의 고정금리채를 조기상환하는 방법이 보다 나을 것이다. 그러나 발행채권에 조기상환권(callable 조항)이 없을 경우 높은 패널티(panalty)를 내야 한다는 점을 감안한다면, 이같이 변동금리 차입으로 전환시킴으로써 순차입비용을 절감하는 방법이 차선의 선택이 될 것이다.

(4) 자산스왑

이제까지는 스왑거래가 부채의 교환에 의해 유리한 차입조건을 달성하거나 금리리스크 관리에 이용된 예를 살펴보았지만, 자산스왑에 의해서도 이익을 제고시키거나 기존 투자자산에서 얻을 수 없는 투자자 입

맛에 맞는 현금흐름을 얻을 수 있다.

예를 들어 투자자 A가 잔존만기 5년의 유로채권(coupon 4%)을 par(100%)로 US $5백만을 매수했다고 하자. 구입자금은 B은행으로부터 Libor + 100bps(1%)에 차입했다.

현재 6개월 Libor는 1.5%로서, 향후 금리가 안정적이라면 매년 약 1.5%(= 4% - 1.5% - 1%)의 금리차이를 얻을 수 있을 것이다. 그러나 만약 유로달러 금리가 급등할 경우, 차입비용의 증가로 인해, 손실을 감수해야 할 것이다. 따라서 투자자 A는 이같은 금리상승 위험을 헤지하기 위해, C은행과 고정금리 4%를 지급하고, 변동금리 Libor + 2.0% 수취조건의 5년만기 스왑거래를 체결했다.

채권이자와 스왑거래의 현금흐름은 [그림 5-7]과 같다. 이같은 스왑거래에 의해 투자자 A는 향후 5년간 100bps(1%)[=Libor + 2.0% - (Libor + 1.0%)]의 스프레드가 확정되게 된다. 즉 투자자 A는 고정금리 채권을 매수한 후 자산스왑 거래를 함으로써, Libor + 2.0%의 FRN(변동금리부 채권)을 매수한 것과 동일한 경제적 효과를 얻게 되는 것이다. 이같은 상품을 '합성 FRN'(synthetic FRN)이라고 한다.

[그림 5-7] 변동금리로 투자자금을 차입한 유로채 투자자의 자산스왑 구조

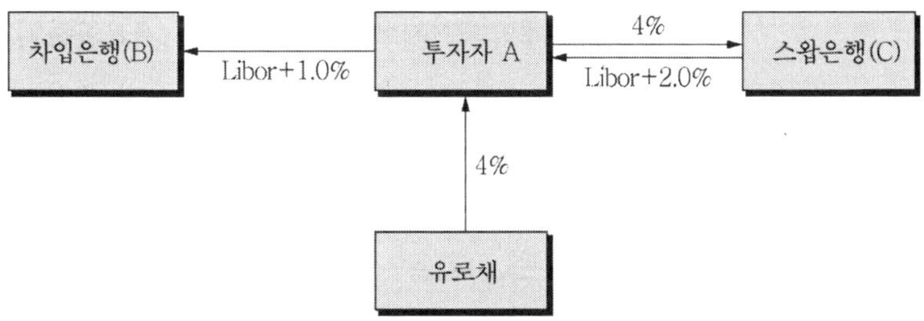

똑같은 논리에 의해 고정금리로 차입하여 FRN에 투자할 경우에는 금리하락 위험에 노출될 것이고, 이 때는 변동금리를 지급하고 고정금리를 수취하는 금리스왑에 의해 투자 스프레드를 확정시킬 수 있을 것

이다.

2. 통화스왑

1) 통화스왑의 개요

이자율스왑거래는 주로 어느 한 통화에 대한 고정금리와 변동금리(또는 변동금리 간)를 교환하는 거래이었다.[17] 이에 대해 통화스왑거래란 서로 다른 통화에 대해 발생하는 미래의 현금흐름을 교환하는 거래로서, 일반적으로 각 통화의 원금과 이자를 동시에 교환하는 거래인 것이다. 따라서 통화스왑을 currency swap(CRS), currency interest rate swap(CIRS), cross-currency interest rate swap(CCIRS)이라고 한다. 이같은 통화스왑은 사로 다른 통화에 대한 미래의 현금흐름을 교환하는 거래이기 때문에, 두 통화의 교환비율인 환율(foreign exchange rate, Fx)이 매우 중요하다.

(1) 통화스왑과 원금교환

통화스왑이란 두 거래당사자가 일정한 계약기간 동안 주기적으로 이종통화(different currencies)의 일정한 원금과 일정한 원금에 대한 이자지급을 서로 교환하고, 계약만기시에 원금을 서로 재교환하기로 하는 거래(계약)를 말한다. 거래 시초시의 원금교환은 필요한 경우에만 이루어지게 된다. 즉 외국통화로 신규차입이나 신규투자를 하는 경우는 반드시 자국통화로의 원금교환이 이루어지겠지만, 기존자산이나 부채의 원금에 대해 통화스왑을 거래하는 경우, 초기의 원금교환은 현물시장에서의 반대거래에 의해 상쇄함으로써 원금교환을 생략하는 것이 일반적이다.

아래의 [그림 5-8], [그림 5-9], [그림 5-10]은 B기업이 A은행과 미국 달러화 대 한국 원화 간의 통화스왑계약을 체결했을 경우, 전형적인

17) 금융투자교육원. 『파생상품투자상담사 2』, 박영사, 2013년, pp. 137-148.

통화스왑의 거래구조를 나타내 주고 있다. 즉 B기업은 A은행에게 거래초기에 달러화원금을 지급하고, 그 대신 A은행으로부터 원화원금을 수취했으며, 이 때의 원금교환시에 적용한 환율은 당시의 현물환율(spot rate)이 사용된다. 그리고 이같은 거래초기의 달러화/원화 간의 원금교환은 거래당사자들의 필요에 의해 선택적으로 이루어진다. 즉 이같은 원금교환을 원하지 않을 경우에는 통화스왑거래와 동시에 반대방향의 별도의 현물환거래에 의해 원금교환을 상쇄시킴으로써 통화스왑 초기의 원금교환을 생략할 수도 있을 것이다.

그리고 통화스왑거래의 만기가 되면, 두 거래당사자는 거래초기의 원금교환과 반대방향으로 원금교환을 해야 한다. 즉 B기업은 A은행으로부터 달러화원금을 수취하고 A은행에게 원화원금을 지급해야 될 것이다. 다시 말해 A은행의 경우에는 B기업에게 달러화원금을 지급하고 그 대신에 B기업으로부터 원화원금을 수취해야 한다. 통화스왑거래의 만기시 원금교환에 적용되는 환율은 거래초기의 원금교환시 적용했던 환율, 즉 거래초기의 현물환율을 그대로 사용하게 된다.

(2) 통화스왑과 이자교환

거래초기의 원금교환 이후 두 거래당사자는 통화스왑 기간 중 일정시간마다 사전에 합의된 조건의 금리교환을 해야 할 것이다. 즉 B기업은 거래초기에 A은행에게 지급한 달러화원금에 대해서는 달러화이자(6M Libor+1.5%)를 수취하고, 그 대신에 거래초기에 A은행으로부터 수취한 원화원금에 대한 원화이자(고정금리 5.5%)를 A은행에게 지급해야 할 것이다. 이와 반대로 A은행의 경우에는 거래초기에 B기업으로부터 수취한 달러화원금에 대한 달러이자(6M Libor+1.5%)를 B기업에게 지급하고, 그 대신에 B기업에게 지급했던 원화원금에 대한 원화이자(고정금리 5.5%)를 수취하게 되는 것이다.

이상을 정리해 보면, 통화스왑거래란 첫째, 양 거래당사자(two counterparties) 간의 거래이다. 둘째, 각 거래당사자는 거래초기에 상대방에게 이종통화간의 원금을 교환하고(initial principal exchange of different currency) 셋째, 통화스왑 기간 중 거래상대방에게 주기적으로 이자를 지급하기로 약정한다(period interest payment). 즉 미래의 일정기간마다 특정시점에 거래초기에 교환한 통화원금에 대해, 수취한 통화원금에 대한 이자를 지급하고, 지급한 통화원금에 대해 이자를 수취하기로 약정한다. 그리고 그 한쪽은 고정금리이고 다른 한쪽은 변동금리이거나, 양쪽 다 고정금리 또는 양쪽 다 변동금리일 수도 있다. 또한 통화스왑거래의 만기시에는 거래초기의 원금교환과 반대방향의 원금교환을 항상 해야 한다. 이제 통화스왑의 흐름의 예를 들어보자.

B기업은 신규투자를 위해 K은행으로부터 US$1억을 US$ Libor+1.5%에 3년간 차입하기로 했다고 하자. B기업은 내수를 위주로 하는 기업으로서 달러화 자산은 없으며, 환율변동에 따라 3년 후 상환해야 할 부채규모가 달라질 수 있다. 또한 향후 Libor금리 상승시 이자비용이 증가할 수 있다. 따라서 B기업은 A은행과 다음과 같은 통화스왑거래에 의해, 환율변동리스크와 금리리스크를 동시에 헤지할 수 있다. B기업의 달러화 차입조건과 통화스왑조건은 각각 〈표 5-6〉과 〈표 5-7〉와 같다.

〈표 5-6〉 B기업의 달러화 차입조건

구분	거래내용
차입금	US$1억
만기	3년
차입금리 조건	6개월 Libor + 1.5%

〈표 5-7〉 B기업의 통화스왑조건

구분	거래내용
거래일(trade date)	Mar. 10, 2009
이자계산 시작일(effective date)	Mar. 12, 2009
만기일(termination date)	Mar. 12, 2012, subject to business days convention(영업일 관행 조건)
미국 달러화의 원금(US$ principal amount)	US$1억
한국 원화의 원금(KRW principal amount)	KRW 1,200억
환율(Fx rate)	KRW 1,200/US$
거래초기 원금거래일(initial principal exchange date)	effective date
만기 원금거래일(final principal exchange date)	maturity date
한국 원화 고정금리 지급자(KRW fixed rate payer)	B기업
미국 달러화 변동금리 지급자(US$ floating rate payer)	A은행
한국 원화 고정금리(KRW fixed rate)	5.5%, semi-annual, act/365
미국 달러화 변동금리(US$ floating rate)	US$ 6M Libor + 1.5%, act/360

딜러화 차입금과 통화스왑의 초기원금 교환은 아래 [그림 5-8]에 나타나 있다. B기업은 K은행으로부터 수취한 달러화차입금을 스왑은행인 A은행에게 지급하는 대신에 KRW초기원금인 12억원을 수취함으로써, 원화를 차입한 것과 동일하게 된 것이다. 여기서 원금교환에 적용되는 환율은 거래시점의 환율인 1,200원이다.

[그림 5-8] 통화스왑의 초기원금 교환(initial principal exchange)

그리고 달러화차입금 이자와 통화스왑의 쿠폰교환은 [그림 5-9]에 나타나 있다. B기업은 통화스왑에 의해, 달러차입금에 대한 변동이자비용을 원화 고정금리 5.5%, semi annual, act/365에 확정할 수 있게 된 것이다.

[그림 5-9] 통화스왑의 이자교환(interest exchange)

아래 [그림 5-10]은 통화스왑의 만기원금 교환과 달러차입금의 상환을 나타내고 있다. 통화스왑거래에서 B기업은 A은행으로부터 달러화원금을 수취하게 되며, 이 때 이같이 수취한 달러화원금으로 K은행에게 달러화차입금을 상환하면 된다. 그 대신 B기업은 A은행에게 원화원금을 지급하면 되는 것이다. 이 때 B기업이 수취하는 달러화원금과 지급하는 원화원금의 교환에는 스왑거래 만기시점의 달러당 원화의 시장환율과 상관없이 초기거래시점에 결정한 환율인 달러당 1,200원을 그대로 적용하게 된다. 이같은 환율적용은 통화스왑거래의 가장 큰 특징 중의 하나로서, 결과적으로 초기원금과 만기원금 교환에 적용되는 환율은 동일하게 되는 것이다.

[그림 5-10] 통화스왑의 만기원금 교환(initial principal exchange)

그리고 상기 예의 통화스왑거래시 A은행 입장에서의 현금흐름을 나타내면, 다음의 〈표 5-8〉과 같다. 즉 각 통화의 휴일을 감안하지 않았을 경우, A은행의 입장에서 현금흐름을 나타내면 다음과 같다. A은행의 원화 현금흐름은 원화대출의 현금흐름과 동일하다. 즉 스왑거래시작일에 원화원금을 대출해 주고, 주기적으로 5.5%의 고정금리 이자를 수취한 후 스왑거래만기일인 3년이 경과한 시점에 원화원금을 상환받게 된다. 그리고 달러화 현금흐름은 달러화를 차입하는 현금흐름과 같다. 즉 스왑거래시작일에 달러화원금을 받고, 주기적으로 Libor+1.5%의 차입이자를 지급한 후 스왑거래만기일에 달러화원금을 상환하는 것이다. 따라서 이같은 통화스왑은 거래상대방 간에 이종통화에 대한 상호대출 계약이라고 할 수 있을 것이다.

〈표 5-8〉 상기 예의 통화스왑거래시 A은행 입장에서의 현금흐름

기간	일자	날짜수	원화 현금흐름	기간	일자	날짜수	달러 현금흐름	6M Libor 결정
trade date	10-Mar-09			trade date	10-Mar-09			
Eff. Date	12-Mar-09		-KRW원금	Eff. Date	12-Mar-09		+US$원금	
6m	12-Sep-09	184	KRW원금×5.5%×184/365	6m	12-Sep-09	184	-US$원금×(Libor+1.5%)×184/360	12-Mar-09
1y	12-Mar-10	181	KRW원금×5.5%×181/365	1y	12-Mar-10	181	-US$원금×(Libor+1.5%)×181/360	12-Sep-09
1y6m	12-Sep-10	184	KRW원금×5.5%×184/365	1y6m	12-Sep-10	184	-US$원금×(Libor+1.5%)×184/360	12-Mar-10
2y	12-Mar-11	181	KRW원금×5.5%×181/365	2y	12-Mar-11	181	-US$원금×(Libor+1.5%)×181/360	12-Sep-10
2y6m	12-Sep-11	184	KRW원금×5.5%×184/365	2y6m	12-Sep-11	184	-US$원금×(Libor+1.5%)×184/360	12-Mar-11
3y	12-Mar-12	182	KRW원금×5.5%×182/365	3y	12-Mar-12	182	-US$원금×(Libor+1.5%)×182/360	12-Sep-11
3y	12-Sep-12		+KRW원금	3y	12-Sep-12		-US$ 원금	

또한 초기원금의 교환, 주기적인 쿠폰교환, 만기원금의 교환은 각각 현물환거래(Fx Spot거래), 이종통화의 쿠폰스왑거래,[18] 선물환거래(Fx forward trading; 다만 이 경우, 선물환환율과 현물환율은 동일함)에 의해 이루어지고 있는 것이다.

상기한 예에서 살펴본 바와 같이, 통화스왑거래의 특징은 다음과 같이 요약된다.

① 통화스왑은 서로 다른 통화에 대한 원금과 이자를 교환하는 스왑거래이다.

② 통화스왑은 이자율스왑과 달리, 초기원금과 만기원금의 교환이 발

18) 쿠폰스왑거래란 원금교환 없이, 서로 다른 통화의 쿠폰만을 교환하는 스왑거래를 말한다.

생하게 된다.

③ 만기원금 교환의 환율은 만기시 환율과 상관없이 초기거래시의 현물환율과 동일하게 적용된다.

④ 통화스왑의 초기원금 교환방향과 이자 교환방향은 반대방향이지만, 만기원금 교환방향과 이자 교환방향은 동일한 방향이다.

또한 이같은 통화스왑거래에 의해 B기업은 환율변동리스크와 금리리스크(달러화 Libor)를 동시에 헤지시킬 수 있으며, 비록 차입금은 달러화이었지만 결국 원화차입과 동일한 효과를 얻을 수 있게 된 것이다.

(3) 통화스왑과 외환스왑, 그리고 선물환과의 비교

우선 선물환거래(Fx forward trading)란 상품 선물거래의 개념(계약시 정한 가격으로 장래의 일정시점에 상품을 인수·인도할 것을 약속하는 거래)을 외환거래에 적용한 것으로, 일정량의 외환을 미래의 일정시점에 일정한 환율로 거래하는 방식을 말한다. 이같은 선물거래는 무역거래 또는 국제금융거래시 변동환율제의 환율변동으로 인해 발생할 수 있는 환위험을 회피하고, 안정적인 수익을 얻고자 하는 목적으로 이용되고 있다.

예를 들어 국내의 수출업체가 상품을 수출하고 2개월 후에 미국의 수입업체로부터 100만달러의 수출대금을 받기로 하고 선물환율 달러당 1,100원으로 외국환은행과 선물환계약을 계약했다면, 2개월 후 실제환율이 달러당 1,000원으로 하락한다 하더라도 선물환율 달러당 1,100원에 달러화를 매도함으로써 원화로 교환할 수 있게 된다.
이같은 선물환거래는 환위험을 예방하고자 하는 목적 외에, 환율변동을 이용해 매매차익을 얻고자 하는 환투기나 차익거래를 목적으로 이용되기도 한다.

그리고 선물환거래의 일종인 외환스왑(Fx swap)이란 두 거래당사자가 거래금액은 일정하지만, 거래방향이 서로 반대되는 두 개의 외환거래(일반적으로 현물환거래[19]+선물환거래)를 동시에 실행하는 외환거래를 말한다. 이같은 외환스왑거래시의 환율은 현물환거래의 경우는 현물환율을 적용하고, 선물환거래의 경우에는 미래 일정시점의 선물환율을 적용한다. 따라서 선물환거래시 적용되는 선물환율과 외환스왑시 적용되는 선물환율은 서로 같다.

통화스왑거래는 두 거래상대방이 거래방향을 반대(매수와 매도 또는 매도와 매수)로 하여 현물환거래와 선물환거래를 동시에 거래한다는 면에서는 외환스왑과 같지만, 만기시 교환되는 원금(선물환)에 대한 적용환율이 다르다는 점이 가장 큰 차이점이다. 즉 외환스왑거래와 달리, 통화스왑거래의 미래원금의 교환은 선물환율이 아니라 거래초기의 현물환율로 이루어진다는 점이다. 다시 말해 외환스왑거래의 경우는 계약기간 중 금리교환(금리차 정산) 없이 만기의 원금교환시 두 통화의 금리차이를 한꺼번에 정산함으로써 결정된 선물환율이 적용되고 있다. 이에 반해 통화스왑거래의 경우에는 스왑거래 기간 중 두 통화의 금리교환(금리차 정산)을 한 이후 스왑거래만기시 거래초기의 현물환율을 그대로 사용함으로써 원금을 재교환하게 되는 것이다.

일반적으로 거래기간이 1년 이내의 단기인 경우는 선물화거래나 외환스왑거래를 이용하고, 1년 이상 상기인 경우에는 통화스왑을 이용하고 있다. 왜냐하면 만기 1년 이상 장기거래의 경우에는 장기선물환거래의 시장유동성이 충분하지 않음에 따라 가격경쟁력이나 거래편의성에 문제가 있어, 통화스왑을 이용함으로써 거래가 이루어지고 있기 때문이다. 그러나 장기선물환과 외환스왑, 그리고 통화스왑은 거래기간 중 금리를 교환(금리차 정산)하는가의 여부에 따라 거래절차는 다르지만, 기본적으로는 서로 동일한 성격의 금융상품이라고 할 수 있을 것이다.

19) 현물환거래란 일반적으로 외환거래 이후 2영업일 이내에 외환의 인수도가 이루어지는 거래를 말한다.

2) 통화스왑 거래의 발생원인과 통화스왑의 이용사례

(1) 비교우위에 의한 유리한 조건의 자금차입

금융시장이 개방되고 발달할수록 투명해지면서, 재정거래[20])의 기회는 점점 감소하게 된다. 그러나 언제 어디서나 정보의 비대칭성은 존재하게 마련이며, 이에 따라 자금시장에서 각 통화의 채권발행자에 대한 신용도 평가가 다를 수 있고, 이에 적용되는 신용스프레드의 차이도 발생하게 된다. 따라서 비교우위에 있는 통화를 차입하고, 통화스왑에 의해 원하고 있는 통화의 차입형태로 전환시킴으로써, 차입비용을 절감시킬 수가 있는 것이다.

다음 L자동차와 K전자의 차입과 통화스왑의 예에 의해, 비교우위의 효과에 대해 살펴보도록 하자. L자동차와 K전자는 다음과 같은 자금조달의 대안을 갖고 있다고 하자. 그러나 L자동차는 미국달러화 자금을 조달하고자 하고 있으며, K전자는 유로화 자금을 조달하고자 하고 있다고 하자.

① L자동차의 경우는 7년만기의 유로화자금을 고정금리 9.0%에 조달할 수 있고, 변동금리로는 1년 Libor금리로 7년만기의 달러화자금도 조달할 수 있다.

② K전자의 경우에는 7년만기의 유로화자금을 고정금리 10.10%로 조달할 수 있고, 변동금리로는 1년 Libor금리로 7년만기의 달러화자금을 조달할 수 있다.

---

20) 재정거래(arbitrage transaction)란 어떤 상품의 가격이 시장 간에 상이할 경우, 가격이 싼 시장에서 매수하여 비싼 시장에 매도함으로써 매매차익을 얻는 거래행위를 말하며, 이를 차익거래라고도 한다. 이같은 재정거래에는 환재정거래와 금리재정거래가 있다. 환재정거래는 외환시세의 불균형을 이용하여 이익을 얻고자 하는 것을 말한다. 외환시세도 일종의 가격이기 때문에, 동일통화의 시세가 각국에서 일치하는 경향이 있지만 어떠한 요인이나 시차에 의해 동일통화의 환시세에 차이가 발생하는 경우에는 외환을 시세가 낮은 시장에서 매수하여 높은 시장에 매도하는 환재정거래가 나타나게 되는 것이다. 그리고 금리재정거래도 국가 간의 금리차가 존재할 경우, 저금리국으로부터 고금리국으로 자금을 이동시킴으로써 금리차익을 얻고자 하는 거래이다.

따라서 L자동차는 고정금리의 유로화자금의 차입에 비교우위를 갖고 있으며, 이 때 K전자는 변동금리의 달러화자금 차입에 비교우위를 갖고 있다고 생각해 보자. 그리고 스왑은행이 유로화 고정금리와 미국달러화 변동금리(1년 Libor) 간의 통화스왑 offer/bid 호가를 9.55%와 9.45%로 고시했다고 하자. 따라서 L자동차와 K전자의 양사가 스왑은행과 통화스왑을 체결하고 초기교환에서 원금을 서로 교환했다고 하면, 초기원금교환은 아래 [그림 5-11]과 같이 될 것이다. 즉 L자동차는 유로화자금시장에서 유로화금리로 유로화자금을 조달하고, K전자는 달러 Libor 변동금리로 달러화자금을 조달한 후, 통화스왑에 의해 서로 비교우위로 조달한 각각의 원금을 교환하게 될 것이다.

[그림 5-11] 통화스왑의 초기원금 교환

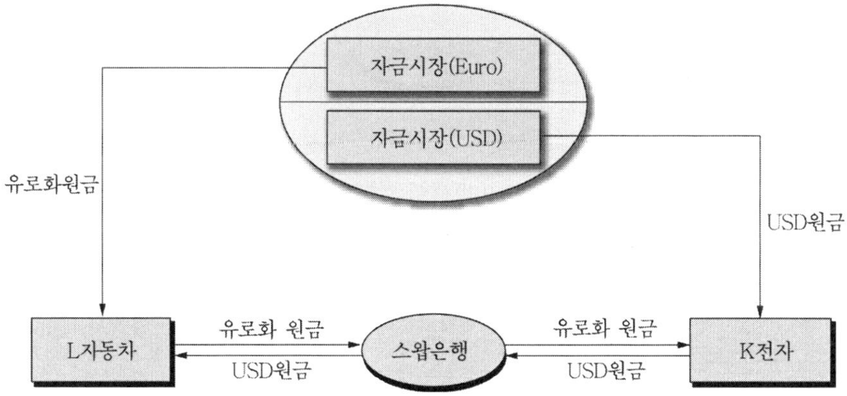

그리고 주기적인 쿠폰교환은 아래 [그림 5-12]와 같다. 즉 L자동차는 매년 1년만기 US$ Libor flat 변동금리 이자를 스왑은행에 지급하고, 연율 9.45%의 유로화 고정금리 이자를 수취함으로써 유로화자금시장의 자금대여자에게 고정금리 9%의 이자를 지급하게 될 것이다. 이에 대해 K전자는 스왑은행으로부터 1년만기의 US$ Libor flat 변동금리 이자를 수취하고 스왑은행에게 연율 9.55%의 유로화 고정금리 이자를 지급하게 되는 것이다. 그리고 K전자는 스왑은행으로부터 수취한 1년만기의 US$ Libor flat 변동금리 이자로, 미국달러화자금시장의 US$ 변동금리 대여자에게 1년만기 US$ Libor flat 변동금리 이자를 지급하게 되는 것이다.

[그림 5-12] 통화스왑의 이자교환

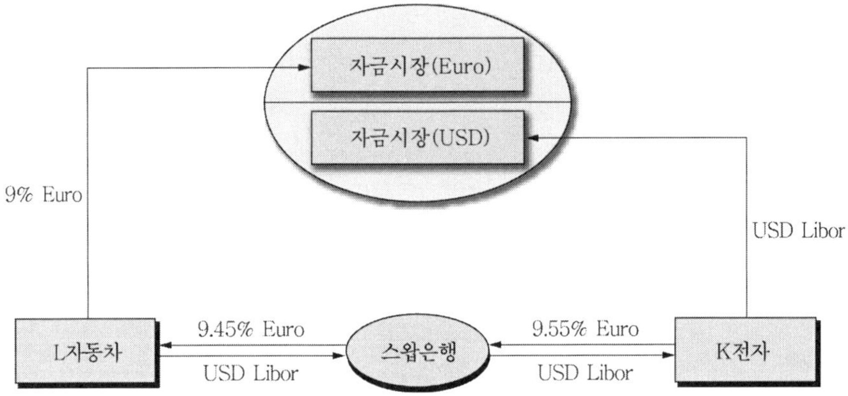

스왑만기시에는 초기거래시의 원금교환을 서로 거꾸로 상환하는 원금교환이 이루어지게 된다. 즉 아래 [그림 5-13]에서 보는 바와 같이, L자동차는 스왑은행을 통해 US$원금을 K전자에게 환급하고, K전자로부터 유로화자금을 유로화자금시장의 유로화자금 대여자에게 지급한다. 이에 대해 K전자는 스왑은행을 통해 L자동차로부터 받은 US$원금으로 US$시장의 자금대여자에게 지급하고, 스왑은행을 통해 유로화원금을 L자동차에게 지급한다. 이같이 함으로써, 통화스왑의 모든 현금흐름이 마무리되는 것이다.

[그림 5-13] 통화스왑의 만기원금 교환

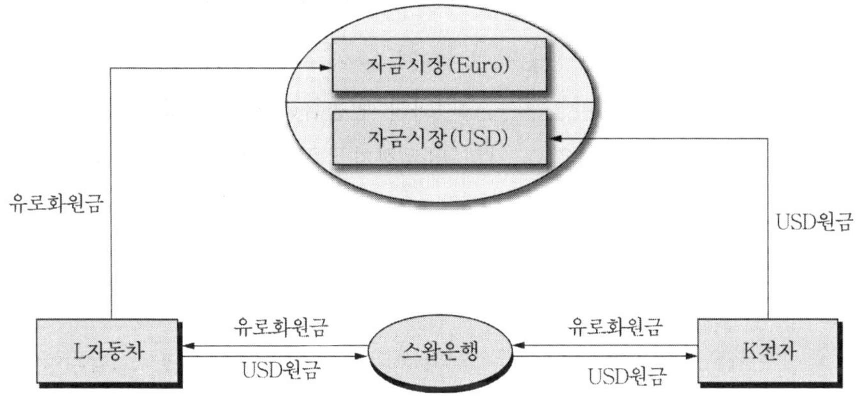

그러면 이같은 통화스왑에 의해 L자동차와 K전자의 두 회사와 스왑은행은 어떠한 이익을 보게 되는지에 대해 살펴보자. 비교우위론에 의해 스왑거래에 의한 스왑시장참가자들의 이익의 귀속을 정리해 놓은 것이 아래 〈표 5-9〉이다.

〈표 5-9〉 비교우위론에 의한 통화스왑의 이익

구분	고정금리시장	변동금리시장	스왑		비용절감
			지급	수취	
L자동차	(Euro 9.00%)	US$ Libor	(US$ Libor)	Euro 9.45%	0.45%
K전자	Euro 10.10%	(US$ Libor)	(Euro 9.55%)	US$ Libor	0.55%
차이	1.10%	0%			
순차이	1.10%				

즉 L자동차는 유로화자금시장에서 유로화자금을 고정금리 연율 9.0%로 조달하거나 미국달러화시장에서 미국달러화를 변동금리 1년 US$ Libor flat로 차입할 수 있으며, K전자는 유로화자금시장에서 유로화자금을 고정금리로 연율 10.10%로 차입하거나 미국달러화시장에서

미국달러화를 변동금리 1년 US$ Libor flat로 차입할 수 있다고 했다. 이에 따라 L자동차는 고정금리시장(유로화시장)에서 K전자에 비해 비교우위가 있으며, K전자는 변동금리시장(미국달러화시장)에서 L자동차에 비해 비교우위가 있다고 볼 때, 그 순차이는 1.10%가 될 것이다.

그리고 L자동차는 미국달러화를 변동금리 US$ Libor flat로 차입하는 대신에 비교우위로 인해 유로화자금을 고정금리 9.00%로 차입함과 동시에, 스왑은행과 스왑은행에게 변동금리 US$ Libor flat을 지급(이는 스왑의 기초거래에서 L자동차가 스왑은행으로부터 미국달러화원금을 받았기 때문임)하고 스왑은행으로부터 유로화 고정금리 9.45%(스왑은행의 bid호가, 즉 스왑은행의 사자호가)를 수취(이는 스왑의 기초거래에서 L자동차가 차입한 유로화원금을 스왑은행에게 주었기 때문에, 즉 스왑은행이 L자동차로부터 유로화원금을 bid호가금리로 샀기 때문임)하는 통화스왑을 체결했다. 이와 반대로 K전자는 유로화자금을 고정금리 유로화 10.10%로 차입하는 대신에 비교우위로 인해 미국달러화를 변동금리 US$ Libor flat으로 차입함과 동시에, 스왑은행과 유로화 9.55%(스왑은행의 offer호가, 즉 스왑은행의 팔자호가이며, 이는 스왑은행이 유로화원금을 K전자에게 팔았기 때문에 적용되는 금리임)를 지급하고 US$ Libor flat을 받는 통화스왑을 체결했다.

이같은 통화스왑거래의 결과 L자동차는 Libor - 0.45%의 변동금리로 차입하는 효과를 갖게 됨으로써, 단순히 변동금리시장(미국달러화시장)에서 미국달러화를 US$ Libor로 차입할 때보다 0.45%의 이자비용을 절감할 수 있게 된다. 그리고 K전자는 유로화자금을 유로화 9.55%의 고정금리로 차입할 수 있기 때문에, 단순히 유로화 고정금리(10.10%)로 유로화자금을 차입할 때보다 0.55%의 이자비용을 절감할 수 있게 된 것이다. 그리고 스왑은행은 유로화금리 9.55%를 받아서 유로화금리 9.45%만 주었기 때문에, 0.1%의 이익을 얻게 되는 것이다. 따라서 상기한 통화스왑거래에서 시장참가자 3자 모두 이익을 얻게 되었으며, 그 이익의 합계는 L자동차의 0.45%, K전자의 0.55%, 스왑은행의 0.1%의 이익을 모두 합하면 모두 1.10%가 됨으로써 비교우위에서의 순차이 1.10%와 일치하게 되는 것이다.

(2) 통화스왑을 이용한 자산 · 부채관리

금융기관과 기업은 통화스왑을 이용하여 자산·부채의 환율변동리스크와 금리리스크를 효율적으로 관리할 수 있다. 즉 상기한 통화스왑의 개요에서 살펴본 B기업의 예는 달러차입(부채)에서 발생하는 환율변동리스크와 금리리스크를 관리할 수 있는 것이었으며, 이같은 형태의 통화스왑을 통화부채스왑(liability swap)이라고 한다.

이제 D보험사의 통화스왑에 의한 자산리스크 관리 예를 통해, 통화자산스왑(asset swap)에 대해 살펴보도록 한다. 예를 들어 D보험사는 투자 포트폴리오의 다양화를 위해, 다음과 같이 유로화채권에 투자했다고 하자. D보험사는 투자자산의 환율변동리스크와 금리리스크를 헤지하기 위해, A은행과 다음조건의 유로/원의 통화스왑을 동시에 체결했다(〈표 5-10〉과 〈표 5-11〉 참조).

〈표 5-10〉 D보험사의 유로화채권 투자 조건

구분	거래내용
투자기간	3년
투자금액	EUR 1억
투자수익률	EUR 5.%, semi-annual, 30/360

〈표 5-11〉 D보험사의 유로/원 통화스왑 조건

구분	거래내용
거래일(trade date)	Mar. 10, 2009
이자계산 시작일(effective date)	Mar. 12, 2009
만기일(termination date)	Mar. 12, 2012, subject to business days convention(영업일 관행 조건)
EUR원금(EUR principal amount)	EUR 1억
한국 원화의 원금(KRW principal amount)	KRW 1,800억
환율(Fx rate)	KRW 1,800/EUR
거래초기 원금거래일(initial principal exchange date)	effective date
만기 원금거래일(final principal exchange date)	maturity date
한국 원화 고정금리 지급자(KRW fixed rate payer)	A은행
EUR 고정금리 지급자(EUR fixed rate payer)	D보험사
한국 원화 고정금리(KRW fixed rate)	KWA 6.5%, semi-annual, act/365
EUR 고정금리(EUR fixed rate)	EUR 5.5%, semi-annual, 30/360

D보험사의 유로화채권 투자와 통화스왑의 현금흐름은 다음과 같다([그림 5-14] 참조). 즉 D보험사가 유로화채권에 투자하기 위해서는 유로화투자원금이 필요하게 되며, 이같은 유로화를 얻기 위해 D보험사는 외환시장에서 원화를 팔고 유로화를 매수해야 할 것이다. 그러나 이같은 경우 D보험사는 A은행과 체결한 통화스왑거래에서 유로화원금을 수취하게 되기 때문에, 별도의 외환거래가 필요없게 되는 것이다.

[그림 5-14] 통화자산스왑의 초기원금교환

이제 주기적인 이자교환에 대해 살펴보도록 하자([그림 5-15] 참조). D보험사가 투자한 유로화채권의 쿠폰이 5.5%이기 때문에, 이를 A은행에게 지급하고 원화쿠폰 6.5%를 수취하게 될 것이다. 유로화채권에서 쿠폰이 정해져 있기 때문에, 스왑은행인 A은행이 통화스왑의 가격산정[21]을 한다는 것은 바로 원화 고정금리의 쿠폰(6.5%)을 산출해내는 과정인 것을 말하는 것이다.

[그림 5-15] 통화자산스왑의 이자교환

통화스왑거래의 만기에는 D보험사의 투자채권이 상환되고 이 상환금이 통화스왑의 유로화원금 지급과 상쇄되며, 원화원금을 수취하게 되는 것이다([그림 5-16] 참조).

[그림 5-16] 통화자산스왑의 만기원금교환

결과적으로 D보험사는 유로화채권에 투자했음에도 불구하고, 통화스

21) 스왑의 가격산정(pricing)이란 스왑시장에서 통용됨으로써 거래되고 있는 스왑금리(스왑가격)을 구하는 것이 아니다. 이같은 스왑금리는 스왑시장의 수요와 공급 등 시장요인에 의해 결정되는 것이다.

왑에 의해 유로/원 환율 위험을 제거했으며, 원화채권에 투자한 것과 동일한 효과를 거둘 수 있게 되는 것이다.

제3부

옵션거래

제 6 장

옵션거래의 개요

본장에서는 옵션거래의 개념, 옵션의 기본 용어, 옵션의 종류를 중심으로 살펴보도록 한다.

1. 옵션거래의 개념

옵션(option)이란 옵션계약 당사자 간에 미리 정해 놓은 일정시점 이내에 미리 약정된 가격으로 주식, 주가지수, 상품 등 기초자산(underlying assets)을 매수하거나 매도할 수 있는 권리를 말한다. 즉 옵션이란 옵션매도자(option seller)가 옵션매수자에게 옵션계약에서 정해 놓은 대로 기초자산을 매수하거나 매도할 수 있는 권리를 부여하고, 옵션매수자(option buyer)는 옵션매도자에게 옵션계약에 정해 놓은 대로 기초자산을 매수하거나 매도할 수 있는 권리를 행사하거나 또는 행사하지 않아도 되는 일종의 조건부청구권(contingent claim)을 말하는 것이다.

그리고 이같은 권리에 대한 가격, 즉 옵션의 가격을 프리미엄(premium)이라고 한다. 따라서 옵션거래란 이같은 권리, 즉 옵션을 매매하는 것을 말하는 것이다. 옵션매수자는 옵션의 시장가격과 옵션의 행사가격을 비교함으로써 유리한 경우는 옵션을 행사할 수 있는 권리를 갖게 되며 불리한 경우에는 옵션행사를 포기하면 될 것이고, 그 대가로 옵션매도자에게 프리미엄을 지급해야 한다. 그리고 옵션매도자는 옵션매수자가 권리를 행사할 경우 이에 반드시 따라야 하는 의무를 갖고 있으며, 그 대가로 옵션매수자로부터 프리미엄을 받게 되는 것이다. 이같은 개념을 갖고 있는 옵션거래를 도표화하면 [그림 6-1]과 같다.

[그림 6-1] 옵션거래의 기본구조

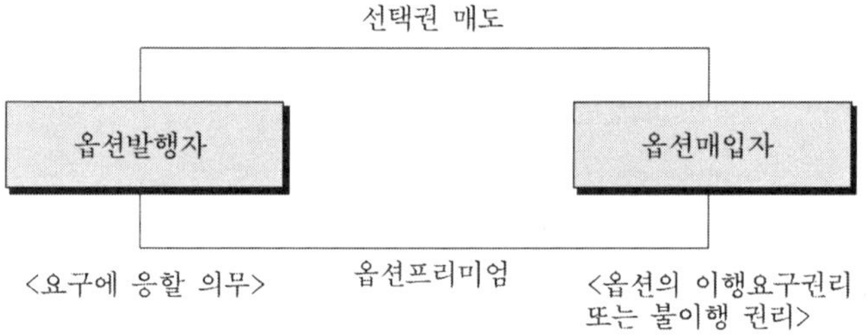

예를 들어 향후 시장이 상승할 것으로 예상하고 있는 갑이 하락할 것으로 예상하고 있는 을로부터 코스피200지수선물 4월물의 만기일인 2012년 4월 12일 이내에 코스피200지수를 210.00포인트로 매수할 수 있다는 옵션계약을 프리미엄을 지급하고 체결한 경우, 이같은 옵션계약은 콜옵션(call option)거래가 된다. 이 때 갑은 콜옵션매수자가 되고, 을은 콜옵션매도자가 되는 것이다. 이같이 갑과 을 간의 콜옵션계약 이후 만기일 이내에 코스피200지수가 미리 약정된 가격 210.00포인트보다 높은 220.00포인트로 상승한 경우는 콜옵션매수자인 갑은 콜옵션매도자인 을로부터 코스피200지수를 이보다 낮은 가격인 210.00포인트로 인수받아 500만원[(220.00 - 210.00) × 50만원)의 수익을 얻을 수 있게 될 것이다. 그러나 이 때 코스피200지수가 하락하여 200.00포인트가 된 경우에는 콜옵션매수자인 갑은 권리행사를 포기하고 지급했던 프리미엄만 손실을 입으면 된다.

이와 반대로 향후 시장이 하락할 것으로 예상하고 있는 갑이 상승할 것으로 예상하고 있는 을에게 코스피200지수선물 4월물의 만기일인 2012년 4월 12일 이내에 코스피200지수를 200.00포인트로 매도할 수 있다는 옵션계약을 프리미엄을 지급하고 체결한 경우, 이같은 옵션계약은 풋옵션(put option)거래가 된다. 이 때 갑은 풋옵션매수자가 되고, 을은 풋옵션매도자가 되는 것이다. 이같은 갑과 을 간의 풋옵션계약 이후 만기일 이내에 코스피200지수가 미리 약정된 가격 200.00포인트보다 낮은 190.00포인트로 하락한 경우에는 풋옵션매수자인 갑은 풋옵션매도자인 을에게 코스피200지수를 이보다 높은 가격인 200.00포인트로 인도함으로써 500만원[(200.00 - 190.00) × 50만원)의 수익을 얻을 수 있게 될 것이다. 그러나 이 때 코스피200지수가 상승하여 210.00포인트가 된 경우에는 풋옵션매수자인 갑은 권리행사를 포기하고 지급했던 프리미엄만 손실을 입으면 된다.

2. 옵션의 기본 용어

1) 옵션발행자와 옵션매수자

옵션발행자(option writer)란 옵션을 발행하는 자로서, 옵션매수자로부터 일정한 프리미엄을 받고 옵션을 매도함으로써 옵션의 계약에 따라 옵션매수자에게 권리를 부여하고 옵션매수자가 이같은 권리를 행사하고자 할 경우 반드시 이에 따라야 할 의무를 갖고 있는 자를 말하며, 옵션매도자(option seller)라고도 한다. 이에 대해 옵션매수자(option buycr)는 옵션발행자에게 프리미엄을 지급하고 옵션을 행사할 수 있는 권리를 받는 자를 말하며, 옵션소유자(option holder)라고도 한다. 그러나 옵션매수자는 이같은 권리를 행사할 수도 있고, 행사하지 않을 수도 있다. 옵션발행자와 옵션매수자와의 관계(콜옵션의 경우)를 표로 나타내면 아래 〈표 6-1〉과 같다.

〈표 6-1〉 옵션발행자와 옵션매수자와의 관계(콜옵션의 경우)

구분	발행자	매입자
거래관계	권리의 부여	권리의 수취
프리미엄	수취	지급
권리와 의무	의무	권리
권리행사 시기	-	임의
이익	프리미엄에 한정	무한(프리미엄제외)
손실	무한(프리미엄제외)	프리미엄에 한정
권리행사에 의한 손익	옵션상품가격과 권리행사 가격과의 차액이 손익	옵션상품가격과 권리행사 가격과의 차액이 이익
권리소멸에 의한 손익	프리미엄이 이익	프리미엄이 손실
위탁보증금	필요	불필요

2) 기초자산

기초자산(underlying assets)이란 옵션거래의 대상이 되는 상품을 말한다. 그리고 옵션은 이같은 기초자산이 금, 은, 곡물 등의 일반상품인 상품옵션(commodity option)과 주식, 채권, 주가지수, 통화 등의 금융상품인 금융옵션(financial option)으로 구분된다. 그리고 예를 들어 금융옵션 가운데 본장에서 다루고 있는 주가지수옵션의 기초자산은 주가지수(우리나라의 경우 코스피200지수)이며, 우리나라에서의 옵션거래 단위금액(거래승수)은 2012년 9월물 옵션부터 선물의 거래승수와 같이 주가지수 1포인트당 50만원이 되었다.

3) 행사가격

행사가격(exercise price 또는 striking price)이란 옵션매수자가 권리를 행사함으로써 기초자산을 매수하거나 매도할 수 있는 가격을 말한다. 주가지수옵션거래는 주가지수를 일정한 기간내에 일정한 가격으로 매수하거나 매도할 수 있는 권리(선택권)를 매매하는 것으로서, 이 때의 일정가격이 바로 행사가격인 것이다. 전환사채의 전환권이나 신주인수권부사채의 신주인수권도 콜옵션의 일종이라고 할 수 있으며, 이 때는 전환가격이나 인수가격이 행사가격에 해당된다. 이같은 행사가격은 주가지수를 2.5포인트 간격으로 구분(예를 들어 200.0, 202.5, 205.0, 207.5 등)함으로써, 만기일이 동일하다 하더라도 행사가격이 다르면 주식과 같이 별개의 종목으로 취급하고 있다.

그리고 콜옵션의 경우 동일한 행사가격에서 만기가 길어질수록 콜옵션가격은 높아질 것이다. 또한 만기일이 동일하다면, 행사가격이 높아질수록 콜옵션가격이 낮아질 것이다. 이는 역으로 생각하면 풋옵션의 경우에도 동일하게 적용될 것이다.

4) 만기일

옵션매수자는 자신에게 시장상황이 유리한 경우에 권리를 행사하게 되는데, 이같은 권리는 특정시점에만 또는 일정기간에만 행사가 가능하다. 즉 권리를 행사할 수 있는 특정시점 또는 일정기간의 마지막 날을 만기일(expiration date)이라고 한다. 이같은 만기일이 지나면 해당옵션은 그 효력을 상실하게 되고 더 이상 권리를 행사할 수 없다. 그리고 만기일은 각 옵션계약의 성격과 거래소에 따라 다소 차이가 있을 수 있겠지만, 우리나라에서의 옵션만기일은 매달 두 번째 목요일이다. 이에 대해 선물만기일은 매분기말, 즉 3월, 6월, 9월, 12월의 두 번째 목요일이다.

5) 프리미엄

프리미엄(premium 또는 option price)이란 옵션매수자가 옵션매도자에게 권리에 대한 대가로 지급하는 옵션가격을 말한다. 우리나라에서의 주가지수옵션의 경우 프리미엄의 최소호가단위는 프리미엄 3 이상의 경우는 0.05포인트(25,000원 = 0.05 × 50만원), 프리미엄 3 미만의 경우에는 0.01포인트(5,000원=0.01 × 50만원)이다.

6) 내재가치와 시간가치

옵션의 가격은 내재가치와 시간가치의 합이다. 내재가치(intrinsic value)란 기초자산의 가격과 옵션의 행사가격과의 차이를 말하며, 또한 옵션을 행사함으로써 얻을 수 있는 가치로서 본질가치라고도 한다. 그런데 이같은 내재가치는 콜옵션과 풋옵션에 따라 다르다. 즉 콜옵션의 내재가치는 콜옵션매수자의 입장에서 기초자산의 가격>옵션의 행사가격일 때 기초자산의 가격(S_t)-옵션의 행사가격(K)이다. 이와 반대로 풋옵션의 내재가치는 풋옵션매수자의 입장에서 옵션의 행사가격 > 기초자산의 가격일 때 옵션의 행사가격(K)-기초자산(S_t)의 가격이다. 이같이 옵션 각각의 조건에서 구해지는 (+)값이 클수록 옵션의 내재가치는 커지게 되며, (-)값이 되면 옵션의 내재가치는 0가 된다.

옵션가격 = 내재가치 + 시간가치
콜옵션의 내재가치 = $M_{ax}[S_t - K, 0]$
풋옵션의 내재가치 = $M_{ax}[K - S_t, 0]$
다만 S_t: t시점에서의 기초자산가격
K: 옵션의 행사가격

예를 들어 옵션투자자 갑은 2012년 2월 10일에 프리미엄 2.50포인트로 행사가격이 200.0인 3월 만기의 미국형 콜옵션1계약을 매수했다고 하자. 기초자산인 주가지수가 현재 205.00포인트인 경우와 행사가격 200.0의 콜옵션 1계약을 지금 매수한 콜옵션매수자 갑은 기초자산가격 〉 행사가격이 됨에 따라 콜옵션이 기초자산가격-행사가격과의 차이만큼의 내재가치를 갖게 되기 때문에, 즉시 콜옵션의 권리를 행사함으로써, 250만원{=(205.00-200.0) × 50만원 × 1계약}의 수익을 얻게 된다. 따라서 행사가격이 200.0인 콜옵션의 가격하한치는 바로 250만원이 될 것이다. 그리고 현재 205.00포인트인 주가지수를 200.00포인트에 매수할 수 있는 행사가격 200.0의 콜옵션가격이 가격하한치 250만원 이상의 가격인 300만원이라고 하면, 이 때 300만원의 옵션가격 가운데 옵션의 권리를 행사함으로써 얻을 수 있는 수익인 250만원이 바로 내재가치인 것이다. 또한 이같은 콜옵션가격 300만원에서 내재가치 250만원을 차감한 50만원은 아래서 살펴보게 될 시간가치가 되는 것이다.

그러나 현재 기초자산인 주가지수가 190.00포인트인 경우에는 옵션의 행사가격 > 기초자산가격이 되기 때문에, 콜옵션매수자 갑은 권리를 행사할 내재가치가 없어 권리행사를 포기하게 될 것이고, 이 때 콜옵션의 가치는 0가 된다. 그리고 풋옵션매수자의 경우에는 콜옵션매수자의 경우와 반대로 생각하면 동일하게 적용된다. 이같은 콜옵션의 현재가치는 아래 〈표 6-2〉에 나타나 있다.

〈표 6-2〉 옵션의 내가격, 등가격, 외가격 옵션의 조건과 가치여부

구 분	콜옵션	풋옵션	가치여부
내가격(ITM)	$S_t > K$	$S_t < K$	내재가치 증가, 시간가치 감소
등가격(ATM)	$S_t = K$	$S_t = K$	내재가치 0, 시간가치 최대
외가격(OTM)	$S_t < K$	$S_t > K$	내재가치 0, 시간가치 감소

주) S_t: 현재시점 t에서의 기초자산가격, K: 옵션행사가격)

시간가치(time value)란 옵션만기일까지 기초자산가격이 옵션매수자에게 유리하게 될 가능성, 즉 옵션매수자가 옵션의 권리를 행사함으로써 수익을 최대한 무한대로 높일 수 있게 될 가능싱에 대한 가치로서, 옵션가격에서 내재가치를 차감한 가치를 말한다. 다시 말해 현재시점에서 옵션의 행사가격이 비록 외가격이라 하더라도, 만기일까지 시간이 존재한다면 그 기간 동안 기초자산의 가격이 변동함으로써 외가격옵션이 다시 가치를 회복하게 될 가능성이 있기 때문에 주어지는 가치를 말하는 것이다. 예를 들어 내재가치가 250만원인 주가지수옵션의 가격이 현재 300만원이라면 50만원(=300만원 - 250만원)이 시간가치가 되는 것이나. 그리고 만기일이 가까워질수록 옵션이 갖고 있는 시간가치는 감소하게 된다. 즉 시간은 옵션가치에 직접적으로 영향을 미치는데, 시간가치는 만기일까지의 기간이 길수록 크지만 만기일까지의 기간이 짧을수록 작아져 만기일에는 결국 0가 된다.

옵션이 내재가치를 갖고 있을 경우는 내가격(ITM: in-the-money)이라고 하고, 이와 반대로 내재가치를 갖고 있지 않을 경우는 외가격

(OTM: out-of-the-money)이라고 하며, 옵션의 행사가격과 기초자산가격이 동일한 경우에는 등가격(ATM: at-the-money)이라고 한다. 이에 따라 시간가치는 내재가치가 없는 등가격옵션이나 외가격옵션인 경우에 발생하는 것이지만, 내재가치를 갖고 있는 내가격옵션에도 존재한다. 특히 등가격옵션인 경우에는 행사가격과 기초자산가격이 동일하기 때문에, 등가격의 옵션가격은 내재가치가 없이 시간가치만 갖게 되며 이 때의 시간가치는 최대치가 된다. 이제까지 살펴본 옵션의 내가격, 등가격, 외가격옵션의 조건과 가치여부는 아래 〈표 6-2〉에 요약되어 있으며, 행사가격이 K인 콜옵션의 가치와 기초자간가격과의 관계는 아래 [그림 6-2]와 같다.

[그림 6-2] 콜옵션의 내재가치와 시간가치

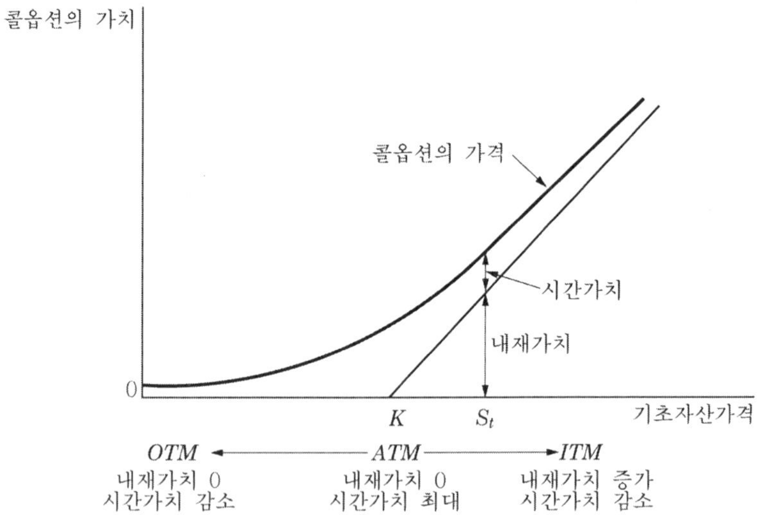

특히 [그림 6-2]를 보면, 콜옵션의 만기가치는 앞서 말한 바와 같이 기초자산가격이 행사가격보다 낮게 되면 0가 되며, 행사가격보다 높을수록 커지게 됨을 알 수 있다. 그리고 만기일 이전의 콜옵션가치와 기

초자산가격과의 관계는 곡선으로 나타나 있으며, 콜옵션의 가치는 내재가치와 시간가치의 합이고, 만기일이 가까워질수록 시간가치는 점감함으로써 만기일에는 0가 됨을 알 수 있을 것이다. 또한 옵션가치 가운데 시간가치는 만기일까지의 잔존기간과 기초자산의 가격변동성 등 다양한 요인에 의해 결정되고 있기 때문에 내재가치와 달리 간단하게 알 수 없는 것이 특징이다.

7) 미청산계약수

미청산계약수(open interest)란 어느 일정시점에 존재하고 있는 옵션계약의 잔고수로서 이미 발행된 옵션 가운데 보유잔고가 정리되지 않았거나 만기일이 도래하지 않은 총계약건수를 말한다. 옵션거래가 증가하게 되면 미청산계약수는 증가하고, 반대매매나 권리행사를 통해 옵션이 청산되면 미청산계약수는 감소한다.

그리고 미청산계약수(open interest)와 거래량(volume)의 차이를 이해하는 것이 매우 중요하다. 즉 거래량은 단순히 선물시장에서 거래된 계약수를 의미하는데 반해, 미청산계약수는 청산을 위한 반대매매의 거래는 계산하지 않고, 새롭게 인도 또는 인수의 의무를 발생시키는 계약의 수만 계산된 것이다.

3. 옵션의 종류

옵션은 매수 또는 매도의 권리내용에 따라 콜옵션과 풋옵션으로 구분된다. 그러나 옵션은 옵션의 기초자산과 권리행사기간 등에 따라 여러 종류로 구분할 수가 있다. 즉 옵션을 행사할 경우 기초자산이 상품이냐 금융상품이냐에 따라 상품옵션(commodity option)과 금융옵션(financial option)으로 구분되며, 기초자산이 현물이냐 선물이냐에 따라 현물옵션(physical option 또는 option on actuals)과 선물옵션(futures option 또는 option on futures)으로 구분된다. 또한 금융옵션은 다시 주식옵션(stock option)과 주가지수옵션, 통화옵션, 금리옵션, 선물옵션 등의 비주식옵션(nonstock option)으로 세분되고 있다. 그리고 옵션의 권리가 행사될 수 있는 기간에 따라 미국형옵션(American option)과 유럽형옵션(European option)으로 구분된다. 아래 〈표 6-3〉을 참조하기 바란다. 여기에서는 콜옵션과 풋옵션, 금융옵션 가운데 주식옵션과 비주식옵션인 주가지수옵션과 선물옵션, 그리고 미국형옵션과 유럽형옵션에 대해 살펴보기로 한다.

〈표 6-3〉 옵션의 종류

구분	상품	구체적 상품
상품옵션	농산물 광산물 축산물	밀, 옥수수, 대두, 커피, 면화, 설탕 등 금, 은, 동, 원유, 알루미늄, 팔라듐, 고무 등 생우, 생돈, 삼겹살 등
금융옵션	주식 주가지수 금리 통화	NYSE상장주식 중 일부 S&P100지수, S&P500지수, Nikkei225지수 등 T-bond, T-note, 지방채권, 유로달러 등 영국 파운드, 일본 엔, 캐나다 달러 등
선물옵션	일반상품 금융상품	상품옵션 대상 중 대부분 금융옵션 대상 중 대부분

1) 콜옵션과 풋옵션

옵션은 매수 또는 매도의 권리내용에 따라 콜옵션과 풋옵션으로 대별된다. 우선 콜옵션(call option)이란 미리 정해 놓은 일정한 기간 내에 미리 정해 놓은 가격(행사가격)으로 기초자산을 매수할 수 있는 권리를 말한다. 이같은 콜옵션을 매수하는 경우는 기초자산의 가격이 옵션만기일 또는 만기일 이내에 행사가격보다 높아질 것으로 예상하는 때일 것이다. 만기시 기초자산가격(S_T)이 행사가격(K)보다 높은 경우는 옵션매수자는 옵션의 권리를 행사함으로써, 기초자산가격과 행사가격과의 차이에서 프리미엄(C)을 차감한 만큼 수익을 얻게 될 것이다. 이와 반대로 만기시 기초자산가격이 행사가격보다 낮은 경우에는 옵션매수자는 옵션의 권리행사를 포기하게 됨으로써, 이미 옵션매도자에게 지급한 프리미엄만큼의 손실을 입게 된다. 따라서 콜옵션매수자는 기초자산가격이 행사가격보다 높을수록 수익이 커지게 됨에 따라, 프리미엄만큼의 제한된 손실을 입는 반면에 무한대 수익가능성의 기회를 갖게 되는 것이다. 한편 콜옵션매도자는 콜옵션매수자의 경우와 정반대의 손익을 얻게 될 것이다.

콜옵션투자에 대한 예를 들어 보자. 향후 시장이 상승할 것으로 예상한 옵션투자자는 2012년 3월 22일 현재, 코스피200지수의 4월물 콜옵션 행사가격 202.5를 콜옵션가격 1.71에 1계약을 매수하였다. 이 때 실제 프리미엄(투자금액)은 1포인트당 50만원이고 1계약이기 때문에 85만 5,000원(1.71 × 50만원 × 1계약)이 된다. 콜옵션매수자는 4월물 만기일인 4월 12일 14시 50분까지 브로커에게 보유옵션을 행사할 것인지에 대해 통보해야 한다. 그런데 4월물 옵션만기일인 4월 12일에 코스피200지수가 205.00포인트로 상승하였다면, 콜옵션매수자와 콜옵션매도자의 수익액과 손실액을 각각 구하라.

콜옵션매수자의 경우는 만기시의 코스피200지수(205.00포인트)가 보유콜옵션의 행사가격(202.5)보다 높기 때문에, 권리행사를 하게 될 것이다. 즉 4월물 옵션만기일의 코스피200지수가 205.00포인트이고 콜옵션의 행사가격이 202.5이기 때문에, 콜옵션매수자는 권리를 행사한다는 말이다. 따라서 다음과 같이 콜옵션매수자의 수익액은 39만 5,000원이 되고, 콜옵션매도자의 손실액은 39만 5,000원이 되는 것이다.

ⓐ 콜옵션매수자의 수익액 = 만기시의 수익액 - 프리미엄
= [(205.00 - 202.5) × 50만원] - (1.71 × 50만원 × 1계약)
= 125만원 - 85만 5,000원
=39만 5,000원

ⓑ 콜옵션매도자의 손실액 = 만기시의 손실액 + 프리미엄
=[(202.5 - 205.00) × 50만원] + (1.71 × 50만원 × 1계약)
=-125만원 + 85만 5,000원
= - 39만 5,000원

다음으로 풋옵션(put option)이란 미리 정해 놓은 일정한 기간 내에 미리 정해 놓은 가격(행사가격)으로 기초자산을 매도할 수 있는 권리를 말하는 것이다. 이같은 풋옵션을 매수하는 경우는 기초자산의 가격이 옵션만기일 또는 만기일 이내에 행사가격보다 낮아질 것으로 예상하는 때일 것이다. 만기시 기초자산가격(S_T)이 행사가격(K)보다 낮은 경우는 옵션매수자는 옵션의 권리를 행사함으로써, 행사가격과 기초자산가격과의 차이에서 프리미엄(P)을 차감한 만큼 수익을 얻게 될 것이다. 이와 반대로 만기시 기초자산가격이 행사가격보다 높은 경우에는 옵션매수자는 옵션의 권리행사를 포기하게 됨으로써, 이미 옵션매도자에게 지급한 프리미엄만큼의 손실을 입게 된다. 따라서 풋옵션매수자는 기초자산가격이 행사가격보다 낮을수록 수익이 커지게 됨에 따라, 프리미엄만큼의 제한된 손실을 입는 반면에 무한대 수익가능성의 기회를 갖게 되는 것이다. 한편 풋옵션매도자는 풋옵션매수자의 경우와 정반대의 손익을 얻게 될 것이다.

풋옵션 투자에 대한 예를 들어 보자. 향후 시장이 하락할 것으로 예상한 옵션투자자는 2012년 3월 22일 현재, 코스피200지수의 4월물 풋옵션 행사가격 202.5를 풋옵션가격 3.05에 1계약을 매수하였다. 이 때 실제 프리미엄(투자금액)은 1포인트당 50만원이고 1계약이기 때문에 152만 5,000원(3.05 × 10만원 × 1계약)이 된다. 풋옵션매수자는 4월물 만기일인 4월 12일 14시 50분까지 브로커에게 보유옵션을 행사할 것인지에 대해 통보해야 한다. 그런데 4월물 옵션만기일인 4월 12일에 코스피200지수가 205.00포인트로 예상과 달리 상승하였다면, 풋옵션매수자와 풋옵션매도자의 수익액과 손실액을 각각 구하라.

풋옵션매수자의 경우는 만기시의 코스피200지수(205.00포인트)가 보유콜옵션의 행사가격(202.5)보다 높기 때문에, 권리행사를 포기하게 될 것이다. 즉 풋옵션매수자는 4월물 옵션만기일의 코스피200지수가 205.00포인트이고 풋옵션의 행사가격이 202.5이기 때문에, 행사가격 202.5에 매도될 리가 없는 것이다. 따라서 풋옵션매수자는 행사가격

202.5에 매도할 수 있는 권리를 행사할 수 없기 때문에, 다음과 같이 자신이 실제로 투자한 금액, 즉 프리미엄 30만 5,000원만큼 손실을 입게 되고, 풋옵션매도자는 풋옵션매수자가 권리를 행사하지 못하게 됨에 따라, 풋옵션매도 당시 받은 프리미엄 30만 5,000원의 수익을 얻게 되는 것이다.

ⓐ 풋옵션매수자의 손실액 = - 프리미엄
= - 3.05 × 50만원 × 1계약
= - 152만 5,000원

ⓑ 풋옵션매도자의 수익액 = + 프리미엄
= 3.05 × 50만원 × 1계약
= 152만 5,000원

그리고 아래 [그림 6-3]은 이상 살펴본 옵션의 만기시 손익구조를 도표화한 것이다.

2) 금융옵션

옵션을 행사할 경우 기초자산이 상품이냐 금융상품이냐에 따라 상품옵션과 금융옵션으로 구분된다. 여기서는 주식옵션과 비주식옵션으로 세분되는 금융옵션 가운데 주식옵션과 비주식옵션 중 주가지수옵션에 대해서만 살펴보기로 한다. 우선 주식옵션과 주가지수옵션이란 미리 정해 놓은 일정기간 내에 미리 약정된 가격으로 기초자산인 주식과 주가지수를 매수하거나 매도할 수 있는 권리를 말한다. 그러나 이 중 기초자산인 주가지수는 무형이어서 인수도의 대상이 될 수 없기 때문에 주가지수옵션은 현금결제를 하게 된다. 즉 우리나라의 코스피200지수 옵션거래에 대한 현금결제는 코스피200지수 1포인당 50만원을 곱한 금액이 된다. 또한 우리나라에서는 대부분의 선진국과 달리 주식옵션의 경우에도 현물결제가 아니라 현금결제를 하고 있다.

[그림 6-3] 옵션의 만기시 손익구조

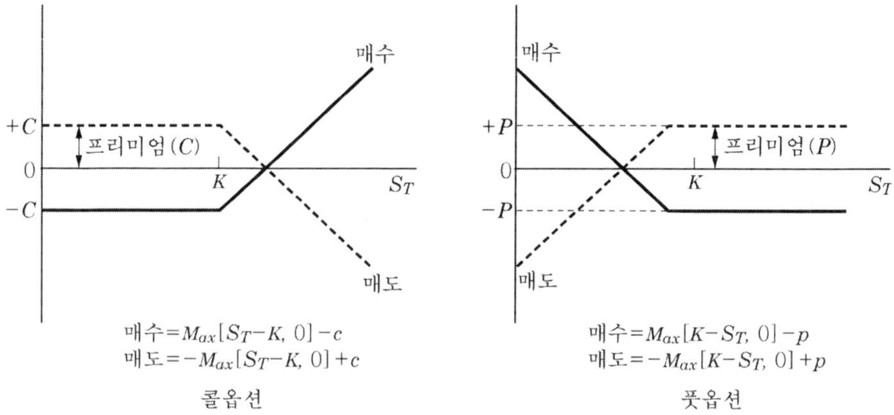

다음으로 선물옵션(future option)이란 옵션의 기초자산이 선물인 옵션을 말한다. 즉 선물옵션은 기초자산이 현물인 현물옵션과 같이, 옵션매수자에게 미리 정해 놓은 일정기간 내에 미리 약정된 행사가격으로 기초자산인 선물을 매수하거나 매도할 수 있는 권리를 부여받은 옵션인 것이다. 다시 말해 선물옵션의 콜옵션매수자가 옵션의 권리를 행사하는 경우는 콜옵션매도자로부터 기초자산인 선물을 매수하여 선물매수포지션을 취하게 됨에 따라, 선물가격이 행사가격을 초과하는 만큼의 수익을 얻게 될 것이다. 이와 반대로 선물옵션의 풋옵션매수자가 옵션의 권리를 행사하는 경우에는 풋옵션매도자에게 기초자산인 선물을 매도하여 선물매도포지션을 취하게 됨에 따라, 행사가격이 선물가격을 초과하는 만큼의 수익을 얻게 되는 것이다. 이같이 선물옵션 권리행사 후의 선물포지션은 아래 〈표 6-4〉에 요약되어 있다. 그리고 선물옵션의 기초자산은 선물거래의 대상이 되는 모든 상품에 대해 가능하다.

〈표 6-4〉 선물옵션 권리행사 후의 선물포지션

	콜옵션	풋옵션
선물옵션매수자	선물매수포지션 (long futures position)	선물매도포지션 (short futures position)
선물옵션매도자	선물매도포지션 (short futures position)	선물매수포지션 (long futures position)

3) 미국형옵션과 유럽형옵션

옵션은 옵션의 권리가 행사될 수 있는 기간에 따라 미국형옵션과 유럽형옵션으로 구분된다. 미국형옵션(American option)이란 옵션만기일 이전에 언제라도 옵션매수자의 의사에 따라 권리행사가 가능한 옵션을 말하며, 유럽형옵션(European option)이란 오로지 옵션만기일에 한해서 권리행사가 가능한 옵션을 말하는 것이다. 따라서 미국형옵션은 유럽형옵션에 비해 그만큼 옵션을 행사할 기회가 많기 때문에, 유럽형옵션의 가격보다 비싼 것이 일반적이다. 이같은 미국형옵션과 유럽형옵션에 대한 비교는 아래 〈표 6-5〉에 요약되어 있다. 그리고 거래되고 있는 옵션의 대부분이 미국형옵션이지만, 우리나라에 개설된 코스피200지수옵션과 주식옵션 등 주식관련옵션, 그리고 미국달러옵션(USD option)은 모두 유럽형옵션에 속한다.

〈표 6-5〉 미국형옵션과 유럽형옵션과의 비교

구분	미국형	유럽형
권리행사	언제라도 가능	거래최종일에 한정
프리미엄	비교적 높음	비교적 낮음
권리행사 위험	크다	작다
매도자의 입장	권리행사 위험은 크지만 프리미엄이 높음	권리행사 위험은 작지만 프리미엄은 낮음
매입자의 입장	포지션의 해소가 언제라도 가능	포지션 해소 기회가 한정됨

제 7 장

옵션가격결정의 기초

본장에서는 옵션의 만기일가치, 옵션가격의 결정요인, 옵션가격의 범위, 그리고 풋-콜 균형이론을 중심으로 살펴보도록 한다.

1. 옵션의 만기일가치

제6장에서 살펴본 바와 같이 콜옵션의 만기가치는 만기일에서의 내재가치이기 때문에, 아래 식(7-1)과 같다.

$$V_T = \text{Max}[S_T - K,\ 0] \qquad (7\text{-}1)$$

다만 V_T: 콜옵션의 만기가치(만기일에서의 내재가치)

S_T: 기초자산의 만기일가격

K : 옵션의 행사가격

위 식(7-1)에 대한 설명은 다음과 같다. 즉 콜옵션의 경우 옵션만기일에 기초자산인 주가지수가 콜옵션의 행사가격보다 높게 되는 경우는 옵션의 권리가 행사되기 때문에, 콜옵션의 만기가치는 주가지수에서 행사가격을 차감한 $(S_T - K)$로서 양(+)의 값을 갖게 된다. 이와 반대로 옵션만기일에 주가지수가 콜옵션의 행사가격보다 낮으면 권리행사가 포기되고 또한 옵션가치는 음(-)의 값을 가질 수 없기 때문에, 콜옵션의 만기가치는 자동적으로 최저치 0가 될 수밖에 없을 것이다. 따라서 위 식 (7-1)인 $V_T = M_{ax}[S_T - K, 0]$는 콜옵션의 만기가치가 0와 기초자산의 만기가격에서 옵션의 행사가격을 차감한 값[1]인 $(S_T - K)$가운데 큰 값(maximum)으로 결정된다는 것을 의미하고 있는 것이다.

예를 들어 옵션투자자 갑은 2012년 2월 10일에 프리미엄 2.50으로 행사가격이 210.0인 3월만기의 콜옵션 1계약을 매수했다고 하자. 만기시 코스피200지수가 210.00포인트 이상이 되면, 콜옵션은 주가지수와 행사가격의 차이만큼의 내재가치를 갖게 될 것이다. 아래 〈표 7-1〉은 이같은 콜옵션의 만기가치를 보여주고 있다.

〈표 7-1〉 코스피200지수와 행사가격, 그리고 콜옵션 만기가치

코스피200지수(S_T)	202.50	207.50	212.50	217.50
행사가격(K)	210.0	210.0	210.0	210.0
콜옵션만기가치(V_T)	0	0	2.50	7.50
콜옵션가격(C)	2.50	2.50	2.50	2.50

2. 옵션가격의 결정요인

옵션프리미엄이라고 불리우고 있는 옵션가격(option price)을 결정하는 주요요인으로서 기초자산의 현재가격, 옵션의 행사가격, 기초자산의 가격변동성, 만기일까지의 기간, 무위험이자율, 배당성향[2](기초자산에 대한 배당) 등의 여섯 가지 변수가 있다. 본장에서는 편의상 유럽형 옵

1) 보다 엄밀하게는 옵션의 행사가격 뿐만 아니라, 이미 지급한 옵션의 프리미엄까지 차감한 값이 될 것이다.

2) 배당성향(propensity to dividend)이란 당기순이익에 대한 현금배당액의 비율로서, 배당지급률 또는 사외분배율이라고도 한다. 그리고 이같은 배당성향은 배당금 지급능력을 나타내 주는 지표로서, 높으면 높을수록 배당금 지급비율이 높다는 것을 나타내고 있다.

션을 대상으로 하여 콜옵션에 대해 이들 여섯 가지 요인들이 옵션가격에 미치는 영향, 즉 옵션가격의 결정요인을 살펴보기로 한다. 여기서 양(+)은 콜옵션가격에 플러스(+)의 영향을 미치며, 음(-)은 콜옵션가격에 마이너스(-)의 영향을 미치고 있는 것을 의미한다. 따라서 콜옵션가격은 아래 식(7-2)와 같이 이같은 여섯 가지 변수에 관한 함수로 나타낼 수 있으며,[3] 또한 이들 변수는 아래 〈표 7-2〉와 같은 양(+)과 음(-)의 영향을 미치고 있다. 그리고 풋옵션의 경우는 콜옵션의 경우와 반대로 생각하면 된다.

$$C = f(S_t,\ K,\ \sigma,\ T-t,\ r,\ d) \tag{7-2}$$

〈표 7-2〉 콜옵션가격의 결정요인

결정요인	콜옵션가격(C)에 미치는 영향
기초자산의 현재가격(S_t)	양(+)
옵션의 행사가격(K)	음(-)
기초자산의 가격변동성(σ)	양(+)
만기일까지의 기간($T-t$)	양(+)
무위험이자율[4](r)	양(+)
배당성향(d)	음(-)

1) 기초자산의 현재가격

옵션가격은 기초자산의 현재가격과 밀접한 관계가 있다. 즉 다른 조건이 동일한 경우 콜옵션가격은 기초자산의 현재가격이 높을수록 상승하고 기초자산의 현재가격이 낮을수록 하락한다. 왜냐하면 옵션가격은 내재가치와 시간가치를 더한 값으로, 콜옵션의 내재가치는 주가지수가 상승함에 따라 증가($S_t - K$)하기 때문이다. 그리고 시간가치는 권리행

3) 콜옵션가격의 구체적인 함수형태는 제8장에서 설명하기로 한다.
4) 무위험이자율이란 화폐의 시간적 가치를 고려한 것으로서 투자에 위험이 없는 순수한 투자의 기대수익률을 말하며, 무위험수익률 또는 순수이자율(pure interest rate)이라고도 한다. 정기예금, 국채, 보증사채 등의 이자율이 무위험이자율에 해당된다.

사가격(K 또는 ATM)에서 최대가 되고 이와 멀어질수록, 즉 내가격(ITM)과 외가격(OTM)이 될수록 점감함으로써, 아래 [그림 7-1]과 같이 된다.

[그림 7-1] 기초자산(주식)가격과 시간가치(콜옵션의 경우)

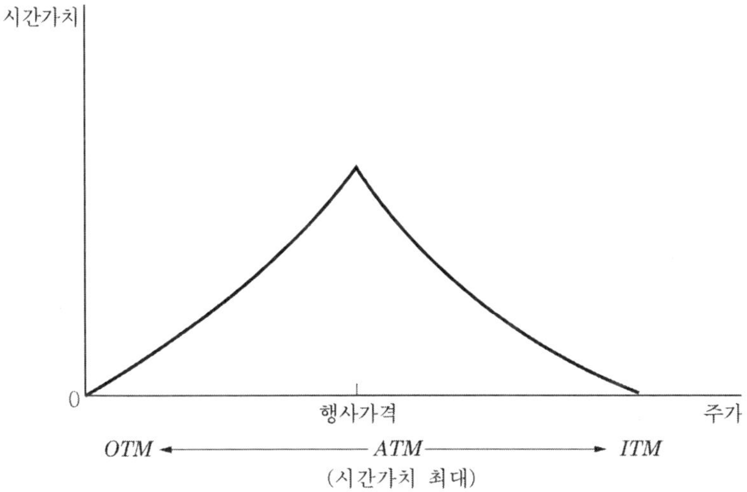

그러나 주가지수의 변동에 대한 옵션가격변동의 비율은 주가지수 수준에 따라 다르다. 즉 콜매수의 경우 주가지수가 행사가격을 크게 하회하면, 즉 행사가격이 주가지수보다 위로 멀리 떨어져 있을수록 주가지수가 상승(하락)하더라도 옵션가격은 거의 상승(하락)하지 않을 것이다. 왜냐하면 주가지수가 행사가격을 크게 하회하는 경우는 콜옵션가격은 이미 0에 가까이 있는 관계로, 콜옵션가격의 주가지수탄력성이 낮아지기 때문이다. 이와 반대로 주가지수가 행사가격을 크게 상회하면, 즉 행사가격이 주가지수보다 아래로 멀리 떨어져 있을수록 주가지수가 상승(하락)하면 옵션가격은 주가지수의 상승(하락)과 거의 같을 정도로 상승(하락)하게 된다. 왜냐하면 주가지수가 행사가격을 크게 상회하는 경우에는 콜옵션가격은 이미 상당히 높은 수준에 있는 관계로, 콜옵션가격의 주가지수탄력성이 높아지기 때문이다.

2) 행사가격

콜옵션의 가격은 $S_t - K$이기 때문에 행사가격(K)이 낮을수록 상승하고, 이와 반대로 행사가격이 높을수록 하락하게 될 것이다. 이는 콜옵션의 행사가격이 낮을수록 기초자산의 가격(S_t)이 행사가격보다 높아지게 될 가능성이 높다는 것을 의미하는 것이다. 이같이 콜옵션가격은 행사가격의 감소함수가 된다. 그리고 예를 들어 미국형옵션인 경우, 현재 코스피200지수가 200.00포인트일 때 행사가격이 195.0인 코스피200지수의 콜옵션 1계약의 권리를 행사한다는 것은 현재 200.00포인트인 코스피200지수를 195.0으로 1계약 매수하게 되는 것을 의미하기 때문에, 기초자산의 현재가격이 행사가격보다 높다면 콜옵션 1계약의 권리를 행사함으로써 250만원{=(200.00 - 195.0) × 50만원 × 1계약}의 수익을 얻게 되는 것이다. 이와 반대로 행사가격이 207.5인 코스피200지수 콜옵션의 권리를 행사한다는 것은 현재 200.00포인트인 코스피200지수를 207.5로 매수하는 권리를 행사하겠다는 것을 의미하기 때문에, 기초자산의 현재가격이 행사가격보다 낮다면 콜옵션의 권리행사를 포기하고 콜옵션매수 프리미엄만 손해 보는 것이 유리하게 될 것이다.

3) 기초자산의 가격변동성

기초자산의 가격변동성(분산 또는 표준편차)이 커질수록 콜옵션가격은 상승하고, 기초자산의 변동성이 작아질수록 콜옵션가격은 하락하게 될 것이다. 왜냐하면 기초자산가격의 분포가 넓을수록 옵션가격의 변동성도 커지기 때문이다. 즉 기초자산변동성이 크다는 것은 기초자산의 가격이 위아래로 크게 변동한다는 것을 의미하기 때문에, 기초자산가격이 행사가격보다 높을수록 상승한 기초자산의 가격과 옵션의 행사가격과의 차이만큼 옵션수익은 이론적으로 무한대가 될 수 있는 것이고, 기초자산가격이 행사가격보다 낮을수록 옵션손실은 그 차이의 대소에 불구하고 옵션프리미엄으로 제한될 것이다.

그리고 기초자산의 가격변동성이 커(작아)짐에 따라 옵션의 시간가치도 높아지게(낮아지게) 될 것이다. 이같은 시간가치의 상승폭(하락폭)은 주가지수가 행사가격에 근접함에 따라 커지게 되고, 주가지수가 행사가격과 동일할 때(ATM) 최대가 된다. 이와 반대로 이같은 시간가치와의 상승폭(하락폭)은 주가지수가 행사가격에서 멀어질수록(ITM과 OTM이 될수록) 작아지게 될 것이다. 기초자산의 가격변동성과 시간가치와의 관계에 대해서는 아래 [그림 7-2]에 도표화되어 있다.

[그림 7-2] 기초자산의 가격(주식)변동성과 시간가치(콜옵션의 경우)

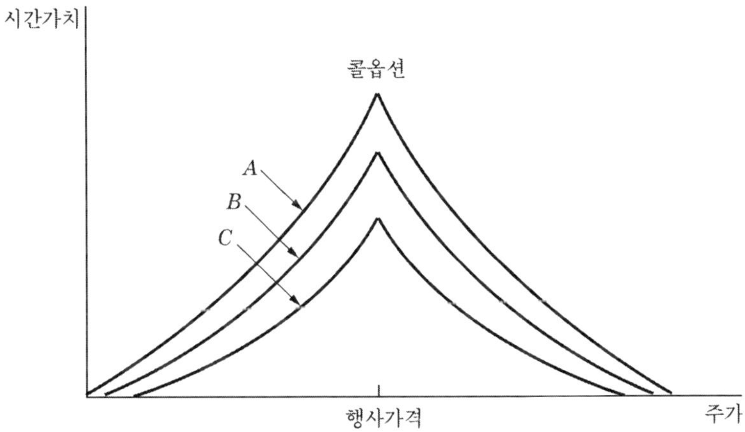

주) A, B, C는 변동성이 각각 20%, 15%, 10%

4) 만기일까지 남은 기간

콜옵션가격은 잔존만기가 길수록 상승하고, 이와 반대로 잔존만기가 짧아질수록 하락하게 된다. 이같은 옵션의 잔존만기는 두 가지 측면에서 영향을 미치고 있다.

첫째, 기초자산의 가격변동성 증대효과이다. 즉 잔존만기가 길수록 만기일까지 예상되는 기초자산의 가격변동이 커지게 됨으로써 기초자산의 시장가격이 행사가격과 달라지게 될 가능성이 높아진다. 콜옵션의 경우 기초자산인 주가지수가 행사가격과 달라져 행사가격보다 높아지면 옵션가격은 상승하게 된다. 이와 반대로 주가지수가 행사가격보다 낮아질수록 옵션가격은 하락하게 될 것이다.

둘째, 옵션행사가치의 하락효과이다. 즉 옵션의 잔존만기가 길어질수록 옵션만기일(행사시점)에 지급되는 행사가격의 현재가치($K/(1+r)^{T-t}$)가 작아지게 된다. 이에 따라 콜옵션을 행사함으로써 행사가격으로 지급하게 되는 금액은 상대적으로 적은 금액이 될 것이다. 이는 보다 낮은 금액으로 기초자산을 매수할 수 있는 권리를 갖게 되는 것을 의미하는 것이다. 이같이 행사가격의 현재가치의 하락효과로 인해, 콜옵션가격은 잔존만기가 길어질수록 상승하게 되는 것이다.

그리고 콜옵션의 시간가치는 시간이 경과함에 따라 점차 하락하게 됨에 따라, 만기일에서의 시간가치는 0가 된다. 이같은 잔존만기와 시간가치와의 관계는 아래 [그림 7-3]에 도표화되어 있다.

[그림 7-3] 잔존만기와 시간가치

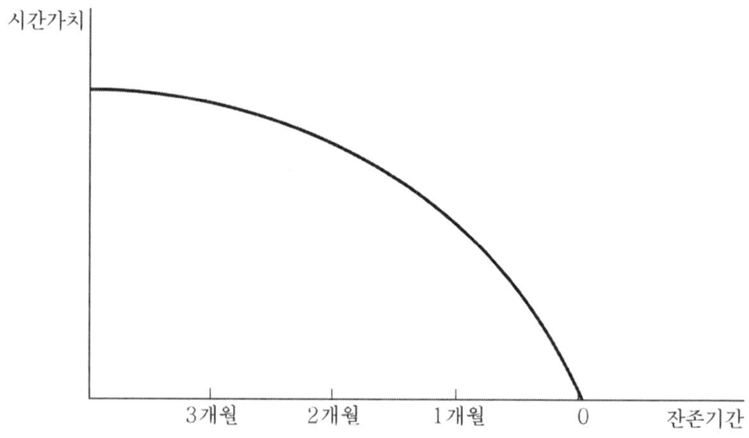

5) 무위험이자율

무위험이자율이 상승하는 경우는 콜옵션가격은 상승하고, 이와 반대로 무위험이자율이 하락하는 경우에는 콜옵션가격은 하락하게 된다. 왜냐하면 행사가격의 현재가치[$K/(1+r)^{T-t}$]는 이같은 무위험이자율과 반비례하기 때문에, 무위험이자율이 상승하면 행사가격의 현재가치가 작아짐에 따라 콜옵션의 가격은 상승하게 되는 것이다. 즉 콜옵션의 가격은 무위험이자율의 변동과 정의 상관관계에 있는 것이다.

6) 배당성향

배당성향은 당기순이익에 대한 현금배당액의 비율로서 배당지급률이라고도 하는데, 이같은 배당성향이 높은 경우는 배당량만큼 콜옵션의 가격은 하락하고, 이와 반대로 배당성향이 낮은 경우에는 콜옵션의 가격은 상승하게 된다. 왜냐하면 일반적으로 높은 배당성향은 주가에 악영향을 미침으로써 주가를 하락시키는 경향이 있기 때문이다. 그러나 옵션보유자는 주식을 보유하고 있는 것이 아니기 때문에, 기초자산에 대한 배당이 지급되는 경우 이같은 배당을 받을 권리가 없는 것이다. 따라서 이같은 배당은 기초자산의 가격을 하락시키는 역할만 하게 됨에 따라, 콜옵션의 가격만 하락시키게 된다.

3. 옵션가격의 범위

이론적으로 옵션가격이 과연 어느 범위 내에 있어야 되는가에 대해 콜옵션을 중심으로 살펴보기로 한다. 현재시점 t에서 기초자산가격을 S_t, 만기일이 T, 행사가격이 K인 유럽형 콜옵션가격을 C, 그리고 현금수입은 없다고 가정하면, 콜옵션의 가격은 기본적으로 다음과 같은 범위 내에 있다. 그리고 풋옵션의 가격범위도 콜옵션의 가격범위와 같이 결정된다.

첫째, 콜옵션의 가격은 적어도 0이거나 양수이다($C \geq 0$). 즉 콜옵션은 하나의 권리에 불과하기 때문에, 기초자산인 주가지수가 행사가격보다 높아서 콜옵션가격이 양(+)의 값을 갖는 경우 이외의 불리한 경우에는 콜옵션의 권리행사를 포기하면 될 것이며, 이 때 콜옵션가격은 0가 될 것이다. 이같이 콜옵션은 기초자산가격이 행사가격보다 높은 경우에만 콜옵션의 권리가 행사되기 때문에, 콜옵션가격은 음(-)의 값이 될 수 없다.

그러나 만기일 이전에는 비록 외가격의 옵션가격이라고 하더라도 일반적으로 0보다 큰 값을 갖는다. 왜냐하면 현재 주가지수가 200.00포인트이며 콜옵션의 행사가격이 210.0인데 내일이 옵션만기일이라고 하면 내일 기초자산의 가격이 추가하락한다 하더라도 옵션행사만 포기하면 추가적인 자금부담이 없어 추가적인 손실을 입게 될 가능성이 없는데다, 내일 주가지수가 210.00포인트 이상으로 상승하게 될 가능성은 거의 없겠지만 실제로 상승하는 경우에는 옵션이 가격을 다시 회복하게 됨으로써 옵션의 권리를 행사함에 따라 수익을 얻게 될 가능성이 조금이라도 있기 때문이다.

둘째, 콜옵션의 가격은 기초자산가격보다 높을 수 없다($C \leq S_t$). 즉 콜옵션은 미리 정해 놓은 가격, 즉 행사가격으로 기초자산을 매수할 수 있는 권리를 옵션매수자에게 주는 것이기 때문에, 옵션가격이 기초자산가격보다 높을 수가 없는 것이다. 그리고 이는 콜옵션가격의 상한치가 될 것이다.

셋째, 만기일 이전 까지 콜옵션가격은 기초자산가격에서 행사가격의 현재가치를 차감한 값 이상이어야 한다[$C \geq S_t - Ke^{-r(T-t)}$]. 여기서 $Ke^{-r(T-t)}$은 행사가격 K를 무위험이자율로 할인함으로써 현재가치화한다는 것을 의미한다.

이제 두 가지의 포트폴리오를 구성함으로써 그 가치를 비교해 보자. 포트폴리오 A의 경우는 C의 가격을 주고 행사가격이 K이고 만기가 T인 유럽형 콜옵션 1계약을 매수하는 동시에, 만기시 상환액면금액이 행사가격과 같은 K이고 만기가 T인 무위험할인채를 매수한다. 이 때 채권의 매수가격은 현재가치인 $Ke^{-r(T-t)} = K/(1+r)^{T-t}$[5]가 될 것이

5) $Ke^{-r(T-t)} = K/(1+r)^{T-t}$에 대해서는 제3절 옵션의 가격결정모형에서 설명할

다. 그리고 포트폴리오 B의 경우에는 S_t의 금액으로 기초자산인 주가지수를 매수한다.

옵션의 만기이면서 채권의 만기인 T기간 후에 기초자산인 주가지수가 옵션의 행사가격보다 높은 경우($S_T \geq K$)는 콜옵션 1계약의 권리가 행사되기 때문에, 포트폴리오 A의 만기가치는 채권매수에 의해 얻은 만기상환액면금액 K를 옵션의 행사가격으로 주고 기초자산인 주가지수를 매수하게 됨에 따라 S_T가 될 것이다. 그리고 포트폴리오 B의 만기가치도 S_T가 됨으로써 포트폴리오 A의 만기가치와 같게 된다.

이와 반대로 만기일에 기초자산가격이 옵션의 행사가격보다 낮은 경우($S_T < K$)에는 콜옵션 1계약의 권리행사가 포기될 것이기 때문에, 포트폴리오 A의 만기가치는 채권매수에 의해 얻은 만기상환액면금액 K가 될 것이다. 그리고 포트폴리오 B의 만기가치는 만기시 기초자산인 주가지수가 S_T가 된다. 그런데 포트폴리오 B의 만기가치 S_T는 만기일에 기초자산가격이 옵션의 행사가격보다 낮은 경우($S_T < K$)이기 때문에, 옵션의 행사가격이면서 채권의 만기가치인 동시에 포트폴리오 A의 만기가치인 K보다 작은 금액이 될 수밖에 없는 것이다.

다음의 〈표 7-3〉에서 보는 바와 같이 이같은 두 가지 포트폴리오의 가치를 비교(콜옵션의 경우)해 보면, 만기일에 기초자산인 주가지수가 어떤 상태가 되든지 간에 포트폴리오 A의 만기가치(Max[S_t, K])가 적어도 포트폴리오 B의 만기가치(S_T)보다 크다는 사실을 알 수 있다. 이에 따라 만기일 이전 까지 포트폴리오 A의 현재가치[$C+Ke^{-r(T-t)}$]도 적어도 포트폴리오 B의 현재가치(S_t)보다 커야 할 것이다. 즉 아래 식(7-3)이 성립해야 되는 것이다.

$$C+Ke^{-r(T-t)} \geq S_t$$
$$C \geq S_t - Ke^{-r(T-t)} \qquad (7\text{-}3)$$

것이다.

〈표 7-3〉 두 가지 포트폴리오의 가치 비교(콜옵션의 경우)

포트폴리오	현재가치	만기가치	
		$S_T \geq K$	$S_T < K$
A	$C+Ke^{-r(T-t)}$	$(S_T-K)+K$	K
B	S_t	S_T	S_T
A-B	$C+Ke^{-r(T-t)}-S_t \geq 0$	0	$(K-S_T)>0$

넷째, 콜옵션가격 $C \geq \text{Max}[S_t - Ke^{-r(T-t)},\ 0]$이어야 한다. 이는 콜옵션가격의 하한치가 될 것이다. 그리고 이같은 조건은 상기한 첫째와 셋째 조건에 의해 도출된다. 즉 콜옵션가격은 0보다 크며, 기초자산가격에서 행사가격의 현재가치를 차감한 값 이상이어야 하는 것이다. 이와 반대로 풋옵션가격의 하한치는 다음과 같음을 알 수 있을 것이다.

$$P \geq \text{Max}[Ke^{-r(T-t)} - S_t,\ 0] \qquad (7\text{-}4)$$

다섯째, 미국형 콜옵션의 가격은 유럽형 콜옵션의 가격보다 높아야 한다($AC>EC$). 왜냐하면 미국형 옵션은 유럽형 옵션과 달리, 만기일 이전에 조건만 맞는다면 언제든지 옵션의 권리행사가 될 수 있어 수익을 얻을 기회가 훨씬 많기 때문이다.

4. 풋-콜 균형이론

1) 풋-콜 패리티

풋-콜 패리티(put-call parity)란 어떤 만기에 어떤 행사가격의 콜옵션을 매수하면서 만기에 행사가격(채권원금)을 받기로 하고 현재시점에서 무위험채권을 매수하는 경우와 어떤 기초자산을 매수하면서 이같은 기초자산에 대해 상기한 콜옵션과 같은 만기에 같은 행사가격의 풋옵션을 매수하는 경우의 투자수익률이 같다는 것을 말한다. 즉 현재시점 t에서 기초자산가격을 S_t, 만기일이 T인 선물가격을 F_t, 만기일이 T이고 행사가격이 K인 유럽형 콜옵션가격을 C, 유럽형 풋옵션가격을 P, 그리고 현금수입은 없다고 가정하면, 이같은 두 가지 투자전략에 대해 시간가치를 감안한 풋-콜 패리티는 아래 식(7-5)와 같다.

$$C + Ke^{-r(T-t)} = S_t + P \qquad (7\text{-}5)$$

이제 두 가지의 포트폴리오를 구성함으로써 그 가치를 비교해 보자. 포트폴리오 A의 경우는 C의 가격을 주고 행사가격이 K이고 만기가 T인 유럽형 콜옵션 1계약을 매수하는 동시에, 만기시 상환액면금액이 K이고 만기가 T인 무위험할인채를 매수한다. 이 때 채권의 매수가격은 현재가치인 $Ke^{-r(T-t)} = K/(1+r)$[6]가 될 것이다. 그리고 포트폴리오 B의 경우에는 S_t의 금액으로 기초자산인 주가지수를 매수하면서 상기한 콜옵션과 같은 만기에 같은 행사가격의 풋옵션 1계약을 매수한다.

옵션의 만기이면서 채권의 만기인 T기간 후에 기초자산인 주가지수가 옵션의 행사가격보다 높은 경우($S_T \geq K$)는 콜옵션 1계약의 권리가 행사되기 때문에, 포트폴리오 A의 만기가치는 채권매수에 의해 얻은 만기상환액면금액 K를 옵션의 행사가격으로 주고 기초자산인 주가지수를 매수하게 됨에 따라 S_T가 될 것이다. 그리고 포트폴리오 B의 만기가치도 풋옵션 1계약의 권리행사가 포기됨으로써 S_T가 됨에 따라 포트폴리오 A의 만기가치와 같게 된다.

이와 반대로 만기일에 기초자산가격이 옵션의 행사가격보다 낮은 경우($S_T < K$)에는 콜옵션 1계약의 권리행사가 포기될 것이기 때문에, 포트폴리오 A의 만기가치는 채권매수에 의해 얻은 만기상환액면금액 K가 될 것이다. 그리고 포트폴리오 B의 만기가치는 풋옵션 1계약의

6) $Ke^{-r(T-t)} = K/(1+r)^{T-t}$에 대해서는 제8장 옵션의 가격결정모형에서 설명할 것이다.

권리행사로 인한 $(K-S_T)$에다가 만기시 기초자산인 주가지수 S_T를 더해줌으로써 포트폴리오 A와 같이 K가 된다.

아래 〈표 7-4〉에서 보는 바와 같이 이같은 두 가지 포트폴리오의 가치를 비교(콜옵션의 경우)해 보면, 만기일에 기초자산인 주가지수가 어떤 상태가 되든지 간에 포트폴리오 A의 만기가치와 포트폴리오 B의 만기가치는 모두 Max$[S_T, K]$가 됨으로써 동일하다는 사실을 알 수 있다. 이에 따라 만기일 이전 까지 포트폴리오 A의 현재가치 $[C+Ke^{-r(T-t)}]$와 포트폴리오 B의 현재가치(S_t+P)도 동일해야 할 것이다. 즉 풋-콜 패리티인 위 식(7-5)가 성립해야 되는 것이다.

〈표 7-4〉 두 가지 포트폴리오의 가치 비교(콜옵션의 경우)

포트폴리오	현재가치	만기가치	
		$S_T \geq K$	$S_T < K$
A	$C+Ke^{-r(T-t)}$	$(S_T-K)+K$	K
B	$S_t + P$	S_T	$(K-S_T)+S_T$
A-B	$C+Ke^{-r(T-t)}-S_t-P=0$	0	0

그리고 이같은 풋-콜 패리티를 이용함으로써 다양한 합성포지션을 만들 수 있다. 예를 들어 풋-콜패리티인 위 식(7-5)에 나타나 있는 콜옵션과 기초자산으로 구성된 포트폴리오에 의해, 풋옵션이 아래 식(7-6)과 같이 만들어지는 것이다.

$$P=C-S_t+Ke^{-r(T-t)} \tag{7-6}$$

여기서 포트폴리오보험에 대해 간단히 살펴보면 다음과 같다. 포트폴리오보험(portfolio insurance)이란 시장이 하락하는 경우는 기보유현물 포트폴리오의 손실을 일정수준 내에서 제한시키며, 시장이 상승하는 경우에는 기보유포트폴리오가치도 상승하도록 하는 투자전략을 말한다. 대표적인 포트폴리오보험의 방법에는 이미 보유하고 있는 현물포트폴리오에 대해 풋옵션을 매수하는 방법이 있으며 이에 대한 단점을 보완하기 위해 동적자산재구성을 사용하고 있다. 동적자산재구성이란 자산을 가격변동이 큰 위험자산과 가격변동이 거의 없는 무위험자산으로 구분함으로써, 위험자산의 가격이 상승하여 보유포트폴리오가치가 증가할 경우는 위험자산의 보유를 증가시키며 무위험자산의 보유를 감소시킨다. 이와 반대로 위험자산의 가격이 하락하여 포트폴리오가치가 감소할 경우에는 위험자산의 보유를 감소시키는 대신 무위험자산의 보유를 증가시키는 투자전략을 말한다.

이제 현물포트폴리오를 보유한 상태에서 풋옵션을 매수하는 일반적인 포트폴리오보험의 방법을 사용하는 경우를 살펴보면 다음과 같다. 위 식(7-5)를 변형시킨 아래 식(7-7)에서 보는 바와 같이 좌변은 풋옵션으로 보험을 든 현물포지션, 즉 포트폴리오보험을 의미하고 우변은 [$N(d_1)$]개의 현물포지션과 [1-$N(d_2)$]개의 액면가 K인 무이표채로 구성된 포트폴리오를 의미하고 있을 뿐 아니라, 이같은 좌변포트폴리오의 값과 우변포트폴리오의 값이 같다는 것을 알 수 있다. 그리고 위험자산인 현물의 가격이 상승하게 되는 경우는 $N(d_1)$이 커지고 [1-$N(d_2)$]가 작아지기 때문에, 현물보유를 증가시키고 무이표채보유를 감소시키게 될 것이다. 이와 반대로 위험자산인 현물의 가격이 하락하게 되는 경우에는 $N(d_1)$이 작아지고 [1-$N(d_2)$]가 커지기 때문에, 현물보유를 감소시키고 무이표채보유를 증가시키게 되는 것이다. 즉 포트폴리오보험은 현물가격의 변동에 의해 현물과 무이표채의 편입정도를 동적으로 조정함으로써 마치 현물에 풋옵셔을 매수하는 효과를 내는 투자전략인 것이다. 이같은 포트폴리오보험전략 가운데 가장 단순한 형태는 제10장에서 살펴보게 되는 보호적 풋매수전략(protective put stratege)이다.

$$
\begin{aligned}
S_t + P &= C + Ke^{-r(T-t)} \\
&= S_t \times N(d_1) - K \times e^{-r(T-t)} \times N(d_2) + Ke^{-r(T-t)} \\
&= S_t \times N(d_1) + K \times e^{-r(T-t)}[1 - N(d_2)] \qquad (7\text{-}6)
\end{aligned}
$$

[∵ 제8장의 블랙-숄즈의 옵션가격결정모형의 식(8-12)]

2) 풋-콜-선물 패리티

풋-콜-선물 패리티(put-call-futures parity)란 어떤 선물에 대해 같은 만기에 같은 행사가격의 유럽형 콜옵션과 풋옵션이 거래되는 경우 풋옵션가격, 콜옵션가격, 선물가격 간에는 이론적으로 아래 식(7-8)이 성립하게 되는데, 이를 풋-콜-선물 패리티라고 한다.

$$C - P = (F_t - K)e^{-r(T-t)} \qquad (7\text{-}8)$$

이제 포트폴리오를 구성하여 포트폴리오의 현재가치와 만기가치를 비교해 보자. 포트폴리오는 선물 1계약을 F_t에 매수하며, 행사가격이 K인 선물풋옵션 1계약을 P에 매수하고, 같은 행사가격 K인 선물콜옵션 1계약을 C에 매도하면서 만기시 상환액면금액이 $(F_t - K)$이고 만기가 T인 무위험할인채를 매수한다. 이 때 채권의 매수가격은 현재가치인 $(F_t - K)e^{-r(T-t)} = (F_t - K)/(1+r)^{T-t}$가 될 것이다. 그리고 이 같은 포트폴리오의 현재가치는 $P - C + (F_t - K)e^{-r(T-t)}$가 된다.

아래 〈표 7-5〉에서 보는 바와 같이 이같은 포트폴리오의 현재가치와 만기가치를 비교해 보면, 만기일에 기초자산인 선물가격이 어떤 상태가 되든지 간에 포트폴리오의 만기가치는 0으로 동일하다는 사실을 알 수 있다. 이에 따라 만기일 이전 까지 포트폴리오의 현재가치도 0가 되어야 할 것이다. 즉 풋-콜-선물 패리티인 위 식(7-8)이 성립해야 되며, 이로 인해 콜옵션가격과 풋옵션가격과의 차이는 선물가격과 행사가격 차이의 현재가치와 같다는 것을 알 수 있다.

〈표 7-5〉 풋-콜-선물 패리티

포트폴리오	현재가치	만기가치	
		$F_T \geq K$	$F_T < K$
선물매수(F_t)	0	$F_T - F_t$	$F_T - F_t$
선물풋옵션 매수	P	0	$K - F_T$
선물콜옵션 매도	$-C$	$-(F_T - K)$	0
무위험할인채	$(F_t - K)e^{-r(T-t)}$	$F_t - K$	$F_t - K$
합 계	$P - C + (F_t - K)e^{-r(T-t)} = 0$	0	0

3) 풋-콜 패리티의 변형

풋-콜 패리티는 위 식(7-5)를 아래 식(7-9)로 조금 변형시키면, 어떤 만기에 어떤 행사가격의 콜옵션의 가치가 이와 같은 만기에 같은 행사가격의 풋옵션가치에 의해 구할 수 있음을 알 수 있다.

$$C = S_t + P - Ke^{-r(T-t)} \tag{7-9}$$

그리고 위 식(7-9)를 아래 식(7-10)으로 조금 변형시키면, 기초자산이 주가지수일 경우 행사가격과 같은 등가격 콜옵션의 가치는 등가격 풋옵션의 가치보다 높다는 사실을 알 수 있다. 또한 이같은 등가격옵션일 때는 $S = K$가 되기 때문에, 아래 식(7-10)은 다시 식(7-11)이 된다.

$$C - P = S_t - Ke^{-r(T-t)} \tag{7-10}$$

$$C - P = S_t - Se^{-r(T-t)} \tag{7-11}$$

이 때 무위험이자율 r이 일반적으로 0의 값이 아니기 때문에, 위 식들의 우변은 항상 0보다 큰 값이 될 것이다. 그리고 아래 〈표 7-6〉에는 이같이 풋-콜 패리티를 이용함으로써 합성할 수 있는 여러 가지 포지션을 만들어 주고 있다. 즉 이같은 풋-콜 패리티를 이용함으로써 어떤 기초자산과 행사가격을 갖고 있는 콜옵션의 가치가 이와 같은 기초자산과 행사가격을 갖고 있는 풋옵션의 가치에서 구해질 뿐만 아니라, 여러 가지 포지션이 콜옵션과 풋옵션의 조합에 의해 구해질 수 있는 것이다.

〈표 7-6〉 풋-콜 패리티의 여러가지 변형

포지션	Put-Call Parity의 변형
+C	$+P+S-Ke^{-r(T-t)}$
+P	$+C-S+Ke^{-r(T-t)}$
+S	$+C-P+Ke^{-r(T-t)}$
-S	$-C+P-Ke^{-r(T-t)}$

제 8 장

옵션의 가격결정모형

본장에서는 옵션의 가격결정모형으로서 이항분포모형과 위험중립형 옵션가격결정, 그리고 블랙-숄즈모형을 중심으로 살펴보도록 한다.

1. 이항분포모형

이항분포(binominal distribution)모형이란 John Cox와 Stephen Ross의 도움을 받아 Mark Rubinstein이 1979년에 정형화시킨 옵션가격결정이론으로서, 기초자산인 주식의 가격이 현재가격을 기준으로 일정한 비율로 상승하거나 하락하는 두 가지 형태로 변동하는 경우 옵션가격을 결정하는 이항옵션가격결정모형을 말한다. 즉 주가의 변동이 한번만 발생하는 1기간(예를 들어 1년)에서의 콜옵션가격을 살펴보고, 다음으로 주가의 변동이 두 번 발생하는 경우에서의 콜옵션가격을 살펴본다. 그리고 이같은 모형을 일반화시킴으로써 현실적으로 주가의 상승과 하락이 무수히 발생하는 경우 콜옵션의 가격이 어떻게 변동하는가에 대해 살펴보고자 하는 것이다.

풋옵션의 가격은 제7장에서 살펴본 풋-콜 패리티에 의해 콜옵션의 가격이 결정되면 구할 수 있다. 그러나 이같은 이항분포모형을 이용하더라도 콜옵션가격을 유도하는 경우와 동일한 방법으로 풋옵션의 가격을 구할 수 있을 것이다.

그러나 주가변동이 상승과 하락의 두 가지 형태로만 나타나는 경우를 가정하고 있는 옵션의 가격결정모형인 이항분포모형은 주가변동이 이산적(discrete)으로 나타나는 것으로 가정하고 있고, 장래주가의 분포를 일정한 비율로 상승과 하락만 하는 것으로 가정하는 등 매우 제한적인 경우에만 사용가능한 것이라 할 수 있을 것이다.

본장에서 사용하는 기호의 내용은 다음과 같다.

S: 기초자산인 주식의 현재가격
u: 주가가 상승하는 경우의 상승배수($u \geq 1$)
d: 주가가 하락하는 경우의 하락배수($d \leq 1$)
r: 1+무위험이자율
C: 콜옵션의 현재가격
P: 풋옵션의 현재가격
K: 행사가격
q: 주가가 상승할 확률
$1-q$: 주가가 하락할 확률

1) 콜옵션의 가격결정모형

(1) 주가가 한번만 변동하는 경우

옵션의 기초자산인 주식의 가격이 한번만 변동함으로써, 즉 현재의 주가 S로부터 (1+주가상승률)인 u만큼 상승하여 uS가 되거나 (1-주가하락률)인 d만큼 하락하여 dS가 된다고 하자. 그리고 주가가 상승할 확률은 q이고, 주가가 하락할 확률은 $1-q$로 예상된다고 하자. 이에 따라 주식의 현재가격은 다음과 같이 변동될 것이다.

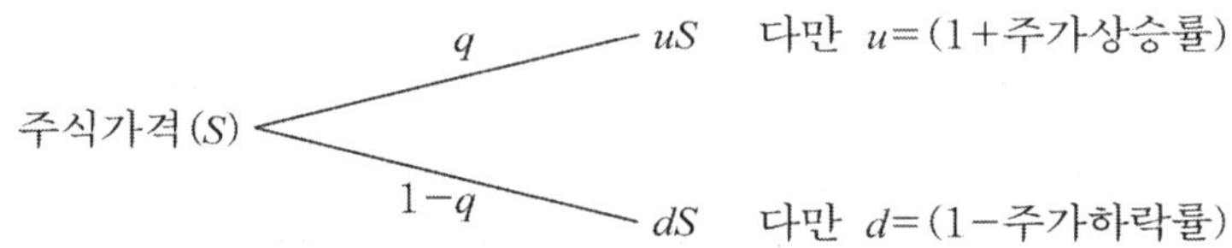

이같은 주식을 기초자산으로 하고 행사가격이 K인 콜옵션이 현재 C의 가격으로 발행되었을 때, 주가가 상승한 경우의 콜옵션가치 C_u와 주가가 하락한 경우의 콜옵션가치 C_d는 다음과 같이 변동될 것이다.

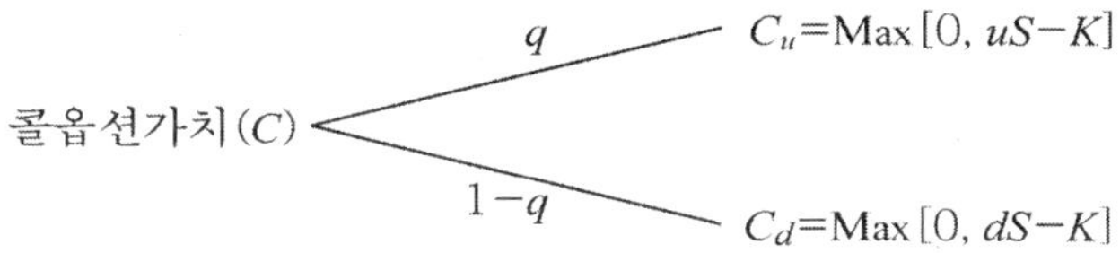

주가가 상승과 하락의 두 가지 형태로만 나타나는 경우 주식가치의 변동과 콜옵션가치의 변동이 상기와 같이 예상되면, 현재 주식을 매수하면서 콜옵션을 발행함으로써 무위험 헤지포트폴리오를 구성할 수 있을 것이다. 즉 현재 주식 1주를 매수하면서 콜옵션을 m단위 발행하는 포트폴리오를 구성하게 될 것이다. 이 때 주가가 변동한 1기간 후에 포트폴리오의 가치는 다음과 같게 된다.

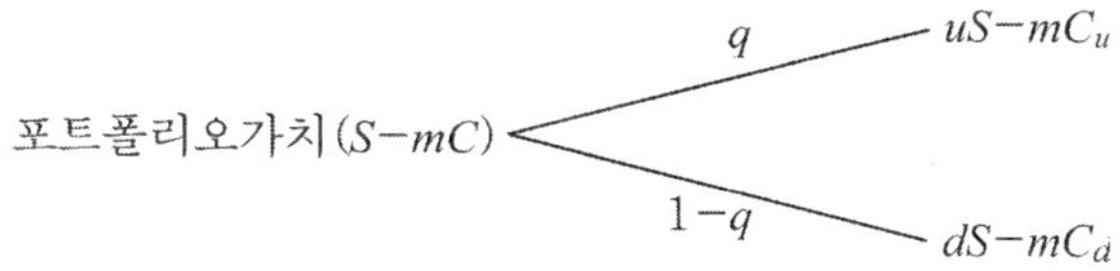

무위험 헤지포트폴리오란 옵션가격결정모형의 한 형태로서, 향후 주가의 변동과 관계없이 항상 일정액의 수익을 얻을 수 있도록 기초자산과 콜옵션매도를 결합하는 포트폴리오 전략을 말한다. 따라서 이같은 포트폴리오가 무위험 헤지포트폴리오가 되기 위해서는 주가가 상승하는 경우나 하락하는 경우 포트폴리오 가치는 일정하게 유지되어야 된다. 따라서 $(uS\text{-}mC_u)=(dS-mCd)$가 성립해야 될 것이다. 그리고 이같은 조건을 만족시키기 위해 발행해야 하는 콜옵션의 수를 아래 식 (8-1)과 구하면 다음과 같다.

$$uS - mC_u = dS - mCd$$

$$m = \frac{S(u-d)}{Cu - Cd} \qquad (8\text{-}1)$$

이 때 발행하는 콜옵션의 수 m을 헤지비율(hedge ratio)이라고 한다. 즉 이같은 헤지비율이란 기초자산인 주식에 의한 현물포트폴리오를 보유하고 있는 경우, 장래 주가변동에 관계없이 포트폴리오의 가치를 일정하게 유지시키기 위해 발행해야 할 콜옵션의 계약수를 말하는 것이다. 따라서 이는 선물거래에서의 헤지비율과 동일한 개념이다.

예를 들어 현대차 주식의 현재가격이 200,000원이며, 1기간 후에 주가가 상승할 확률이 0.6이고, 하락할 확률은 0.4이다. 현대차 주가는 상승(10% 상승)할 경우 220,000원이 되고, 하락(3% 하락)할 경우에는 194,000원이 될 것으로 예상되고 있다. 그리고 현대차 주식에 대해 만기가 1기간 후이고 행사가격이 210,000원인 콜옵션이 거래되고 있다고 하자. 이 때 현대차 주식 1주를 보유하고 있는 투자자 갑이 1기간 후의 주가변동에 상관없이 보유포트폴리오의 가치를 일정하도록 유지하고자 할 경우 몇 개의 콜옵션을 발행해야 되나?

우선 현대차의 주가변동과 콜옵션의 가치변동은 다음과 같을 것이다.

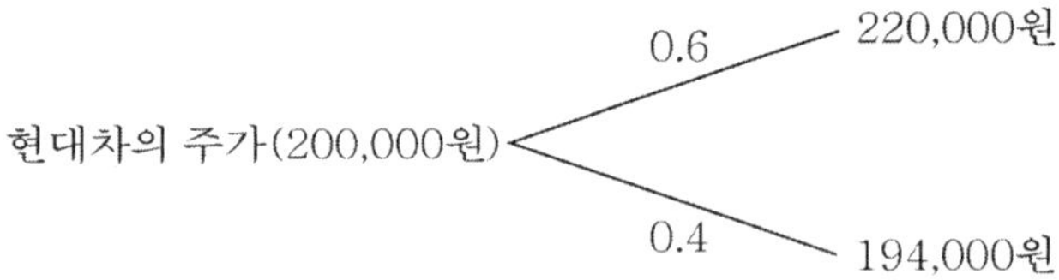

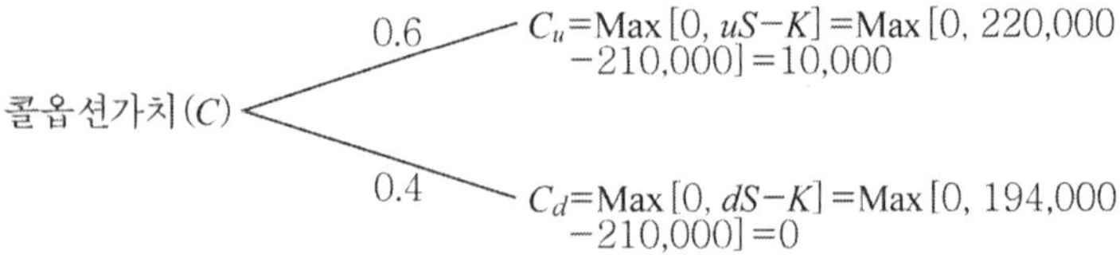

여기서 현재 현대차 주식 1주를 보유하고 있는 투자자 갑은 현대차 주가변동에 의해 26,000원(= 220,000원 - 194,000원)의 가격변동위험에

노출되어 있다. 그런데 이같은 위험을 완전하게 제거하기 위해 콜옵션을 발행하는 경우, 현대차의 콜옵션 1단위에 의한 가격변동폭은 10,000원이기 때문에 현재 26,000/10,000 = 2.6단위의 콜옵션을 발행해야 할 것이다. 이는 위 식(8-1)에 의해서도 구해진다.

$$m = \frac{S(u-d)}{Cu-Cd} = \frac{200,\ 000\text{원} \times (1.1-0.97)}{10,\ 000\text{원} - 0} = \frac{26,\ 000\text{원}}{10,\ 000\text{원}} = 2.6$$

이같이 2.6단위의 콜옵션을 발행했을 때 주가가 상승하는 경우는 주식에 의해 220,000원의 금액을 얻게 될 것이다. 그러나 발행한 콜옵션 1단위당 10,000원의 손실을 입게 됨에 따라, 포트폴리오 전체로 194,000원(= 220,000원 - 10,000원 × 2.6)의 금액을 얻게 될 것이다. 이와 반대로 주가가 하락하는 경우에도 주식에 의해 194,000원을 얻게 될 것이다. 그리고 발행한 콜옵션은 외가격옵션이 되어 권리행사가 포기됨에 따라, 포트폴리오 전체의 가격도 194,000원으로 유지하게 된다. 즉 현재의 콜옵션가격을 C라 하고 주식 1주보유와 2.6단위의 콜옵션을 발행한 포트폴리오를 구성한 결과와 1기간 후의 결과를 도표화하면 〈표 8-1〉과 같다. 다시 말해 무위험헤지포트폴리오는 현재부터 1기간 후의 주가변동에 관계없이 194,000원이라고 하는 일정한 포트폴리오의 가치를 유지하는 균형상태가 이루어지게 되는 것이다.

〈표 8-1〉 무위험헤지포트폴리오 구성 결과

포트폴리오	현재가치	1기간 후의 가치	
		주가가 상승하는 경우	주가가 하락하는 경우
주식 1주보유 2.6단위콜옵션발행	200,000원 -2.6×C	220,000원 -(10,000원×2.6 = 26,000원)	194,000원 0
결과	200,000원 -2.6×C	194,000원	194,000원

따라서 이같은 균형상태에서 무위험헤지포트폴리오의 수익률은 무위험수익률과 동일해야 할 것이다. 즉 (1+무위험수익률)을 r이라고 하면,

포트폴리오의 현재가치에 r을 곱한 값이 만기시 포트폴리오의 수익률과 동일해야 하는 것이다. 왜냐하면 이같은 균형상태에서는 시장위험이 완벽하게 제거되기 때문이다. 따라서 아래 식(8-2)가 성립하게 된다.

$$(S-mC)r = uS-mCu = dS-mC \qquad (8\text{-}2)$$

위 식(8-2)에서 콜옵션의 현재가치 C의 값을 구하면, 아래 식(8-3)이 될 것이다.

$$C=\frac{S(r-u)+mC_u}{mr} \qquad (8\text{-}3)$$

그런데 헤지비율 $m=\dfrac{S(u-d)}{C_u-C_d}$이기 때문에, 이를 위 식(8-3)에 대입하면 아래 식(8-4)가 된다.

$$C=\frac{C_u(\frac{r-d}{u-d})+C_d(\frac{u-r}{u-d})}{r} \qquad (8\text{-}4)$$

여기서 $P=\dfrac{r-d}{u-d}$라 하면, $1\text{-}P=\dfrac{u-r}{u-d}$이 되기 때문에, 위 식(8-4)는 아래 식(8-5)가 될 것이다.

$$C=\frac{PC_u+(1-P)C_d}{r} \qquad (8\text{-}5)$$

이같은 P는 위험중립적 확률(risk neutral probability) 또는 헤지확률(hedge probability)이라고 말하며, 확률의 모든 속성을 갖고 있다.

(2) 주가가 두 번 변동하는 경우

그리고 주가가 두 번 변동하더라도, 주가가 한번 변동하는 경우와 같이 동일하게 분석된다. 즉 주가가 두 번 변동하는 경우 주식가격과 콜옵션의 가치는 다음과 같이 변동하게 될 것이다.

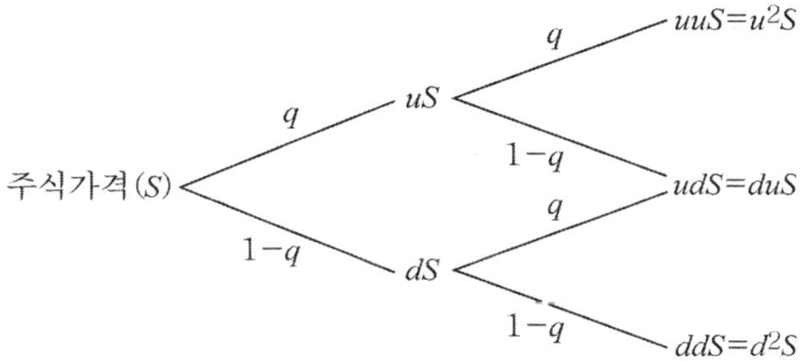

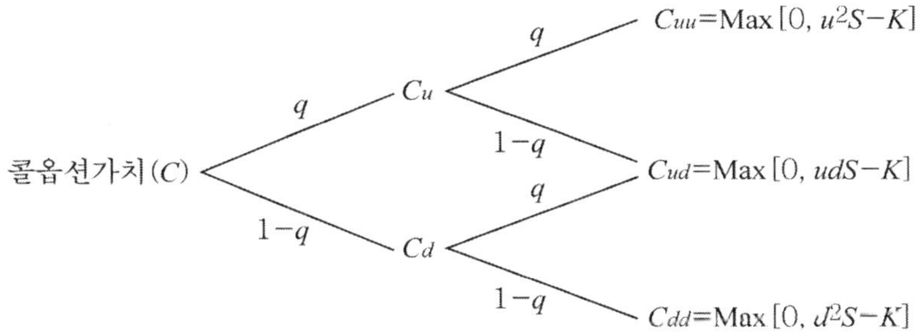

주가가 한번 변동한 시점에서의 옵션가치, 즉 주가가 한번 상승하는 경우의 옵션가격(C_u)과 주가가 한번 하락하는 경우의 옵션가격(C_d)은 주가변동이 한번인 옵션가격을 구하는 위 식(8-5)를 사용하면 된다. 그리고 주가가 두 번 변동한 시점에서의 옵션가치는 이같이 주가가 한번 변동한 시점에서의 옵션가치와 동일한 방법으로 구하면 되기 때문에, 아래 식(8-6)과 같이 될 것이다.

$$C_u = \frac{PC_{uu} + (1-P)C_{ud}}{r}, \quad C_d = \frac{PC_{du} + (1-P)C_{dd}}{r} \qquad (8\text{-}6)$$

이같은 두 개의 식을 다시 옵션가격결정모형인 위 식(8-5)에 대입하면 아래 식(8-7)과 같이 된다.

$$C = \frac{P^2 C_{uu} + P(1-P)C_{ud} + (1-P)PC_{du} + (1-P)^2 C_{dd}}{r^2}$$

$$= \frac{P^2 C_{uu} + 2P(1-P)C_{ud} + (1-P)^2 C_{dd}}{r^2} \qquad (8\text{-}7)$$

(3) 주가가 n번 변동하는 경우

주가변동이 세 번 이상 변동하는 경우에도 동일한 방법에 의해 콜옵션의 가치를 역산함으로써 현재시점에서의 콜옵션가격을 구할 수 있게 된다. 예를 들어 주가변동이 세 번인 경우 콜옵션가격은 아래 식(8-8)에 의해 구해진다.

$$C = \frac{P^3 C_{uuu} + 3P^2(1-P)C_{uud} + 3P(1-P)^2 C_{udd} + (1-P)^3 C_{udd}}{r^3} \qquad (8\text{-}8)$$

[그림 8-1] 파스칼의 삼각형

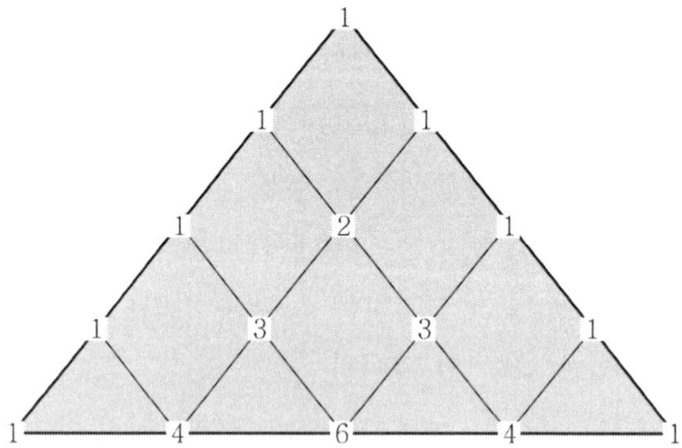

주가변동이 일정한 비율로 상승과 하락으로만 나타나는 이항과정에 의한 경우, 콜옵션의 가격은 [그림 8-1]의 소위 파스칼의 삼각형(Pascal's triangle)으로 알려진 과정에 의해 계수만 결정함으로써 일반

화시킬 수 있을 것이다. 이같은 과정을 통해 주가변동이 n번 발생하는 일반모형을 나타내면, 콜옵션의 가격은 아래 식(8-9)와 같아진다. 아래 식(8-9)에서 j는 n회의 주가변동 가운데 주가가 상승한 횟수를 의미하며, $(n-j)$는 주가가 하락한 횟수를 의미한다. 그리고 P는 위험중립적 확률(risk neutral probability) 또는 헤지확률(hedge probability)이다.

$$C = \frac{\sum_{j=0}^{n} \frac{n!}{j!(n-j)!} P^j (1-P)^{n-j} \mathrm{Max}[0,\ u^j d^{n-j} S - K]}{r^n} \qquad (8\text{-}9)$$

예를 들어 LG의 주가는 현재 50,000원이며, 1년 후에 55,000원(10% 상승)이 될 확률이 0.6이며, 47,500원(5% 하락)이 될 확률이 0.4이다. 그리고 LG의 행사가격 54,000원의 1년 만기 유럽형콜옵션이 거래되고 있다. LG는 1년 이내에 배당금이 지급되지 않으며, 현재 무위험이자율은 5%이다. 이항옵션가격결정모형에 의할 때 콜옵션의 균형가격과 만기 1년 행사가격 54,000원의 유럽형풋옵션의 가격은 얼마인가?

주가변동이 한번인 경우 이항옵션가격결정모형의 식은 위 식(8-5)와 같다.

$$C = \frac{PC_u + (1-P)C_d}{r} \quad \text{다만 } P = \frac{r-d}{u-d}, \quad r = 1 + \text{무위험수익률}$$

우선 헤지확률 $P = \frac{1.05 - 0.95}{1.1 - 0.95} = \frac{0.1}{0.15} \fallingdotseq 0.67$이 되며

콜옵션의 가격$(C) = \frac{0.67 \times 5{,}000\text{원} + (1-0.67) \times 0}{1.05}$

=3,190.48원이 된다.

그리고 풋옵션도 콜옵션과 동일한 기초자산, 동일한 만기, 동일한 행사가격을 갖고 있는 옵션이기 때문에, 풋옵션의 가격은 다음과 같이 풋-콜 패리티인 위 식(7-5)에 의해 구해진다.

$$C+Ke^{-r(T-t)}=S_t+P$$

$$C+\frac{K}{(1+r)^{T-t}}=S_t+P[\because Ke^{-r(T-t)}=\frac{K}{(1+r)^{T-t}}]$$

$$P=C-S_t+\frac{K}{(1+r)^{T-t}}$$

$$P=C-S_t+\frac{K}{(1+r)^{T-t}}=3,190.48\text{원}-50,000\text{원}+\frac{54,000\text{원}}{1.05}$$

=4,619.05원

더욱이 다른 조건은 모두 동일하지만, 만기가 2년인 경우의 콜옵션가격과 풋옵션가격을 구하기 위해서는, 주가변동이 두 번인 경우의 이항옵션가격결정모형을 사용하면 될 것이다. 즉 위 식(8-7)을 사용하면 구해진다.

$$C=\frac{P^2C_{uu}+2P(1-P)C_{ud}+(1-P)^2C_{dd}}{r^2}$$

우선 기초자산인 주가변동은 다음과 같다.

* 두 번 모두 상승: $uuS=u^2S=1.1^2\times 50,000\text{원}=60,500\text{원}$
* 한 번 상승, 한 번 하락: $udS=1.1\times 0.95\times 50,000\text{원}=52,250\text{원}$
* 두 번 모두 하락: $ddS=d^2S=0.95^2\times 50,000\text{원}=45,125\text{원}$

그리고 콜옵션의 만기가치는 C=Max[S_T-K, 0]이기 때문에, 이 식에 의해 콜옵션의 만기가격을 구하면 다음과 같다.

C_{uu}=Max[60,500원-54,000원, 0]=6,500원
C_{ud}=Max[52,250원-54,000원, 0]=0원
C_{dd}=Max[45,125원-54,000원, 0]=0원

따라서 상기의 값을 콜옵션가격을 구하는 식에 대입하면 콜옵션가격

을 구할 수 있으며, 풋-콜패리티에 의해 풋옵션가격도 구할 수 있다.

$$C = \frac{0.67^2 \times 6{,}500\text{원} + 2 \times 0.67 \times 0.05 \times 0 + 0.05^2 \times 0}{1.05^2} = 2{,}646.58\text{원}$$

$$P = 2{,}646.58\text{원} - 50{,}000\text{원} + \frac{54{,}000\text{원}}{1.05^2} = 1{,}626.17\text{원}$$

2. 위험중립형 옵션가격결정

위험중립형 옵션가격결정이론은 파생상품의 가격을 결정하는데 매우 중요한 분석수단이다. 그리고 앞서 살펴본 바와 같이 옵션가격 결정에 영향을 미치는 요인은 기초자산의 상승과 하락의 확률이 아니라, 위험중립적 확률(헤지확률)로 정의된 P인 것이다. 즉 이같은 위험중립적 확률 P가 주가가 상승하게 될 확률이라고 가정하면, (1-P)는 주가가 하락하게 될 확률이 될 것이다. 이제 한 기간 후 옵션의 기대값 $E(C_1)$은 아래 식(8-10)으로 나타낼 수 있을 것이다.

$$E(C_1) = PCu + (1-P)Cd \tag{8-10}$$

그런데 콜옵션가격을 구하는 식으로 앞서 말한 식(8-5)는 바로 한 기간 후 위 식(8-10)에서의 콜옵션가격의 기대값(현금흐름)을 무위험이자율로 할인함으로써 현재가치화시킨 것을 의미하고 있다.

그리고 위험중립적 확률을 주가가 상승할 확률로 간주한다면, 한 기간 후 기초자산인 주식의 가격 기대값은 아래 식(8-11)과 같을 것이다.

$$\begin{aligned} E(S_1) &= PuS_t + (1-P)dS_t \\ &= PS_t(u-d) + dS_t \\ &= \frac{r-d}{u-d}S_t(u-d) + dS_t \qquad (\because P = \frac{r-d}{u-d}) \\ &= (u-d)S_t + dS_t \qquad\qquad (8\text{-}11) \\ &= rS_t \end{aligned}$$

위 식(8-11)은 한 기간 후 기초자산인 주식의 가격이 무위험수익률 만큼 높아질 것으로 기대된다는 것을 의미하고 있는 것이다. 이같이 위험중립형 상황에서는 모든 기초자산에 대한 기대수익률은 바로 무위험수익률이 되는 것이다. 왜냐하면 위험중립적인 투자자는 위험을 감수할 때 위험에 대한 프리미엄을 요구하지 않기 때문이다. 이와 마찬가지로 콜옵션의 가격은 앞서 말한대로 한 기간 후에 기대되는 옵션의 가격을 무위험이자율로 할인한 현재가치가 되는 것이다.

이같은 의미에서 우리는 이를 위험중립형 옵션가격결정(위험중립형 가치평가: risk-neutral valuation)이라고 하며, 이같은 논리는 블랙-숄즈(Black-Scholes)모형에도 그대로 적용되고 있다.

3. 블랙-숄즈모형

1) 블랙-숄즈의 옵션가격결정모형

블랙과 숄즈는 1973년에 옵션가격결정모형을 발표하였다. 주식과 유럽형 콜옵션에 의해 무위험포트폴리오를 구성할 수 있으며, 또한 차익거래의 기회를 배제하는 등의 가정에 의해 이같은 포트폴리오의 수익률은 무위험수익률이어야 한다는 논리로부터, 그들은 유럽형 콜옵션의 현재가격이 아래 식(8-12)와 같이 기초자산인 주식의 현재가격, 옵션의 행사가격, 무위험수익률, 주가변동성(주가수익률의 표준편차), 그리고 만기까지의 잔존일수($T-t$) 등의 함수로 나타낼 수 있음을 보여 주었다.

$$C = S_t \times N(d_1) - K \times e^{-r(T-t)} \times N(d_2) \qquad (8\text{-}12)$$

다만 $$d_1 = \frac{\ln(\frac{S_t}{K}) + (r + 0.5\sigma^2) \times (T-t)}{\sigma \times \sqrt{T-t}}$$

$$d_2 = d_1 - \sigma \times \sqrt{T-t}$$

C: 콜옵션의 현재가격
S_t: 주식의 현재가격
K: 옵션의 행사가격
r: 무위험수익률(연속복리연이자율)
σ : 주가변동성(주가수익률의 표준편차)
$T-t$: 만기까지의 일수(잔존기간)
e : 자연로그(natural log)의 밑(base) = 2.71828...
ln : 자연로그
$N(d)$: 확률변수 d값까지 표준정규분포(평균 0이고 분산 1인 정규분포)의 누적확률, 즉 표준정규분포에서 d값보다 작을 확률로서 아래 ([그림 8-2]에서 d값 이하의 음영 부분)

참고로 자연로그($\log_e x$ 또는 $\ln x$)와 상용로그($\log_{10} x$)와의 관계는 아래 식(8-13)과 같고, 표준정규분포는 아래 [그림 8-2]와 같다.

$$\log_{10} x = \frac{\log_e x}{\log_e 10} = 0.43429448\ ... \tag{8-13}$$

우선 $N(d)$의 개념을 통해 위 식(8-12)를 해석해 보면 다음과 같다.

첫째, 우리나라와 같이 유럽형 옵션인 경우 $N(d)$란 만기일에 콜옵션이 내가격이 되는 확률, 즉 콜옵션이 내재가치를 갖게 되는 확률을 말한다. 이같은 $N(d)$의 값이 1에 가까워질수록 만기일에 옵션의 권리가 행사될 가능성이 매우 높아지게 된다. 즉 만기일에 기초자산인 주가지수가 콜옵션의 행사가격보다 높게 될 가능성이 매우 높아지게 되는 것이다.

[그림 8-2] 표준정규분포

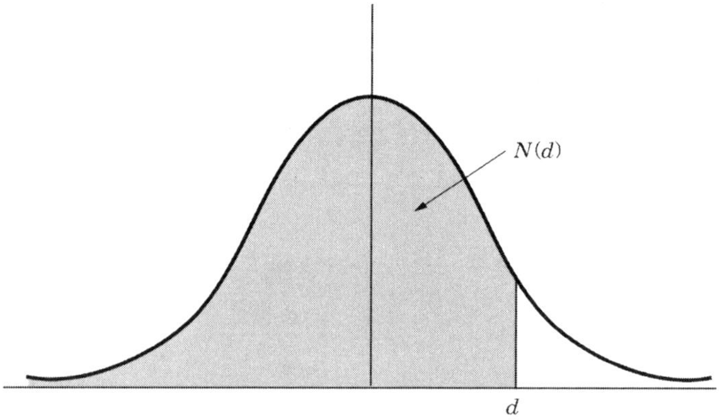

그리고 $N(d)$의 값이 1인 경우는 콜옵션의 가격은 위 식(8-12)에서 아래 식(8-14)로 바뀌게 될 것이다. 이는 바로 만기일($\because\ e^{-r(T-t)}=1$)에서의 콜옵션 내재가치가 된다. 이와 반대로 $N(d)$의 값이 0에 가까워질수록 옵션의 권리행사가 포기될 가능성이 매우 높아지게 된다. 그리고 $N(d)$의 값이 0에 가까워지는 경우에는 콜옵션의 가격은 0에 가까워질 것이며, 만기일에는 0가 될 것이다. 둘째, 일반적으로 $N(d)$의 값은 0과 1 사이의 값이 될 것이며, 이 값은 콜옵션이 내가격일수록 커진다. 셋째, d_1과 d_2의 분자인 $\ln(S_t/K)$가 양(+)의 값을 갖는 경우는 콜옵션이 내가격이 되는 확률을 의미하고, 이와 반대로 음(-)의 값을 갖는 경우에는 콜옵션이 외가격이 되는 확률을 의미한다. 예를 들어 $S_t=220.0$, $K=200.0$이면, $\ln(220/200)=\ln(1.1)\fallingdotseq 0.10$로서 콜옵션이 내가격이 되는 확률이 10%라는 것이다. 그리고 $S_t=180.0$, $K=200.0$이면, $\ln(180/200)=\ln(0.9)\fallingdotseq -0.11$로서 콜옵션이 외가격이 되는 확률이 11%라는 의미이다. 그리고 다음의 식(8-15)의 $PV(K)$는 행사가격의 현재가치이다.

$$C = S_t - K \times e^{-r(T-t)} \quad (8\text{-}14)$$
$$= S_t - PV(K) \quad (8\text{-}15)$$
$$= S_t - \frac{K}{(1+r)^{T-t}} \quad (8\text{-}16)$$

그리고 위 식(8-14)와 (8-16)이 동일한 값을 갖게 되는 이유는 다음과 같다. 블랙-숄즈모형에서 옵션가격을 구하는 식인 위 식(8-12)를 유도하는 과정에서 만기(T)시 유럽형 콜옵션가격의 기대값(E_o[,])은 아래 식(8-17)과 같이 되지만, 투자자들이 위험중립형이라면 콜옵션의 가격은 이같은 기대값을 무위험이자율로 할인한 값과 같아짐으로써 아래 식(8-18)로 바뀌게 되기 때문이다. 즉 위 식(8-14)와 (8-16)은 모두 행사가격의 현재가치가 된다는 의미이다. 그리고 아래 식(8-18)은 위 식(8-14)에서의 만기시 콜옵션가격인 것이다.

$$E_c[\mathrm{Max}(S_T - K,\ 0)] \quad (8\text{-}17)$$
$$C = E[\mathrm{Max}(S_T - K,\ 0)] \quad (8\ 18)$$

예를 들어 A주식이 현재가격은 15,000원이고, 행사가격이 13,000원인 만기 6개월(0.5) 후인 유럽형 콜옵션이 거래되고 있다. 그리고 무위험이자율이 5%이고, 주가수익률의 분산은 16%이며 향후 6개월내에 배당이 지급되지 않는다고 한다. 이 때 블랙-숄즈옵션가격결정모형을 이용하여 콜옵션의 가격을 구하고 풋-콜 패리티를 이용하여 풋옵션의 가격을 구하라.

우선 콜옵션의 가격을 구하기 위해 A주식의 d_1과 d_2의 값을 구해야 할 것이다.

$$d_1 = \frac{\ln\left(\frac{15{,}000원}{13{,}000원}\right) + \left(0.05 + \frac{0.16}{2}\right) \times 0.5}{\sqrt{0.16} \times \sqrt{0.5}} = 0.74$$

$$d_2 = d_1 - \sigma \times \sqrt{T-t}$$

$$= 0.74 - \sqrt{0.16} \times \sqrt{0.5} = 0.74 - 0.28$$
$$= 0.46$$

그리고 $N(d)$는 표준정규분포의 누적확률을 나타내고 있기 때문에, 표준정규분포표를 이용하면 다음과 같이 구해진다.

$$N(d_1) = \int_{-\infty}^{0} f(x)dx + \int_{0}^{0.74} f(x)dx$$
$$= 0.5 + 0.2703$$
$$= 0.7703$$
$$N(d_2) = \int_{-\infty}^{0} f(x)dx + \int_{0}^{0.28} f(x)dx$$
$$= 0.5 + 0.1103$$
$$= 0.6103$$

이같이 구한 값을 콜옵션가격을 구하는 식인 위 식(8-12)에 대입하면, 콜옵션의 이론적인 균형가격은 3,820원이 된다.

$$C = S_t \times N(d_1) - K \times e^{-r(T-t)} \times N(d_2)$$
$$= 15{,}000\text{원} \times 0.7703 - 13{,}000\text{원} \times e^{-0.05 \times 0.5} \times 0.6103$$
$$= 3{,}820.29\text{원}$$

그리고 동일한 주식에 대해 모든 조건이 동일한 풋옵션의 가격은 풋-콜 패리티인 위 식(7-6)을 이용하여 구할 수 있다. 즉 풋옵션의 이론적인 균형가격은 1,499원이 된다.

$$P = C - S_t + K \times e^{-r(T-t)}$$
$$= 3{,}820.29\text{원} - 15{,}000\text{원} + 13{,}000\text{원} \times e^{-0.05 \times 0.5}$$
$$= 1{,}499.32\text{원}$$

2) 블랙-숄즈모형의 문제점

블랙-숄즈모형으로 구한 이론적인 콜옵션가격은 실제와 항상 동일하지 않다. 따라서 블랙-숄즈모형을 이용함으로써 옵션가격을 결정할 경우에는 다음과 같은 점에 유의해야 할 것이다.

첫째, 블랙-숄즈모형은 다음과 같은 가정들에 의한 것이기 때문에, 이같은 가정들이 현실적이지 못하면 이론옵션가격과 실제옵션가격과는 차이가 날 수밖에 없을 것이다.

ⓐ 주가수익률은 로그정규분포(log-normal distribution)를 갖는다.

ⓑ 세금과 거래비용이 존재하지 않는 완전자본시장을 가정한다.

ⓒ 옵션만기까지 배당이 없다.

ⓓ 무위험이자율(r)은 확률변수가 아니며, 일정한 값을 갖는다.

ⓔ 주가의 급격한 변화는 없다.

ⓕ 콜옵션은 유럽형이다.

ⓖ 차익거래의 기회가 없다.

둘째, 블랙-숄즈모형에 의하면 콜옵션가격을 결정하는 변수는 기초자산의 가격, 즉 주가, 행사가격, 만기, 이자율, 주식수익률의 변동성(σ: 표준편차) 등 다섯 가지의 변수이다. 이 가운데 주가, 행사가격, 만기, 이자율은 확실히 알 수 있고 또한 정확하다. 그러나 주식수익률의 변동성은 정확히 관찰되지 못하고 구해야 하는 것이다. 즉 주식수익률의 변동성인 표준편차는 대개 과거 역사적 주가수익률에 의해 구해지는 것이기 때문에, 블랙-숄즈모형에 의한 이론옵션가격과 실제옵션가격 간에 차이가 나게 되는 것이다.

① 상품시장과 증권시장 모두 완전경쟁이 존재한다. 즉 상품시장의 경우는 모든 생산자가 재화와 용역을 최저평균비용으로 공급하며, 증권시장의 경우에는 다수의 시장참여자가 존재하기 때문에 개별투자자는 시장가격에 영향을 못미치는 가격순응자이다.

② 시장에 마찰적 요인이 존재하지 않는다. 즉 거래비용과 세금이 존

재하지 않으며, 모든 자산(주식 등)은 완전히 분할될 수 있고 또한 완전한 시장성을 갖고 있으며(거래의 연속성 등), 거래(공매 등)에 대한 제한 규정이 전혀 없다.

③ 시장은 정보효율성을 갖는다. 따라서 정보비용은 없고 모든 시장 참여자가 모든 정보를 동시에 제공받는다.

④ 모든 개인은 이성적으로 행동하며 기대효용극대화를 추구한다.

3) 블랙-숄즈모형의 평가

블랙-숄즈모형은 세계 최초로 체계적인 분석을 통해 옵션의 이론가격을 구할 수 있다는 것을 보여준 이론이다. 그러나 블랙-숄즈모형이 발표된 이후 많은 학자들이 이같은 이론옵션가격이 과연 실제옵션가격을 설명할 수 있는가에 대해 여러 가지 방법으로 확인해 보았다. 즉 많은 실증분석에 의하면, 블랙-숄즈모형에 의한 옵션가격과 실제 옵션시장에서 거래되고 있는 옵션가격 간에 상당한 차이가 있는 것을 확인하게 되었다. 이같은 사실은 블랙-숄즈모형이 옵션가격을 구하는 완전한 모형이 아니기 때문일 수도 있으며, 그렇지 않으면 이론은 완전하지만 이론가격을 구하기 위해 사용되고 있는 변수들, 특히 변동성의 추정치가 완전하지 않았기 때문일 수도 있을 것이다.

그러나 블랙-숄즈모형이 완전한 옵션가격결정모형이 아니라는 사실에 많은 학자들이 찬성하고 있다. 그럼에도 불구하고 어느 부분에서 모형의 잘못이 있는지 아직 확인되지 않고 있는 것이 현실이다. 따라서 블랙-숄즈모형은 현재까지 개발된 어떤 옵션가격모형보다도 옵션의 특성을 잘 설명하고 있는 모형이라 할 수 있을 것이다.

제 9 장

옵션의 민감도분석

블랙-숄즈 모형에 의하면, 유럽형 콜옵션가격(C)과 풋옵션가격(P)은 다음과 같이 결정된다.7)

$$C = SN(d_1) - Ke^{-r(T-t)}N(d_2) \tag{9-1}$$

$$P = Ke^{-r(T-t)}N(-d_2) - SN(-d_1) \tag{9-2}$$

다만 $d_1 = \dfrac{\ln(\frac{S}{K}) + (r + 0.5\sigma^2) \times (T-t)}{\sigma \times \sqrt{T-t}}$

$d_2 = d_1 - \sigma \times \sqrt{T-t}$

$N(-dn) = 1 - N(dn)$

C: 콜옵션의 현재가격

P: 풋옵션의 현재가격

S: 주식의 현재가격

K: 옵션의 행사가격

r: 무위험수익률(연속복리 연이자율)

σ: 주가변동성(주가수익률의 표준편차)

$T-t$: 만기까지의 일수(잔존기간)

e: 자연로그(natural log)의 밑(base) = 2.71828...

7) 금융투자교육원. 『파생상품투자상담사 1』, 박영사, 2013년, pp. 119-137.

ln: 자연로그

$N(d)$: 확률변수 d값까지 표준정규분포(평균 0이고 분산 1인 정규분포)의 누적확률

이같이 주식가격, 주식가격의 변동성, 옵션만기일까지의 잔존기간, 이자율이 옵션가격에 복합적으로 영향을 미치기 때문에, 옵션포지션의 리스크를 측정하기 위해서는 이같은 변수들이 옵션가격에 미치는 영향을 계량화해야 한다. 즉 옵션가격 결정식을 각각의 결정변수로 미분한 값들이 바로 옵션의 민감도지표(greek letters)인 것이다. 그리고 다음의 제10장에서 살펴볼 옵션거래전략을 수립하기 위해서는 이같은 옵션의 민감도(가격결정변수가 옵션가격에 미치는 영향)를 이해해야 한다.

옵션은 수익과 손실이 기초자산의 가격등락에 따라 선형적으로 대응하는 것이 아니라, 비선형적인 대응을 하는 특이한 파생상품이다. 더욱이 시간가치의 감소라는 독특한 성질까지 고려해야 한다. 따라서 가격결정변수의 방향에 대한 옵션가격의 방향을 단순하게 인지하고 있는 것과 함께, 반응의 정도를 알아야 한다.

기초자산가격의 변화에 의해 옵션가격이 등락을 보이고, 잔존기간의 장단과 변동성의 고저에 의해 옵션가격은 각각 다른 움직임을 보인다. 즉 옵션가격의 변동을 유발하는 각 변수들에 의해 옵션가격은 각각의 옵션민감도를 보인다. 이같은 옵션의 민감도는 각 변수가 옵션가격에 미치는 영향의 '크기'를 말한다. 만약 옵션의 민감도가 크다면, 그 변수가 옵션가격에 미치는 영향력이 그만큼 크다고 하는 것을 의미하는 것이다. 왜냐하면 옵션의 민감도가 각 변수의 움직임에 의한 옵션가격의 반응정도를 나타내고 있기 때문이다. 따라서 역으로 말하면 옵션의 민감도에 의해 옵션가격의 반응정도를 고려함으로써, 보유하고 있는 옵션의 위험노출 정도를 알 수 있는 것이다. 즉 옵션의 민감도는 옵션 포트폴리오에 대한 위험관리 지표라고 할 수 있다. 본장에서는 옵션의 각 민감도에 대해 살펴보도록 한다.

1. 델타

우선 옵션의 델타는 기초자산에 대해 배당이 지급되지 않는 경우를 가정하고 있는 블랙-숄츠 모형에 의한 유럽형 콜옵션가격(C)과 풋옵션가격(P)을 기초자산의 가격으로 편미분함으로써 다음과 같이 정의된다.

$$콜옵션의\ 델타(\Delta_c) = \partial C/\partial S = N(d_1),\ 0 \le \Delta_c \le 1 \quad (9\text{-}3)$$

$$풋옵션의\ 델타(\Delta_p) = \partial P/\partial S = N(d_1) - 1,\ -1 \le \Delta_p \le 0 \quad (9\text{-}4)$$

즉 델타(delta: Δ)란 옵션가격의 결정요인 가운데 기초자산(주식)가격의 변화에 대한 옵션가격의 변화를 말한다. 예를 들어 콜옵션의 델타가 0.5인 경우에는 기초자산의 가격이 1.0포인트 상승할 때, 콜옵션의 가격은 0.5포인트 상승하게 된다는 의미인 것이다. 여기서 우리는 기초자산 1단위의 델타가 1임을 알 수 있나. 우선 콜옵션 경우의 델타는 주가가 상승(또는 하락)했을 때 콜옵션가격이 얼마나 상승(또는 하락)하는가를 나타내는 지표이다. 그리고 이같은 원리는 콜옵션의 가격상태(외가격, 등가격, 내가격)에 관계없이 항상 성립한다. 물론 주가가 동일하게 상승한다 하더라도, 콜옵션의 가격상승폭은 옵션의 가격상태에 따라 다를 수 있다. 그러나 기초자산의 가격과 콜옵션의 가격은 같은 방향으로 움직인다. 따라서 델타의 정의에 의해, 콜옵션의 델타는 일반적으로 0보다 크다. 즉 콜옵션 델타의 부호는 (+)가 되는 것이다.

그리고 첫째, 콜옵션이 깊은 외가격상태(deep OTM: out-of-the-money)에 있는 경우는 콜옵션의 델타는 거의 0에 가까워진다. 왜냐하면 콜옵션이 깊은 외가격상태에 있는 경우는 기초자산의 가격이 조금만 변한다면 콜옵션은 여전히 외가격상태에 있을 것이기 때문에, 콜옵션의 가격은 거의 변화가 없게 되는 것이다. 둘째, 콜옵션이 등가격상태

(ATM: at-the-money)에 있는 경우에는 콜옵션의 델타는 약 0.5수준이 된다. 즉 기초자산 가격변화의 1/2비율로 콜옵션의 가격이 변하게 되는 것이다. 또한 이론적으로 콜옵션의 가격은 기초자산의 가격보다 빠른 속도로 상승하거나 하락할 수 없기 때문에 콜옵션의 델타는 1보다 클 수 없다. 셋째, 콜옵션이 깊은 내가격상태(deep ITM:in-the-money)에 있는 경우에는 콜옵션의 델타는 거의 1에 가깝게 된다. 즉 콜옵션이 깊은 내가격상태에 있는 경우에는 기초자산의 가격변화와 거의 같은 비율로 콜옵션의 가격이 변하게 된다. 따라서 콜옵션의 델타는 0보다 크거나 같고 1보다 작거나 같게 되는 것이다.

이와 반대로 풋옵션의 경우에는 기초자산(주식)의 가격이 상승(또는 하락)했을 때 풋옵션가격이 얼마나 하락(또는 상승)하는가를 나타내는 지표인 것이다. 즉 기초자산의 가격과 풋옵션의 가격은 반대방향으로 움직이게 된다. 따라서 델타의 정의에 의해, 풋옵션의 델타는 일반적으로 0보다 작게 된다. 즉 풋옵션의 델타의 부호는 (-)가 되는 것이다.

그리고 첫째, 풋옵션이 깊은 외가격상태에 있는 경우의 풋옵션 델타는 거의 0에 가까워진다. 둘째, 풋옵션이 등가격상태에 있는 경우의 풋옵션 델타는 대략 -0.5 수준이다. 또한 이론적으로 풋옵션의 가격도 기초자산의 가격과 반대방향으로 보다 빠른 속도로 상승하거나 하락할 수 없기 때문에, 풋옵션의 델타는 -1보다 작을 수 없다. 셋째, 풋옵션이 깊은 내가격상태에 있는 경우에는 풋옵션의 델타는 -1에 가까워진다. 따라서 풋옵션의 델타는 -1보다 크거나 같고 0보다 작거나 같게 되는 것이다.

즉 옵션 델타의 최대값은 1이며, 최소값은 -1이며, 콜옵션의 델타값은 양의 값을 갖으며, 풋옵션의 델타 값은 음의 값을 갖게 된다. 다시 말해 콜옵션의 델타 값은 주식가격이 상승할수록 최대값인 1에 가까워지며, 주식가격이 하락할수록 최소값인 0에 가까워지게 된다. 이와 반대로 풋옵션의 델타 값은 주식가격이 상승할수록 최대값인 0에 가까워지며, 주식가격이 하락할수록 최소값인 -1에 가까워지게 된다. 이같이 주식가격에 의해 콜옵션과 풋옵션의 델타 값이 변하고 있는 것은 다음의 [그림 9-1]에 나타나 있다.

[그림 9-1] 콜옵션과 풋옵션의 델타

코스피200	콜 가치	변화분
80	0.01	0.00
82	0.03	0.01
84	0.07	0.02
86	0.14	0.04
88	0.27	0.06
90	0.48	0.10
92	0.79	0.16
94	1.25	0.23
96	1.86	0.31
98	2.65	0.40
100	3.63	0.49
102	4.80	0.58
104	6.13	0.67
106	7.62	0.74
108	9.24	0.81
110	10.96	0.86
112	12.77	0.90
114	14.64	0.93
116	16.55	0.96
118	18.50	0.97
120	20.46	0.98

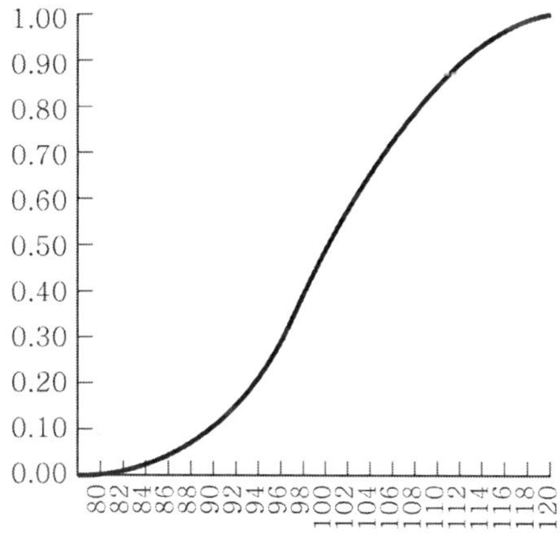

코스피200	풋 가치	변화분
120	0.05	0.00
118	0.09	−0.02
116	0.14	−0.03
114	0.23	−0.04
112	0.36	−0.07
110	0.55	−0.10
108	0.83	−0.14
106	1.21	−0.19
104	1.72	−0.26
102	2.39	−0.33
100	3.22	−0.42
98	4.24	−0.51
96	5.45	−0.60
94	6.84	−0.69
92	8.38	−0.77
90	10.07	−0.84
88	11.86	−0.90
86	13.73	−0.94
84	15.66	−0.96
82	17.62	−0.98
80	19.60	−0.99

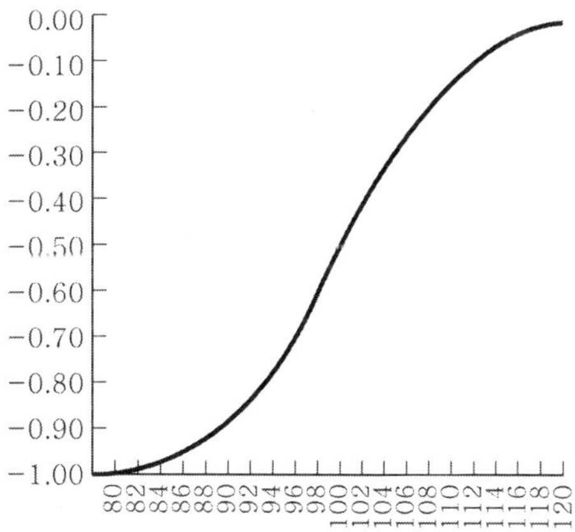

<참고> S=100, K=100, r=5%, σ=30%, T=20일

콜옵션 델타의 경우 기하학적으로 기초자산의 가격과 콜옵션가격 간의 관계를 나타내는 곡선의 기울기, 즉 상기의 곡선상 콜옵션가격의 한 점에서의 접선의 기울기를 의미하고 있다. 즉 옵션가격의 변화속도(1차 편미분)를 의미하고 있는 것이다([그림 9-2] 참조).

[그림 9-2] 콜옵션의 가격과 델타

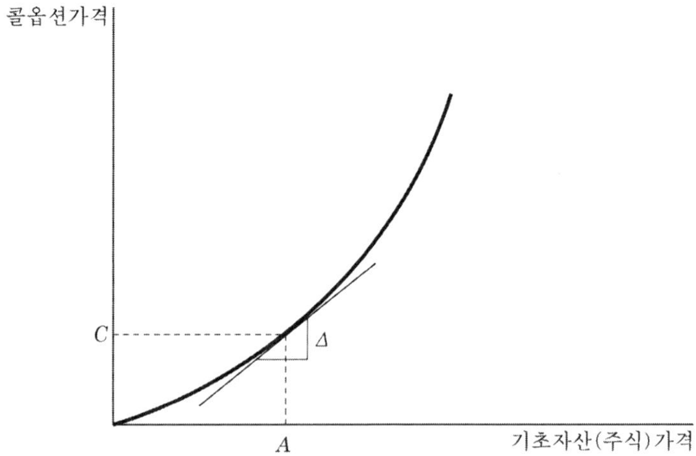

즉 현재 기초자산의 가격이 A라면, 콜옵션의 가격은 C에서 결정될 것이다. 따라서 콜옵션가격 C점에서의 접선의 기울기가 바로 콜옵션 델타가 되는 것이다. 이같은 콜옵션 델타는 투자자가 콜옵션 1단위를 발행(매도)한 경우 기초자산의 가격변동을 고려할 때, 몇 단위의 기초자산을 매수해야만 미래의 기초자산의 가격변화에 관계없이 포트폴리오(헤지포지션: 콜옵션+주식)의 가치를 일정하게 유지할 수 있는가를 의미하게 되는 것이다. 일반적으로 콜옵션의 델타는 투자자가 콜옵션 1단위를 발행(매도)했을 경우, 몇 단위의 주식을 매수해야 포트폴리오(헤지포지션: 콜옵션+주식)의 가치가 유지되겠는가 하는 개념인 것이다. 이 때 주식매수는 바로 콜옵션발행 단위수에다가 콜옵션의 델타인 $N(d_1)$을 곱한 만큼[콜옵션발행 단위수×콜옵션의 델타인 $N(d_1)$] 하면 되는 것이다.

예를 들어 투자자 A가 옵션델타 값이 0.5인 콜옵션을 10단위를 발행(매도)했다면, 기초자산인 주식을 5주(=10계약×0.5)를 매수해야 투자자 A의 포트폴리오 가치가 일정하게 유지될 것이다. 즉 투자자 A가 매수한 주식의 가격이 10원 상승한 경우는 보유주식에 의해 주당 10원씩 총 50원(5주×10원)의 이익이 발생하게 되지만, 이에 대해 콜옵션가격의 경우에는 주식가격 상승액의 50%(델타 값)에 해당하는 금액만큼만 상승하게 되기 때문에, 보유콜옵션발행으로 1단위당 5원씩 총 50원[(10계약×(-5원))의 손실이 발생하게 될 것이다. 결과적으로 투자자 A는 보유주식 5주에서 50원의 이익을 얻을 수 있겠지만, 콜옵션가격의 상승에 의한 손실도 50원이 됨에 따라 투자자 A의 포트폴리오의 가치는 일정하게 유지되는 것이다. 이같이 주식보유와 콜옵션발행에 의해, 미래의 기초자산 가격변동과 상관없이 손익이 발생하지 않도록 구성한 포트폴리오를 델타중립(delta-neutral) 포트폴리오라고 한다. 이는 기초자산인 주식의 가격이 하락하는 경우에도 동일하게 적용된다. 또한 이는 콜옵션의 경우와 같이, 풋옵션의 경우에도 동일하게 적용된다.

즉 이같은 델타의 개념은 블랙-숄즈의 옵션가격결정모형과 밀접하게 연관되어 있는 것이다. 따라서 블랙-숄즈의 옵션가격결정식이 주식과 옵션에 의해 리스크중립적(또는 델타중립적)인 헤지포트폴리오를 구성하고, 이같은 무위험 포트폴리오의 수익률은 무위험이자율이어야 한다는 논리에 의거해 도출된다는 사실을 이해한다면, 이같은 델타의 개념을 쉽게 이해할 수 있을 것이다.

그리고 옵션델타는 위의 [그림 9-2]에서 보는 바와 같이 옵션가격의 한 점에서의 접선의 기울기이기 때문에 X축의 기초자산의 가격수준에 의해 접선의 기울기가 모두 다름에 따라, 옵션델타도 이같은 기초자산의 가격수준에 의해 항상 변화하게 되는 것이다.

델타는 기초자산으로 옵션을 헤지할 때 헤지비율[8])로 사용된다. 즉

8) 헤지비율(hedge ratio)이란 보유자산의 가격변동 위험을 회피하기 위해 선물 또

현재의 옵션 델타수준에서 델타중립을 만들기 위해(델타가 0의 값을 갖도록 하기 위해), 기초자산을 얼마나 보유해야 하는지 나타내 주는 지표인 것이다. 예를 들어 델타가 0.4인 옵션의 경우는 델타중립을 만들기 위해, -0.4의 델타 값을 갖고 있는 기초자산을 매매해야 할 것이다. 이를 델타헤지(delta hedge)라고 한다. 즉 델타헤지란 포지션의 총델타를 0으로 만드는 것을 말한다. 즉 콜옵션을 매수하는 경우의 델타는 양수가 된다. 이와 반대로 풋옵션을 매수하는 경우의 델타는 음수가 된다. 그리고 옵션을 매도하는 경우는 그 반대가 된다. 또한 선물매수를 하는 경우는 델타가 양수가 되고, 선물매도를 하는 경우에는 델타가 음수가 된다(우리나라 시장에서 선물과 옵션의 1포인트 당 50만원이기 때문에 선물과 옵션 한 계약의 델타는 1이 된다). 따라서 콜옵션을 매수한 경우에 델타를 0으로 만들어 주기 위해서는 풋옵션을 매수하거나 선물을 매도하면 되는 것이다. 이것이 델타헤지의 가장 기초적인 것이다. 그리고 델타를 0으로 만들 때 당연한 사실이지만 반드시 0이 되지 않아도 괜찮다. 왜냐하면 현실적으로 델타를 정확히 0으로 만드는 것은 어렵기 때문이다. 그리고 이같이 델타헤지를 하는 이유는 즉 보유포지션의 총 델타를 0으로 만드는 것은 기초자산가격의 움직임에 대해 보유포지션의 수익이 변화를 받지 않고 그대로 있기를 바라기 때문이다.

델타가 잔존만기와의 관계는 잔존만기가 길수록 옵션의 가격곡선이 원점에서 멀어지기 때문에, 등가격 옵션의 델타는 큰 변화가 없지만 내가격과 외가격의 델타는 등가격 쪽으로 움직이게 된다. [그림 9-3]은 내가격, 등가격, 외가격 콜옵션의 경우, 잔존만기에 의해 델타가 변하는 것을 나타내 주고 있다.

는 옵션시장을 이용할 경우, 현물자산 1 단위에 대해 필요로 하는 선물 또는 옵션계약의 단위를 말한다. 따라서 주식과 옵션을 결합할 경우는 주식의 가격변동 위험을 회피하기 위한 1주당 옵션의 수를 헤지비율이라고 하며, 주식과 선물을 결합할 경우에는 현물포지션에 대한 선물포지션의 비율이 헤지비율이 된다.

[그림 9-3] 잔존만기와 콜옵션의 델타

행사가격	0.00	10.00	20.00	30.00	40.00	50.00	60.00	70.00	80.00	90.00
110	0.975684	0.923834	0.884726	0.856455	0.835365	0.81911	0.806245	0.795842	0.787287	0.780155
100	0.520901	0.529545	0.536168	0.541745	0.546651	0.55108	0.555147	0.558928	0.562474	0.565824
90	0.019255	0.076904	0.128349	0.169519	0.202792	0.230909	0.253574	0.273615	0.291153	0.306703

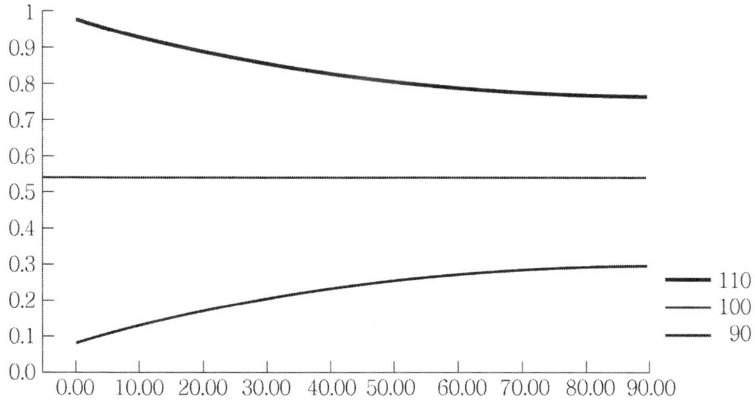

그리고 동일한 행사가격의 콜옵션인 경우, 잔존만기에 의해 델타수준이 다르다. 즉 잔존만기가 길어질수록 콜옵션의 델타는 주식가격이 변함에 따라 완만하게 변하는 반면에, 잔존만기가 짧아질수록 콜옵션의 델타는 급변한다는 것을 알 수 있다([그림 9-4] 참조).

그리고 델타는 해당 행사가격의 콜옵션이 내가격(in the money)으로 만기를 맞을 확률로도 해석이 가능하다. 즉 델타가 0.5인 등가격(at the money)의 콜옵션은 현 시점에서 만기를 맞을 경우, 내가격으로 결제될 확률이 50%라고 하는 의미가 되는 것이다. 또한 델타가 0.1인 외가격(out of the money)의 콜옵션은 현 시점에서 만기를 맞을 경우, 내가격으로의 결제확률이 10%에 불과하다는 의미가 되는 것이다.

[그림 9-4] 동일한 행사가격의 잔존만기별 콜옵션 델타

	30일	60일	90일	120일
80	0.00	0.01	0.04	0.09
82	0.00	0.01	0.07	0.12
84	0.00	0.03	0.10	0.16
86	0.00	0.05	0.13	0.20
88	0.01	0.08	0.18	0.24
90	0.02	0.13	0.23	0.29
92	0.05	0.19	0.29	0.34
94	0.12	0.26	0.35	0.40
96	0.22	0.35	0.42	0.45
98	0.36	0.44	0.48	0.51
100	0.52	0.54	0.55	0.56
102	0.67	0.63	0.61	0.61
104	0.80	0.71	0.67	0.66
106	0.89	0.78	0.73	0.71
108	0.95	0.84	0.78	0.75
110	0.98	0.88	0.82	0.79
112	0.99	0.92	0.86	0.82
114	1.00	0.95	0.89	0.85
116	1.00	0.97	0.91	0.88
118	1.00	0.98	0.93	0.90
120	1.00	0.99	0.95	0.92

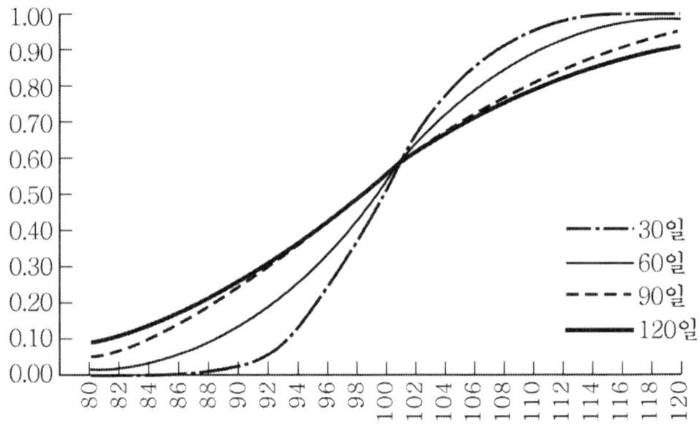

2. 감마

감마(gamma: Γ)란 기초자산(주식) 가격의 변화에 대한 델타의 변화로 정의된다. 이같은 감마는 다음 식과 같이, 옵션가격을 기초자산가격으로 2차편미분(가속도)함으로써 산출된다.

$$\Gamma_c = \Gamma_p = \partial^2 c / \partial S^2 = \partial^2 p / \partial S^2 = N'(d_1)/S\sigma\sqrt{T} > 0 \qquad (9\text{-}5)$$

수학적으로 델타가 옵션가격과 주식가격 간 곡선의 한 점에서의 기울기를 의미한다면, 감마는 그 기울기의 변화를 의미하고 있는 것이다. 따라서 델타는 선형적(직선의 형태)인 옵션의 민감도를 나타내고 있는 반면에, 감마는 옵션 수익구조의 특성인 비선형적(곡선의 형태)인 옵션의 민감도를 측정하는 지표인 것이다. 왜냐하면 감마는 옵션가격의 볼

록성(convexcity)을 나타내는 지표이기 때문이다. 즉 이같은 볼록성은 옵션의 가격이 기초자산가격의 변화에 의해 선형이 아닌 비선형으로 변화한다는 것을 의미하는 것이다.

이같은 감마의 값이 작은 경우는 델타는 주가변화에 대해 조금 씩 변화할 것이며, 이와 반대로 감마의 값이 큰 경우에는 델타는 주가변화에 대해 매우 민감하게 반응하게 되는 것이다. 감마는 콜옵션과 풋옵션의 경우 모두 옵션포지션이 매수인 경우는 (+)의 값을 갖는 반면, 옵션포지션이 매도인 경우에는 (-)의 값을 갖게 된다. 그리고 감마가 (+)의 값을 갖는 옵션의 포지션상태를 롱감마(long gamma)라고 하며, 감마가 (-)의 값을 갖는 옵션의 포지션상태를 숏감마(short gamma)) 라고 한다.

콜옵션 매수: 델타값의 변화분(+)/주가의 변화분(+) = 감마(+)
풋옵션 매수: 델타값의 변화분(−)/주가의 변화분(−) = 감마(+)
콜옵션 매도: 델타값의 변화분(−)/주가의 변화분(+) = 감마(−)
풋옵션 매도: 델타값의 변화분(+)/주가의 변화분(−) = 감마(−)

이같은 감마는 [그림 9-5]에서 보는 바와 같이 등가격인 경우에 가장 높은 반면, 외가격과 내가격으로 갈수록 점점 낮아지는 종모양의 곡선을 나타내고 있다. 즉 델타가 양극단(깊은 외가격과 깊은 내가격)에서 변화가 거의 없기 때문에, 델타의 변화분인 감마 역시 외가격과 내가격으로 갈수록 값이 작아지게 되는 것이다. 이같은 특성을 고려해보면 감마가 큰 옵션은 주가변화에 민감한 델타를 갖게 되기 때문에, 옵션매수자에게는 유리하겠지만 옵션발행자(매도자)에게는 불리하게 되는 것이다.

[그림 9-5] 콜옵션의 델타와 감마

코스피 200	콜가치	델타	감마
80	0.01	0.01	0.0001
82	0.03	0.01	0.0025
84	0.07	0.02	0.0050
86	0.14	0.04	0.0086
88	0.27	0.06	0.0136
90	0.48	0.10	0.0200
92	0.79	0.16	0.0271
94	1.25	0.23	0.0342
96	1.86	0.31	0.0403
98	2.65	0.40	0.0447
100	3.63	0.49	0.0466
102	4.80	0.58	0.0460
104	6.13	0.67	0.0430
106	7.62	0.74	0.0383
108	9.24	0.81	0.0325
110	10.96	0.86	0.0264
112	12.77	0.90	0.0206
114	14.64	0.93	0.0154
116	16.55	0.96	0.0111
118	18.50	0.97	0.0078
120	20.46	0.98	0.0052

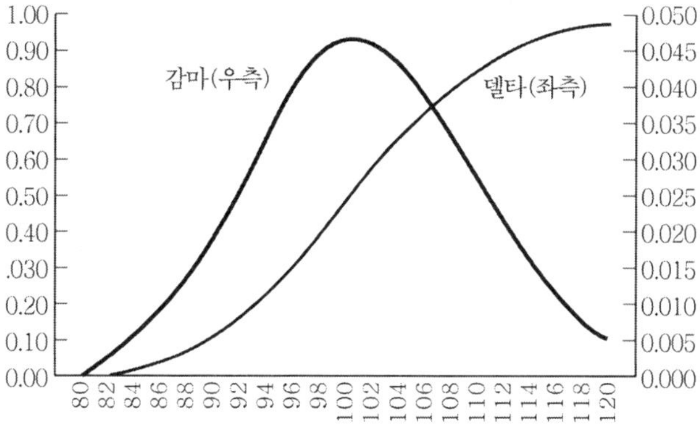

그리고 [그림 9-6]은 잔존만기와 콜옵션 매수/매도의 감마와의 관계를 나타내 주고 있다. 옵션만기일에 가까워질수록, 즉 잔존기간이 짧아질수록 등가격의 감마는 급하게 높아지고, 외가격과 내가격의 감마는 오히려 0에 가까워지게 된다. 이와 반대로, 잔존기간이 길어질수록 외가격과 내가격의 감마는 등가격에 가까워지게 된다.

또한 감마는 델타의 변화분이기 때문에, 주식가격이 상승하는 경우의 델타 값은 기존의 델타와 델타의 변화분인 감마의 합계로 산출할 수 있다. 이와 반대로, 주식가격이 하락하는 경우의 델타값은 기존의 델타에서 델타의 변화분인 감마를 차감하면 산출되는 것이다. 예를 들어 현재 콜옵션 매수포지션의 델타가 0.35이고, 감마가 0.05인 경우에는 기초자산가격이 1단위 상승하는 경우의 델타는 0.35 + 0.05(감마 = 델타의 변화분 = 0.05 × 기초자산가격 1단위 상승) = 0.40이 된다. 이와 반대로, 기초자산가격이 1단위 하락하는 경우의 델타는 0.35 - 0.05(감마 = 델타의 변화분 = 0.05 × 기초자산가격 1단위 하락) = 0.30이 되는 것이다.

[그림 9-6] 잔존만기와 콜옵션 매수/매도의 감마

행사가격	10일	30일	60일
80	0.001	0.005	0.011
82	0.002	0.008	0.014
84	0.004	0.012	0.018
86	0.008	0.017	0.021
88	0.014	0.023	0.024
90	0.023	0.028	0.027
92	0.033	0.033	0.029
94	0.044	0.037	0.031
96	0.052	0.040	0.031
98	0.057	0.041	0.031
100	0.057	0.040	0.030
102	0.052	0.038	0.029
104	0.045	0.034	0.027
106	0.036	0.030	0.024
108	0.027	0.025	0.022
110	0.019	0.021	0.019
112	0.012	0.017	0.016
114	0.008	0.013	0.014
116	0.004	0.010	0.012
118	0.003	0.007	0.010
120	0.001	0.005	0.008

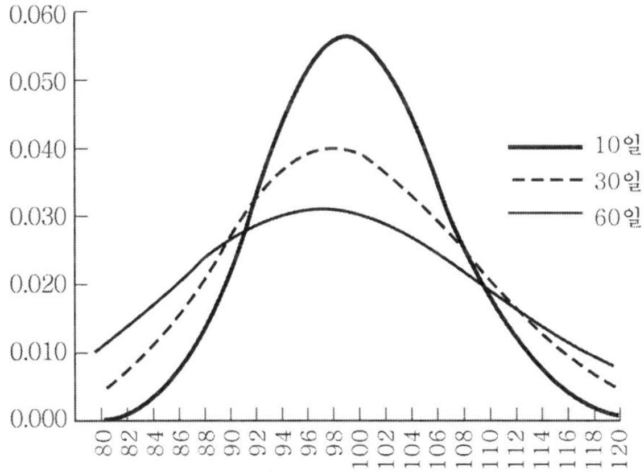

행사가격	10일	30일	60일
80	(0.001)	(0.005)	(0.011)
82	(0.002)	(0.008)	(0.014)
84	(0.004)	(0.012)	(0.018)
86	(0.008)	(0.017)	(0.021)
88	(0.014)	(0.023)	(0.024)
90	(0.023)	(0.028)	(0.027)
92	(0.033)	(0.033)	(0.029)
94	(0.044)	(0.037)	(0.031)
96	(0.052)	(0.040)	(0.031)
98	(0.057)	(0.041)	(0.031)
100	(0.057)	(0.040)	(0.030)
102	(0.052)	(0.038)	(0.029)
104	(0.045)	(0.034)	(0.027)
106	(0.036)	(0.030)	(0.024)
108	(0.027)	(0.025)	(0.022)
110	0.019)	(0.021)	(0.019)
112	(0.012)	(0.017)	(0.016)
114	(0.008)	(0.013)	(0.014)
116	(0.004)	(0.010)	(0.012)
118	(0.003)	(0.007)	(0.010)
120	(0.001)	(0.005)	)(0.008)

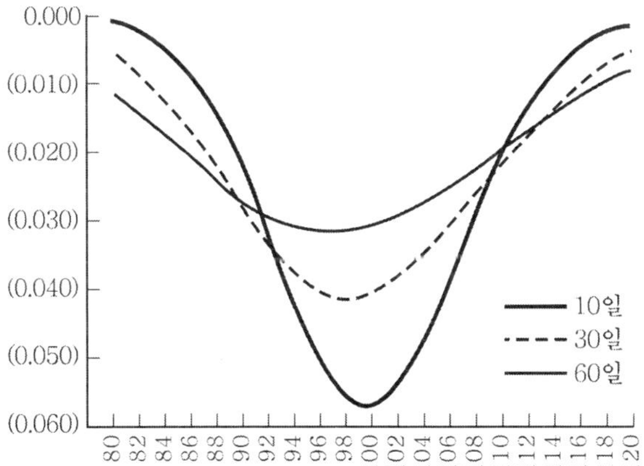

따라서 감마의 절대값이 큰 경우에는 옵션의 델타값, 즉 기초자산가

격의 변화분에 대한 옵션가격의 변화분 역시 커지게 되는 것이다. 이같이 감마는 델타의 변동분을 관리할 수 있기 때문에, 델타헤지에도 이용되고 있다. 즉 델타헤지를 취한 투자자는 기초자산의 가격이 변동할 경우 새로운 델타값이 발생하게 될 것이며, 이를 계속해서 델타헤지를 하기 위해서는 헤지포트폴리오를 조정해야 한다. 이 때 감마값이 클수록 헤지포트폴리오의 조정폭 또한 커지게 되는 것이다. 여기서 헤지포트폴리오란 미래의 주가변동과 무관하게 일정한 가치를 갖게 되는 포트폴리오를 말하는 것이다.

만약 감마가 작은 경우는 주식가격의 변화에 따라 델타가 천천히 변하기 때문에, 델타중립적인 헤지포지션을 유지하기가 비교적 쉽다. 그러나 감마가 큰 경우에는 델타는 주식가격의 변화에 매우 민감하게 되고, 이에 따라 델타중립적인 헤지포지션을 유지하기 위해 포지션을 자주 재조정해야 할 것이다. 이같이 델타(주식가격에 대한 곡선의 기울기)가 크게 변하게 될 경우에는 델타중립적인 헤지가 잘 이루어지지 않게 되는 것이다. 따라서 이같은 경우 헤지포지션의 감마를 조정하기 위해서는 옵션을 이용해야 하는 것이다.

즉 델타중립적인 포지션의 감마가 Γ_p이고, 시장에서 거래되고 있는 옵션의 감마와 델타가 각각 Γ_t와 Δ_t라고 하자. 이 때 포지션에 추가될 옵션의 수를 N이라고 하고, 새로운 포지션을 감마중립적으로 만들고자 할 경우 다음과 같은 식을 만족시키는 N을 구해야 할 것이다.

$$N \times \Gamma_t + \Gamma_p = 0$$

따라서 이에 의해 새로운 포지션을 감마중립적으로 만들기 위해 취해야 할 옵션포지션은 다음과 같이 구해진다.

$$N = -\Gamma_p / \Gamma_t \text{ (}-\text{는 매도포지션을 의미함)}$$

이 때 간과해서는 안되는 것은 새로운 포지션을 감마중립적으로 만들기 위한 과정에서 포지션의 델타가 0에서 Δ_t로 변하게 될 것이며, 이같은 포지션을 다시 델타중립으로 만들기 위해서는 기초자산에 대한 포지션을 조정해야 할 것이다. 즉 이같이 하기 위해, 투자자는 Δ_t만큼의 기초자산을 매도 또는 매수해야 할 것이다. 그리고 이 때 중요한 것은 포지션이 순간적으로만 감마중립적이라는 사실이다. 즉 포지션을 계속해서 감마중립적으로 유지시키기 위해서는 시간이 경과함에 따라 옵션포지션을 계속 조정해야 되는 것이다.

이같이 델타중립의 포지션을 감마중립의 포지션으로 만드는 이유는 델타헤지를 하고자 할 때, 현실적으로 기초자산의 포지션을 계속적으로 조정할 수 없기 때문이다. 이같이 델타중립 포지션이 되면, 포지션의 재조정 사이에 발생하게 되는 비교적 작은 기초자산가격의 변화에 대해 포트폴리오의 가치를 유지시킬 수 있게 된다. 그리고 감마중립은 헤지 재조정 사이에서 발생하는 비교적 큰 폭의 기초자산가격의 변화에 대해 포트폴리오의 가치를 유지해 주게 된다.

3. 세타

세타(θ)란 시간의 경과분(변화분)에 대한 옵션가격의 변화분을 나타내 주는 지표이다.

$$\text{콜옵션} : \theta_c = \frac{\partial_c}{\partial T} = -\frac{SN'(d_1)\sigma}{2\sqrt{T}} - rKe^{-r(T-t)}N(d_2) < 0 \quad (9\text{-}6)$$

$$\text{풋옵션} : \theta_p = \frac{\partial_p}{\partial T} = -\frac{SN'(d_1)\sigma}{2\sqrt{T}} + rKe^{-r(T-t)}N(-d_2)$$
$$= \theta_c + rKe^{-r(T-t)} < 0 \quad (9\text{-}7)$$

$N(-d_2) = 1 - N(d_2)$이기 때문에, 풋옵션의 세타는 콜옵션의 세타보다 $rKe^{-r(T-t)}$만큼 크다는 것을 알 수 있다. 이같이 콜옵션의 세타와 풋옵션의 세타가 서로 다른 것은 콜옵션가격과 풋옵션가격이 서로 다

르기 때문이다. 그리고 세타는 일반적으로 (-)이며, 이같이 세타값이 (-)의 값을 갖게 되는 이유는 옵션의 시간가치는 옵션만기에 가까울수록 작아지기 때문이다. 즉 다음의 [그림 9-7]에서 보는 바와 같이 시간이 경과함에 따라, 즉 옵션의 만기일이 가까워질수록 옵션의 시간가치는 하락하게 되는데, 이를 시간가치 감소(time decay)라고 한다. 세타의 공식에서 시간은 년으로 계산한다. 즉 세타가 -18.5인 콜옵션은 1일 잔존기간의 감소로 인해, 콜옵션의 가격이 0.05(=-18.5/365)만큼 감소한다는 것을 의미하는 것이다. 다시 말해 달력일 기준의 세타를 구하는 경우는 세타값 -18.5를 365일로 나누어 주어야 한다. 그러나 거래일 기준의 세타를 구하는 경우에는 세타값을 252일로 나누어 주게 되는 것이다.

[그림 9-7] 콜옵션의 시간가치 감소현상

행사가격	0일	30일	90일
80	0.000	0.044	0.537
82	0.000	0.088	0.764
84	0.000	0.166	1.058
86	0.000	0.292	1.429
88	0.000	0.488	1.887
90	0.000	0.774	2.438
92	0.000	1.173	3.090
94	0.000	1.705	3.846
96	0.002	2.386	4.710
98	0.074	3.226	5.681
100	0.633	4.229	6.758
102	2.091	5.391	7.938
104	4.017	6.703	9.214
106	6.014	8.151	10.583
108	8.014	9.719	12.035
110	10.014	11.387	13.566
112	12.014	13.138	15.165

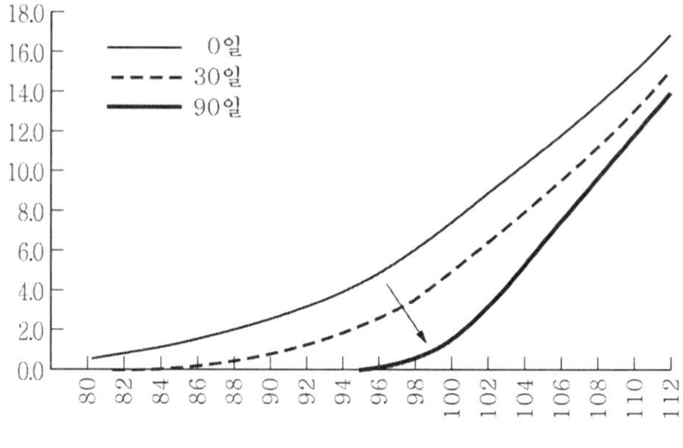

예를 들어 일일 단위의 세타가 0.12인 경우, 기초자산가격의 변화가 없을 때 옵션의 시간가치는 하루에 0.12만큼 감소한다는 의미인 것이다. 그리고 옵션 거래단위인 1틱이 바로 0.01포인트이기 때문에, 옵션의 시간가치는 12틱(0.12=0.01×12)에 해당한다. 즉 옵션을 매수한 경우는 기초자산가격의 변화가 전혀 없더라도, 옵션의 가격은 매일 12틱만큼 하

락함으로써 손실을 보게 된다(시간가치의 감소 효과). 이와 반대로 옵션을 매도한 경우에는 매일 12틱만큼의 이익을 보게 되는 것이다. 따라서 옵션을 매수하여 1일간 보유한다는 것은 기초자산의 일일가격변동성이 최소한 12틱 이상이 될 것으로 기대한다는 의미가 되는 것이다. 그리고 이는 옵션매도의 경우에는 반대가 될 것이다.

그러면 단순히 시간이 경과함에 따라 옵션의 가치가 변하는 이유에 대해 살펴보도록 하자. 예를 들어 옵션의 잔존만기가 2주일인 등가격 콜옵션의 경우, 향후 2주일 동안 이 옵션이 내가격옵션이 될 가능성이 있기 때문에, 이 옵션은 현재 (+)의 가치를 갖고 있다고 할 수 있는 것이다. 만약 2주일 후에 기초자산의 가격에 변화가 없었고, 옵션도 만기일에 등가격이 되었음에도 불구하고, 옵션의 가치가 소멸되었다고 하자. 이같은 경우 잔존만기 2주일 동안 옵션의 가치가 단지 시간이 경과함에 따라 감소된 것이라고 할 수 있는 것이다.

이같이 시간의 변화는 다른 옵션가격의 결정변수들과는 달리 예상이 가능한 것이기 때문에, 옵션의 시간가치 감소는 옵션거래자에게 매우 중요한 개념 가운데 하나가 된다. 그리고 옵션의 세타를 파악하는 것은 옵션의 가치가 시간이 경과함에 따라 어떻게 움직이게 될 것인가를 예상하는데 도움이 된다. 왜냐하면 기초자산의 가격에 변화가 없더라도 옵션의 가치는 변할 수 있어, 옵션의 가치변화에서 시간효과를 분리시킬 수 있기 때문이다. 즉 옵션가치의 변화는 시간가치 감소에 의해 영향을 받는 부분과 델타에 의해 영향을 받는 확률적인 부분으로 분리되고 있는 것이다.

그리고 옵션의 세타는 [그림 9-8]에서 보는 바와 같이 등가격일 때 가장 크고, 외가격이나 내가격으로 갈수록 작아진다. 같은 간격으로 내가격이나 외가격의 옵션들은 대략 같은 크기의 시간가치를 갖고 있으며, 등가격 옵션의 경우는 만기가 짧을수록 시간가치가 크게 감소하게 되기 때문에 세타도 커지는 반면에, 외가격 옵션과 내가격 옵션의 경우에는 시간가치가 그리 변하지 않기 때문에 세타의 변화도 그리 크지 않다. 따라서 시간가치 소멸효과의 관점에서 볼 때, 옵션을 매수할 경우는 세타가 거의 일정한 원월물로 매수하고, 옵션을 매도하는 경우에는 세타가 큰 등가격 옵션으로 매도하는 것이 유리하게 될 것이다.

[그림 9-8] 옵션의 행사가격별 세타의 변화

행사가격	0.00	10.00	20.00	30.00	40.00	50.00	60.00	70.00	80.00	90.00
110.00	(0.029)	(0.040)	(0.042)	(0.042)	(0.041)	(0.040)	(0.039)	(0.038)	(0.036)	(0.035)
100.00	(0.106)	(0.077)	(0.064)	(0.056)	(0.051)	(0.047)	(0.044)	(0.041)	(0.039)	(0.038)
90.00	(0.011)	(0.024)	(0.029)	(0.030)	(0.031)	(0.030)	(0.030)	(0.029)	(0.029)	(0.028)

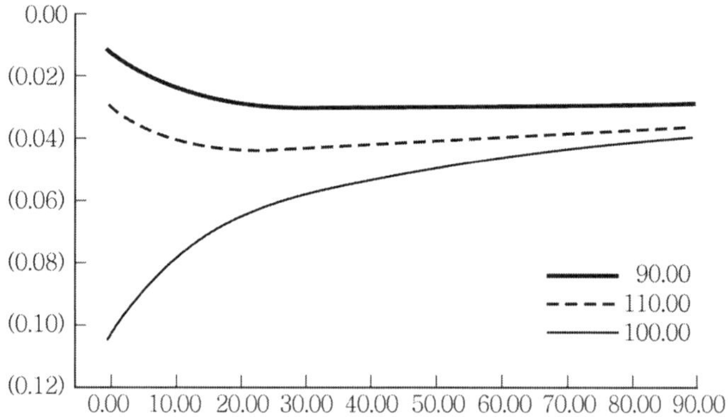

아래 [그림 9-9]는 세타와 감마와의 관계를 나타내 주고 있다. 즉 등가격 옵션의 매수포지션에서 세타는 (-)의 부호를 갖지만, 감마는 (+)의 부호를 갖게 된다. 그리고 감마의 (+)값이 클수록 세타의 (-)값도 커지며, 감마의 (+)값이 작을수록 세타의 (-)값도 작아지게 된다. 그러나 세타와 감마는 서로 부호가 다르기 때문에, 옵션의 가격에 미치는 영향은 정반대가 될 것이다. 이에 대해 외가격 옵션과 내가격 옵션의 경우에는 감마의 변동이 작은데다, 세타의 크기도 작아진다.

[그림 9-9] 세타와 감마와의 관계

행사가격	콜 델타	콜 감마
80.00	−0.004	0.005
82.00	−0.007	0.008
84.00	−0.011	0.012
86.00	−0.017	0.017
88.00	−0.023	0.023
90.00	−0.030	0.028
92.00	−0.038	0.033
94.00	−0.044	0.037
96.00	−0.050	0.040
98.00	−0.054	0.041
100.00	−0.056	0.040
102.00	−0.056	0.038
104.00	−0.054	0.034
106.00	−0.051	0.030
108.00	−0.047	0.025
110.00	−0.042	0.021
112.00	−0.037	0.017
114.00	−0.033	0.013
116.00	−0.029	0.010
118.00	−0.025	0.007
120.00	−0.022	0.005

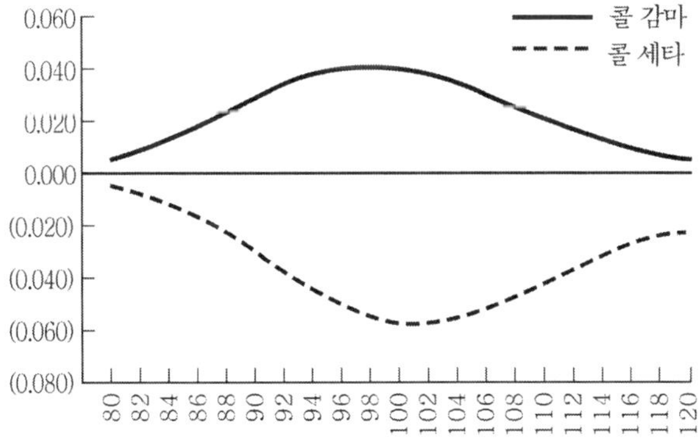

4. 베가

베가(vega: Λ)란 기초자산(주식)의 가격 변동성 변화분에 의한 옵션가격의 변화분을 나타내 주는 지표이다.[9] 즉 베가가 0.5인 경우, 기초자산가격의 변동성이 1% 상승하면 옵션가격은 0.5% 상승한다는 것이다.

9) 블랙-숄츠의 옵션가격결정모형의 경우에는 주식가격의 변동성이 일정하다고 가정했기 때문에, 이같은 블랙-숄즈의 옵션가격결정모형으로부터 베가를 구하는 것보다는 확률적인 변동성을 가정하고 있는 모형으로부터 베가를 구하는 것이 이론적으로 타당할 것이다. 그러나 확률적변동성모형으로부터 계산한 베가와 블랙-숄즈의 옵션가격결정모형으로부터 계산한 베가가 거의 비슷하기 때문에, 현실적으로는 블랙-숄즈의 옵션가격결정모형을 이용함으로써 계산되는 베가를 사용하고 있는 것이 일반적이다.

$$\Lambda_c = \Lambda_p = \partial^2 c / \partial \sigma^2 = \partial^2 p / \partial \sigma^2 = SN'(d_1)\sqrt{T} > 0 \qquad (9\text{-}8)$$

옵션가격에 영향을 미치는 다른 변수들이 일정할 때 기초자산가격의 변동성이 클수록 옵션가격은 상승하게 된다. 왜냐하면 옵션만기시 주식가격이 콜옵션의 행사가격 이하인 경우는 손실이 한정되고, 그 반대의 경우에는 주식가격의 상승에 비례하여 이익이 증가함으로써 변동성이 클수록 기대수익률이 증가하기 때문이다. 그리고 옵션의 베가가 크면, 주식가격의 변동성의 변화분에 의한 옵션가격의 변화분도 크게 되는 것이다([그림 9-10] 참조). 또한 주식가격과 콜옵션 베가와의 관계는 아래 [그림 9-11]에 나타나 있다. 즉 베가는 감마와 유사하게 등가격 옵션의 베가가 가장 크며, 외가격과 내가격 옵션의 베가는 작게 된다.

[그림 9-10] 기초자산가격의 변동성과 콜옵션의 가치

행사가격	25% 변동성	50% 변동성
80.00	0.00	0.65
82.00	0.01	0.90
84.00	0.02	1.21
86.00	0.05	1.60
88.00	0.12	2.07
90.00	0.24	2.62
92.00	0.46	3.27
94.00	0.82	4.02
96.00	1.36	4.87
98.00	2.10	5.81
100.00	3.06	6.85
102.00	4.25	7.99
104.00	5.63	9.23
106.00	7.19	10.54
108.00	8.89	11.94
110.00	1069	13.42
112.00	12.57	14.96
114.00	14.50	16.57
116.00	16.46	18.23
118.00	18.43	19.95
120.00	20.42	21.70

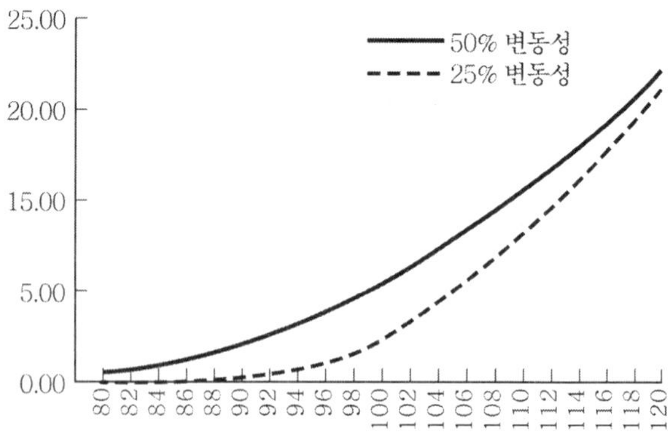

[그림 9-11] 기초자산가격과 콜옵션 베가와의 관계

행사가격	매수 베가	매도 베가
80.00	0.004	(0.004)
82.00	0.008	(0.008)
84.00	0.015	(0.015)
86.00	0.026	(0.026)
88.00	0.041	(0.041)
90.00	0.060	(0.060)
92.00	0.081	(0.081)
94.00	0.101	(0.101)
96.00	0.118	(0.118)
98.00	0.128	(0.128)
100.00	0.131	(0.131)
102.00	0.127	(0.127)
104.00	0.116	(0.116)
106.00	0.101	(0.101)
108.00	0.083	(0.083)
110.00	0.066	(0.066)
112.00	0.050	(0.050)
114.00	0.036	(0.036)
116.00	0.025	(0.025)
118.00	0.017	(0.017)
120.00	0.011	(0.011)

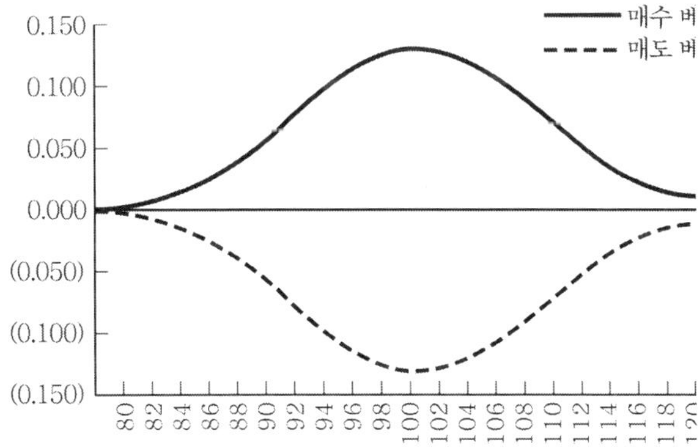

그리고 잔존만기와 베가와의 관계는 다음의 [그림 9-12]에 나타나 있다. 즉 잔존만기가 길수록 주가의 변동 가능성이 커짐에 따라 옵션가격의 변화가 커지게 되며, 잔존만기가 짧을수록 주가의 변동 가능성이 예상범위 내로 작아짐에 따라 옵션가격의 변화가 작아지게 될 것이다. 다시 말해 잔존만기가 길수록 베가는 커지게 되며, 잔존만기가 짧을수록 베가 또한 작아지게 된다는 것이다. 따라서 옵션만기일에 가까워져 주식가격의 변동성이 커지더라도, 외가격 옵션의 가격변화는 크지 않을 것이라는 사실을 알 수 있을 것이다. 그리고 투자자는 이같은 주식가격 변동성 예상에 의해 옵션투자전략을 수립할 수 있을 것이다. 즉 주식의 가격변동성이 상승할 것으로 예상하는 경우는 등가격의 옵션 매수를 고려하고, 주식의 가격변동성이 하락할 것으로 예상하는 경우에는 등가격의 옵션 매도를 고려하면 될 것이다. 이같이 등가격 옵션을 선정하는 이유는 등가격 옵션의 베가가 가장 크기 때문이다.

[그림 9-12] 잔존만기와 콜옵션 베가와의 관계

행사가격	10일	30일	60일
80	0.000	0.004	0.023
82	0.000	0.008	0.036
84	0.001	0.015	0.051
86	0.004	0.026	0.070
88	0.009	0.041	0.091
90	0.019	0.060	0.112
92	0.035	0.081	0.133
94	0.054	0.101	0.150
96	0.074	0.118	0.163
98	0.088	0.128	0.171
100	0.093	0.131	0.173
102	0.087	0.127	0.169
104	0.074	0.116	0.160
106	0.056	0.101	0.148
108	0.038	0.083	0.132
110	0.024	0.066	0.115
112	0.014	0.050	0.098
114	0.007	0.036	0.081
116	0.004	0.025	0.066
118	0.002	0.017	0.052
120	0.001	0.011	0.041

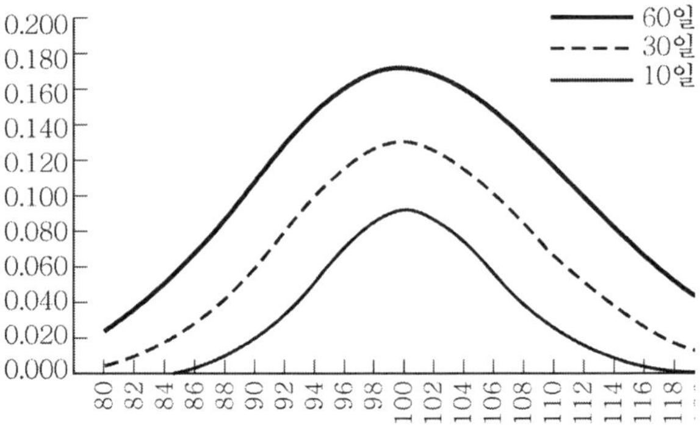

기초자산의 베가는 0이다. 따라서 포트폴리오의 베가는 옵션포지션을 이용함으로써 변화시켜야 할 것이다. 예를 들어 포트폴리오의 베가가 Λp이고 거래되고 있는 옵션의 베가가 Λt인 경우, 포트폴리오를 베가중립으로 만들기 위한 옵션포지션은 $-\Lambda p/\Lambda t$가 되는 것이다. 문제는 감마중립적인 포트폴리오는 일반적으로 베가중립적이지 않다. 또한 베가중립적인 포트폴리오는 일반적으로 감마립적이지 않다는 것이다. 따라서 투자자가 감마중립과 베가중립을 동시에 원한다면, 적어도 2개의 옵션을 이용해야 할 것이다.

예를 들어 델타중립적($\Delta p=0$)인 포트폴리오의 감마가 Γ_p이고, 베가는 Λ_p라고 하자. 현재 거래되고 있는 첫 번째 옵션의 델타는 Δ_t^1, 감마가 Γ_t^1, 베가가 Λ_t^1이라고 하자. 그리고 두 번째 옵션의 델타는 Δ_t^2, 감마가 Γ_t^2, 베가가 Λ_t^2이라고 하자. 이제 포트폴리오의 델타중립성을 유지하면서 감마중립과 베가중립적으로 만들기 위해서는 다음과 같은 두 개의 식을 만족시키는 옵션포지션을 찾아야 할 것이다.

$$\Gamma_p + {\Gamma_t}^1 \times N_1 + {\Gamma_t}^2 \times N_2 = 0$$
$$\Lambda_p + \Lambda_t^1 \times N_1 + \Lambda_t^2 \times N_2 = 0$$

상기 두 개의 연립방정식의 해는 쉽게 구할 수 있다. 이제 상기 두식을 동시에 만족시키는 해를 각각 ${N_1}^*$, ${N_2}^*$라고 하면, 이는 바로 포트폴리오를 감마중립과 베타중립으로 만들기 위한 첫 번째 옵션과 두 번째 옵션의 포지션 수가 되는 것이다. 그러나 문제는 이 두 개의 옵션을 추가한 포지션을 취함으로써, 포트폴리오의 델타가 $N_1 \times \Delta_t^1 + N_2^* \times \Delta_t^2$로 변하게 된다는 사실이다. 따라서 이만큼의 기초자산을 추가로 매수 또는 매도함으로써 다시 포트폴리오의 델타중립을 유지시켜야 되는 것이다.

이같이 감마중립은 헤지포지션에 대한 연속적인 재조정이 불가능한 상황에서, 비교적 큰 폭의 기초자산가격 변화로부터 포트폴리오의 가치를 유지시켜 준다. 그리고 베가중립은 기초자산가격의 변동성으로부터 포트폴리오의 가치를 유지시켜 주게 된다. 물론 이같은 베가헤지와 감마헤지를 위해, 옵션을 이용하는 것이 최선인가의 여부는 헤지포지션의 조정빈도와 변동성에 의한다고 할 수 있을 것이다.

5. 로

로(rho: ρ)란 이자율 변화분에 대한 옵션가격의 변화분을 나타내 주는 지표이다.

콜옵션 : $\rho_c = \partial c / \partial r = TKe^{-r(T-t)} N(d_2) > 0$ (9-9)

풋옵션 : $\rho_p = \partial p / \partial r = - TKe^{-r(T-t)} N(-d_2) < 0$ (9-10)

이자율이 상승하게 되면 옵션 행사가격의 현재가치를 감소시키기 때문에, 콜옵션의 경우는 옵션만기시 지급해야 하는 금액의 현재가치가 감소할 것이며, 풋옵션의 경우에는 옵션만기시 수취해야 하는 금액의 현재가치가 감소하게 될 것이다. 따라서 이자율의 상승은 콜옵션의 가치를 상승시키고, 풋옵션의 가치를 하락시키게 되는 것이다. 그러나 옵션가격을 변화시키는 다른 변수들과는 달리 이자율변동은 옵션가격에 미치는 영향이 매우 미미하다. 이같은 기초자산(주식)의 가격과 로와의 관계는 다음의 [그림 9-13]에 나타나 있다. 그리고 내재가치가 높은 옵션일수록 보유해야 하는 기회비용이 증가하게 되기 때문에, 내가격 옵션의 로가 가장 크고, 등가격 옵션 그리고 외가격 옵션의 순으로 로의 값은 작아지게 된다.

[그림 9-13] 기초자산가격과 로와의 관계

행사가격	콜 매수	풋 매수
80.000	0.000	(0.109)
82.000	0.001	(0.108)
84.000	0.002	(0.107)
86.000	0.004	(0.105)
88.000	0.007	(0.102)
90.000	0.012	(0.097)
92.000	0.018	(0.091)
94.000	0.026	(0.083)
96.000	0.035	(0.074)
98.000	0.045	(0.064)
100.000	0.056	(0.053)
102.000	0.066	(0.043)
104.000	0.075	(0.034)
106.000	0.084	(0.025)
108.000	0.090	(0.019)
110.000	0.096	(0.013)
112.000	0.100	(0.009)
114.000	0.103	(0.006)
116.000	0.105	(0.004)
118.000	0.107	(0.002)
120.000	0.108	(0.001)

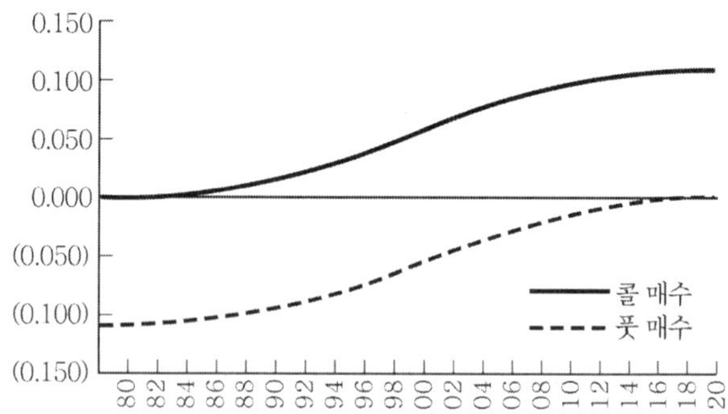

6. 옵션민감도의 특징과 활용

1) 옵션민감도 요약

콜옵션과 풋옵션의 매수·매도 포지션에 의한 옵션민감도의 부호는 다음과 같다. 즉 감마와 세타의 부호가 서로 반대방향이라는 것과 감마와 세타, 그리고 베가의 부호가 옵션의 종류와 상관없이 매수·매도에 의해 부호가 같은 방향이라는 사실을 알 수 있다(〈표 9-1〉 참조).

〈표 9-1〉 옵션의 매수·매도 포지션에 대한 옵션민감도 부호

		델타	감마	세타	베가
Call	매수	+	+	-	+
	매도	-	-	+	-
Put	매수	-	+	-	+
	매도	+	-	+	-

2) 옵션민감도의 가법성

옵션민감도에는 가법성이 있어서 1개 옵션의 계약수가 증가하거나 콜옵션과 풋옵션이 혼재해 있는 포지션인 경우에도, 각각의 옵션민감도 크기를 구할 수 있다. 델타의 경우는 예를 들어 델타가 0.5인 콜옵션의 10계약 매수와, 델타가 -0.3인 풋옵션의 20계약 매수를 동시에 할 경우의 전체 포지션델타는 다음과 같이 구해진다. 이 때 포지션델타의 부호가 (-)값이기 때문에, 옵션포지션의 방향이 기초자산가격의 방향과 정반대로 비례적으로 움직이게 되는 것이다.

$$
\begin{aligned}
\text{포지션델타} &= (0.5\times10)+(-0.3\times20)\\
&= -1.0
\end{aligned}
$$

그리고 감마의 경우에는 예를 들어 감마가 0.05인 콜옵션의 6계약 매수와, 감마가 -0.06인 풋옵션의 4계약 매도를 동시에 할 경우의 전체 포지션감마는 다음과 같다.

$$\begin{aligned}\text{포지션감마} &= (0.05\times6)+(-0.0.6\times4)\\ &=0.06\end{aligned}$$

그리고 델타가 0.6이고 감마는 0.02인 콜옵션의 10계약 매수와, 델타가 -0.8이고 감마 0.03인 풋옵션의 10계약 매수를 동시에 한 포지션에서 기초자산의 가격이 1단위 상승하는 경우 전체 포지션의 델타는 다음과 같이 구해진다. 이 때 포지션델타의 부호가 (-)값이기 때문에, 기초자산의 가격이 1단위 상승했을 경우 옵션포지션은 -1.5단위만큼 하락하는 옵션민감도를 갖게 되는 것이다.

3) 포지션민감도

옵션의 민감도를 각 변수별로 분해하여 옵션가격에 영향을 미치는 영향력을 살펴봄과 함께, 각 민감도를 종합적으로 구성함으로써 옵션포트폴리오의 기대 수익과 기대손실의 비중을 조정할 수 있다.

즉 아무리 복잡한 옵션포지션이라 하더라도, 포지션에 구성되어 있는 각 옵션의 민감도를 분해하여 이를 다시 종합하게 되면 해당 옵션포지션의 위험노출의 정도를 확인할 수 있게 된다. 이같이 해당 옵션포지션의 위험노출의 정도를 확인한다는 것은 현재 보유하고 있는 옵션포트폴리오에 대한 위험관리가 가능하다는 것이 되는 것이다. 그리고 이같은 위험관리를 하기 위해서는 감당할 수 있는 위험의 크기를 사전에 정해두고 그 위험의 허용수준에 의해 옵션포트폴리오를 재조정해야 할 것이다.

예를 들어 한 금융기관이 아래 〈표 9-2〉와 같이 코스피200지수옵션의 포트폴리오를 보유하고 있다고 하자.

〈표 9-2〉 옵션포트폴리오의 포지션민감도의 예

옵션	포지션	델타	감마	베가
콜옵션	매수 20계약	0.50	0.05	0.10
콜옵션	매도 40계약	-0.30	-0.02	-0.08
풋옵션	매수 10계약	-0.40	0.02	0.10
풋옵션	매도 5계약	0.60	-0.03	-0.09

현재 옵션포트폴리오의 포지션델타는 다음과 같이 구해진다.

$$\text{포지션델타} = 20\times0.50+40\times(-0.30)+10\times(-0.40)+5\times0.60 = -3.0$$

즉 현재의 옵션포트폴리오가 주가 1단위 변화분에 대해, 반대방향으로 3단위 변화하고 있는 옵션포지션인 것이다. 이같은 옵션포지션을 델타중립(포지션델타=0)포지션으로 만들기 위해서는 콜옵션의 매수계약 또는 풋옵션의 매도계약을 증가시키는 방법과, 콜옵션의 매도계약 또는 풋옵션의 매수계약을 감소시키는 방법이 있다. 이 때 콜옵션의 매수계약을 6계약(=3/0.5)을 증가시키는 방법을 선택했을 경우, 델타중립의 포지션델타는 다음과 같이 구해진다.

$$\text{델타중립의 포지션델타} = 26\times0.50+40\times(-0.30)+10\times(-0.40)+5\times0.60 = 0.0$$

그리고 이같이 콜옵션을 추가매수한 옵션포트폴리오의 감마는 다음과 같이 구해진다.

$$\text{델타중립의 포지션감마} = 26\times0.05+40\times(-0.02)+10\times0.02+5\times(-0.03) = +0.55$$

현재 옵션포트폴리오는 델타중립 상태이지만, 포지션감마는 주가 1단위 변화시 포지션델타가 +0.55만큼 움직일 수 있는 롱감마(positive gamma) 포지션 상태로 되어 있는 것이다. 그러나 델타중립의 포지션을 감마중립으로 만들기 위해서는 옵션매도를 추가할 수 있는데, 이같이 하면 현재 델타중립으로 되어 있는 포지션이 다시 델타중립 상태가 되지 않게 될 것이다. 따라서 이같은 경우에는 기초자산을 매매함으로써, 감마중립과 동시에 전체의 포트폴리오의 델타도 다시 중립으로 만들 수 있을 것이다.

이제 최초의 옵션포트폴리오를 델타중립으로 만든 후 이를 상기한 바와 같이, 델타중립과 감마중립을 동시에 만드는 과정에 대해 단계별로 살펴보도록 한다.

첫째, 델타중립의 포지션을 감마중립으로 만들기 위해서는 옵션을 추가로 매도하면 될 것이다. 예를 들어 감마 -0.02의 콜옵션을 20계약(20×-0.02) 매도하고 감마 -0.03의 풋옵션을 5계약(5×-0.03) 매도하면, 다음과 같이 감마중립으로 만들어낼 수 있을 것이다. 이 때 상기한 (20×-0.02)+(5×-0.03)=-0.55가 됨에 유의하기 바란다. 그리고 이같이 감마중립으로 된 델타중립의 옵션포지션은 다시 델타중립이 성립하지 않게 될 것이다.

$$\text{감마중립의 포지션감마} = 26\times0.05+60\times(-0.02)+10\times0.02+10\times(-0.03)$$
$$=0.00$$

둘째, 이제 감마중립으로만 되어 있는 옵션포지션을 다시 감마중립과 함께 다시 델타중립으로 만들기 위해 기초자산(주식)을 3단위(=3/1) 매수하는 경우, 전체 포트폴리오(옵션+주식)가 감마중립을 유지하면서 델타가 다시 중립으로 될 것이다.

이같이 투자자는 보유옵션의 민감도를 확인한다면, 보유 옵션포트폴리오의 위험노출 정도를 옵션의 추가매매와 기초자산의 매매에 의해 헤지할 수 있는 것이다. 다만 여기서 상기한 델타중립과 감마중립이 동시에 만들어진 포트폴리오(옵션+주식)는 숏베가(negative vega) 포지션이기 때문에, 기초자산가격의 변동성 상승으로 인해 손실이 발생할 수 있는 포지션이라고 하는 사실에 유의해야 할 것이다. 왜냐하면 일반적으로 베가중립인 포지션은 감마중립 포지션이 되지 않기 때문이다.

이에 따라 최초의 옵션포트폴리오를 델타중립으로 만들기 위한 옵션의 추가매매와 감마중립으로 만들기 위한 옵션의 추가매매, 그리고 델타중립과 감마중립을 동시에 만족시키기 위한 주식매매까지 포함시키면, 〈표 9-3〉과 같은 새로운 포트폴리오가 구성된다.

〈표 9-3〉 감마중립과 델타중립을 완성한 옵션+주식 포트폴리오의 포지션민감도의 예

옵션	포지션	델타	감마	베가
콜옵션	매수 26계약	0.50	0.05	0.10
콜옵션	매도 60계약	-0.30	-0.02	-0.08
풋옵션	매수 10계약	-0.40	0.02	0.10
풋옵션	매도 10계약	0.60	-0.03	-0.09
포지션		-3.00	0.00	-2.10
기초자산+3 매수		+0.00	0.00	-2.10

제 10 장

옵션거래전략

현대의 증권투자에서는 주식이나 채권 등 전통적인 증권만을 거래대상으로 하는 경우보다 여기에다 옵션을 결합시킴으로써, 또는 서로 다른 옵션끼리 결합함으로써 투자자가 원하는 투자성과를 달성하기 위해 다양한 투자전략을 수립하고 있다. 이같은 옵션투자전략을 옵션거래전략(option trading stratege)이라고 한다. 본장에서는 이같은 옵션거래전략을 주가지수옵션을 중심으로 방향성거래전략, 스프레드거래전략, 변동성거래전략, 방향성거래전략과 변동성거래전략의 결합, 헤지거래전략, 합성포지션거래전략, 차익거래전략으로 구분하여 살펴보고자 한다. 그리고 [그림 10-1]은 앞으로 살펴보게 될 옵션거래전략을 요약해 놓은 것이다.

[그림10-1] 옵션거래전략 요약

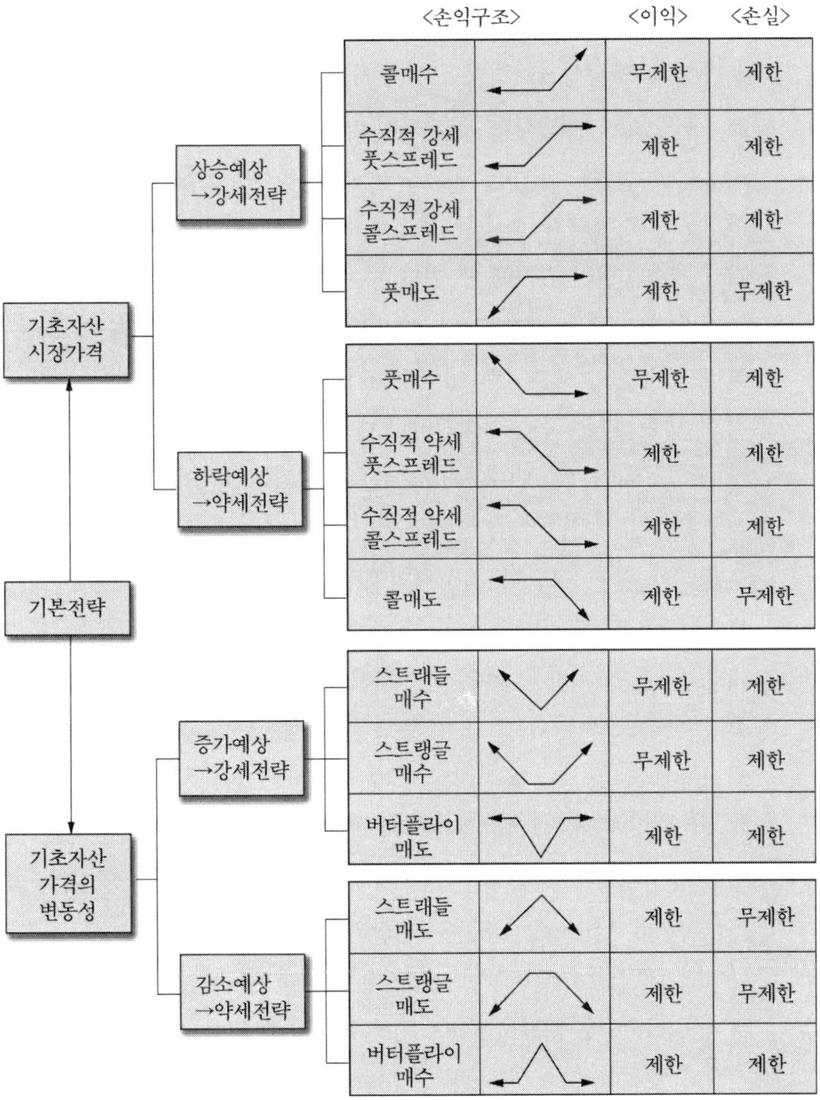

1. 방향성거래전략

옵션의 방향성거래전략이란 주가지수의 예상에 의해 옵션을 단순하게 매수 또는 매도하는 옵션거래전략을 말한다. 즉 주가지수가 상승할 것으로 예상되는 경우는 콜옵션을 매수하거나 풋옵션을 매도하고, 이와 반대로 주가지수가 하락할 것으로 예상되는 경우에는 풋옵션을 매수하거나 콜옵션을 매도하는 것이다.

그런데 이같은 콜옵션의 매수·매도와 풋옵션의 매수·매도 등 옵션의 기본적인 방향성거래(네이키드거래)는 이들을 이용함으로써 만들어지고 있는 다른 옵션거래전략(합성포지션)의 기초가 되는 것인 만큼, 잘 알아두어야 할 것이다. 즉 다른 옵션거래전략의 손익분기점이나 손익구조가 그러하다.

옵션의 경우 이같이 시장위험에 대해 헤지되어 있지 않은 포지션을 보유함으로써 손익변동폭이 큰 경우를 네이키드매매매 또는 단방향매매라고 한다. 이같은 네이키드매매는 수익력은 탁월하지만, 시장의 방향이 반대방향이 되는 경우에는 시장위험이 높아 가장 위험한 옵션거래전략이다. 더욱이 옵션매도의 경우에는 이같은 시장위험이 매우 높음에 따라 투자원금에 대한 무한대 손실의 가능성을 감안한다면, 일반적으로 옵션매도에 대한 네이키드매매는 거의 할 수 없을 것이다. 그러나 옵션매수의 경우에는 이같은 시장위험이 크다 하더라도, 즉 시장의 방향이 반대방향이 된다 하더라도 손실의 최대폭은 프리미엄으로 제한될 뿐 아니라 매매시점과 보유시간을 정교하게 행할 경우 위험을 크게 감소시키면서 수익의 극대화를 도모할 수 있게 될 것이다.

1) 강세전략

(1) 콜옵션매수

① 투자전략

주가지수가 강세이고 가격변동성도 커질 것으로 예상되는 경우는 단순하게 콜옵션을 매수하는 옵션거래전략을 수립해야 한다. 이 때 콜옵션매수자는 주가지수와 가격변동성의 상승에 의한 수익을 얻을 수 있으며, 예상이 맞지 않을 경우에는 손실이 제한되는 투자전략이다. 즉 주가지수가 단기간 내에 크게 상승할 것으로 예상되어 옵션을 매수만 하는 경우 근월물 외가격의 콜옵션을 매수할수록 옵션매수의 레버리지 효과 때문에 수익을 크게 얻을 수 있겠지만, 그렇다고 해서 지나친 외가격의 콜옵션을 매수해서는 안될 것이다. 왜냐하면 옵션의 만기가 1개월로 매우 짧기 때문이다.

② 손익구조

이같은 콜옵션매수진략은 만기시 주가지수가 상승하여 손익분기점 [행사가격(K)+프리미엄(C)]보다 높으면 높을수록 수익을 얻을 수 있기 때문에, 주가지수가 무한정 상승할수록 이론적으로 수익은 무한대가 될 수 있는 것이다. 그러나 이와 반대로 주가지수가 하락하여 손익분기점보다 낮으면 낮을수록 최대한 이미 지급한 프리미엄만큼 손실이 제한된다. 콜옵션매수시의 손익분기점, 최대수익, 최대손실은 〈표 10-1〉과 같다.

〈표 10-1〉 콜옵션매수시의 손익분기점, 최대수익, 최대손실

구 분	내 역
손익분기점	$K+C$
최대수익	$(S-K)-C$
최대손실	C

예를 들어 코스피200지수 행사가격 200.0의 콜옵션을 2.00포인트로 1계약 매수한 이후 코스피200지수의 만기지수가 198.00포인트로 하락하게 되면, 만기일에 콜옵션매수시 -20만원[={198(S)-200(K)}×10만원 -20만원(C=2×1×10만원)]의 손실을 입게 된다. 왜냐하면 옵션매수의 최대손실은 프리미엄이기 때문이다. 그리고 콜옵션매수시 손익분기점은 202.00[=200(K)+2(C)]포인트가 된다. 콜옵션 매수시의 손익구조는 [그림 10-2]와 같다.

[그림 10-2] 콜옵션매수시의 손익구조

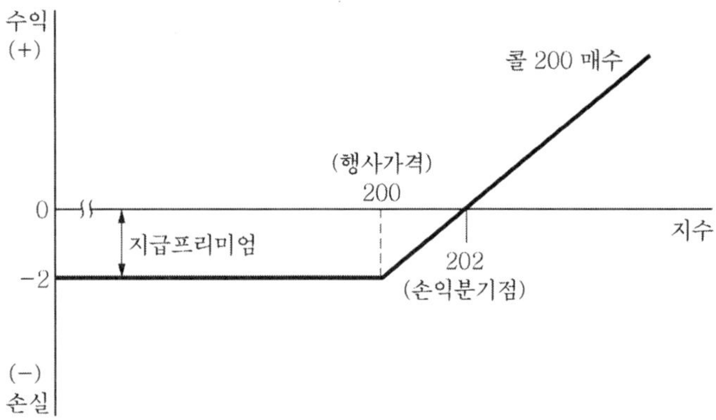

코스피200 지수		190	192	194	196	198	200	202	204	206	208	210
손익 (10만원)	콜 200 매수	−2	−2	−2	−2	−2	−2	0	+2	+4	+6	+8

(2) 풋옵션매도

① 투자전략

주가지수가 하락할 가능성이 낮으면서 보합 또는 상승하고 가격변동성은 낮아질 것으로 예상되는 경우는 풋옵션을 매도하는 옵션거래전략을 수립해야 한다. 이 때 풋옵션매도자는 옵션의 내재가치와 시간가치의 하락으로 수익을 얻고자 하는 투자전략이다. 즉 주가지수가 상승하는 경우는 풋옵션의 내재가치가 하락함으로써 수익을 얻게 될 것이며,

주가지수가 보합권이라 하더라도 가격변동성이 낮아지게 되는 경우에는 옵션의 시간가치가 하락함으로써 수익을 얻게 된다. 따라서 풋옵션 매도시에는 내재변동성이 크면서 고평가되어 있는 근월물 등가격의 풋옵션을 매도하는 것이 유리하게 될 것이다.

② 손익구조

풋옵션매도자는 주가지수가 상승하여 손익분기점[(행사가격(K)-프리미엄(P)]보다 높은 경우는 옵션의 권리행사가 포기되기 때문에, 최대한 프리미엄만큼의 수익을 얻게 된다. 즉 풋옵션매도자는 옵션의 내재가치와 시간가치의 하락으로 수익을 얻게 되는 것이다. 이와 반대로 주가지수가 하락하여 손익분기점보다 낮은 경우에는 주가지수가 하락하면 하락할수록 손실폭이 이론적으로 무한대가 될 수 있는 것이다. 풋옵션매도시의 손익분기점, 최대수익, 최대손실은 〈표 10-2〉와 같다.

〈표 10-2〉 풋옵션매도시의 손익분기점, 최대수익, 최대손실

구 분	내 역
손익분기점	$K-P$
최대수익	P
최대손실	$(S-K)+P$

예를 들어 코스피200지수 행사가격 200.0의 풋옵션을 3.00포인트로 1계약 매도한 이후 코스피200지수의 만기지수가 202.00포인트으로 상승하게 되면, 만기일에 풋옵션매도시 30만원[={202(S)-200(K)}×10만원+30만원(P=3×1×10만원)]의 수익을 얻게 된다. 왜냐하면 옵션매도에 의한 최대수익은 프리미엄이기 때문이다. 그리고 풋옵션매도시 손익분기점은 197.00[=200(K)-3(P)]포인트가 된다. 풋옵션매도시의 손익구조는 [그림 10-3]과 같다.

[그림 10-3] 풋옵션매도시의 손익구조

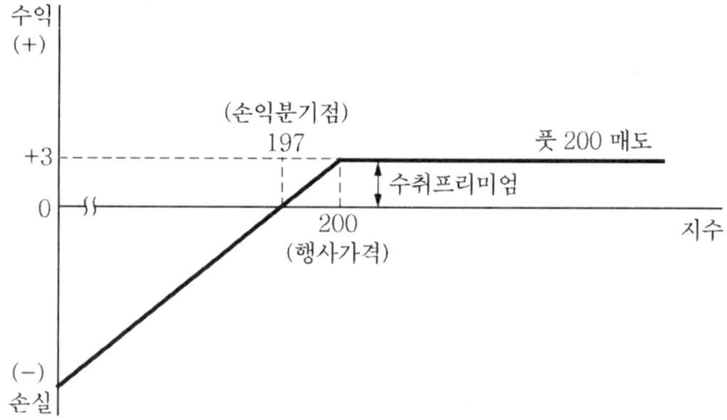

코스피200 지수		192	194	196	197	198	200	202	204	206	208	210
손익 (10만원)	풋 200 매도	−5	−3	−1	0	1	3	3	3	3	3	3

2) 약세전략

(1) 풋옵션매수

① 투자전략

주가지수가 약세이고 가격변동성도 커질 것으로 예상되는 경우는 단순하게 풋옵션을 매수하는 옵션거래전략을 수립해야 한다. 이 때 풋옵션매수자는 주가지수의 하락과 가격변동성이 커짐에 따라 수익을 얻을 수 있으며, 예상이 맞지 않을 경우에는 손실이 제한되는 투자전략이다. 즉 주가지수가 단기간 내에 크게 하락할 것으로 예상되어 옵션을 매수만 하는 경우 근월물 외가격의 풋옵션을 매수할수록 옵션매수의 레버러지효과 때문에 수익을 크게 얻을 수 있겠지만, 그렇다고 해서 지나친 외가격의 풋옵션을 매수해서는 안될 것이다. 왜냐하면 옵션의 만기가 1개월로 매우 짧기 때문이다.

② 손익구조

이같은 풋옵션매수전략은 만기시 주가지수가 하락하여 손익분기점[행사가격(K)-프리미엄(P)]보다 낮으면 낮을수록 수익을 얻을 수 있기 때문에, 주가지수가 무한정 하락하는 경우 이론적으로 수익은 무한대가 될 수 있는 것이다. 그러나 이와 반대로 주가지수가 손익분기점보다 높으면 높을수록 최대한 이미 지급한 프리미엄만큼 손실이 제한된다. 풋옵션매수시의 손익분기점, 최대수익, 최대손실은 〈표 10-3〉과 같다.

〈표 10-3〉 풋옵션매수시의 손익분기점, 최대수익, 최대손실

구 분	내 역
손익분기점	$K-P$
최대수익	$(K-S)-P$
최대손실	P

예를 들어 코스피200지수 행사가격 200.0의 풋옵션을 3.00포인트로 1계약 매수한 이후 코스피200지수의 만기지수가 194.00포인트로 하락하게 되면, 만기일에 풋옵션매수시 30만원[={200(K)-194(S)}×10만원-30만원(P=3×1×10만원)]의 수익을 얻게 된다. 왜냐하면 풋옵션매수에 의한 최대수익은 만기지수가 하락(콜옵션의 경우에는 상승)할수록 이론적으로 무한대가 되기 때문이다. 그리고 풋옵션매수시 손익분기점은 197.00[=200(K)-3(P)]포인트가 된다. 풋옵션 매수시의 손익구조는 [그림 10-4]와 같다.

[그림 10-4] 풋옵션매수시의 손익구조

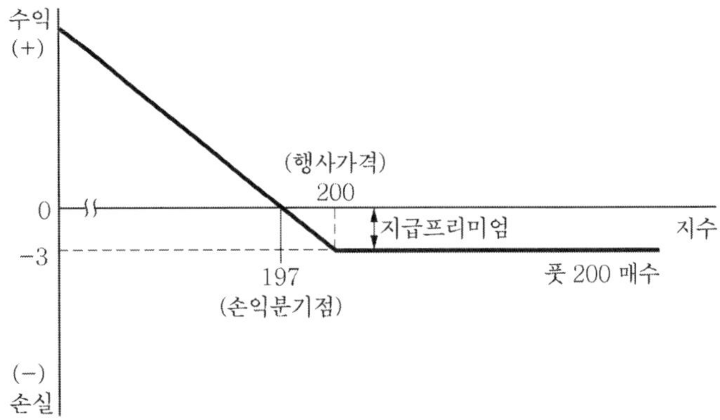

코스피200 지수		190	192	194	196	197	198	200	202	204	206	208
손익 (10만원)	풋 200 매수	+7	+5	+3	+1	0	-3	-3	-3	-3	-3	-3

(2) 콜옵션매도

① 투자전략

주가지수가 상승할 가능성이 낮으면서 보합 또는 하락하고 가격변동성은 낮아질 것으로 예상되는 경우는 콜옵션을 매도하는 옵션거래전략을 수립해야 한다. 이 때 콜옵션매도자는 옵션의 내재가치와 시간가치의 하락으로 수익을 얻고자 하는 투자전략이다. 즉 주가지수가 하락하는 경우는 콜옵션의 내재가치가 하락함으로써 수익을 얻게 될 것이며, 주가지수가 보합권이라 하더라도 가격변동성이 낮아지게 되는 경우에는 옵션의 시간가치가 하락함으로써 수익을 얻게 된다. 따라서 콜옵션 매도시에는 내재변동성이 크면서 고평가되어 있는 근월물 등가격의 콜옵션을 매도하는 것이 유리하게 될 것이다.

② 손익구조

콜옵션매도자는 주가지수가 하락하여 손익분기점[(행사가격(K)+프리미엄(P)]보다 낮은 경우는 옵션의 권리행사가 포기되기 때문에, 최대한 프리미엄만큼의 수익을 얻게 된다. 즉 콜옵션매도자는 옵션의 내재가치와 시간가치의 하락으로 수익을 얻게 된다. 이와 반대로 주가지수가 상승하여 손익분기점보다 높은 경우에는 주가지수가 무한정 상승하는 경우 이론적으로 손실폭은 무한대가 될 수 있는 것이다. 콜옵션매도시의 손익분기점, 최대수익, 최대손실은 〈표 10-4〉와 같다.

〈표 10-4〉 콜옵션매도시의 손익분기점, 최대수익, 최대손실

구 분	내 역
손익분기점	$K+C$
최대수익	C
최대손실	$(K-S)+C$

예를 들어 코스피200지수 콜옵션 행사가격 200.0을 2.00포인트로 1계약 매도한 이후 코스피200지수의 만기지수가 206.00포인트로 상승하게 되면, 만기일에 콜옵션매도시 -40만원[={200(K)-206(S)}×10만원+20만원(C=2×1×10만원)]의 손실을 입게 된다. 왜냐하면 콜옵션매도에 의한 최대손실은 만기지수가 상승(풋옵션의 경우에는 하락)할수록 이론적으로 무한대가 되기 때문이다. 콜옵션매도시의 손익구조는 [그림 10-5]와 같다.

[그림 10-5] 콜옵션매도시의 손익구조

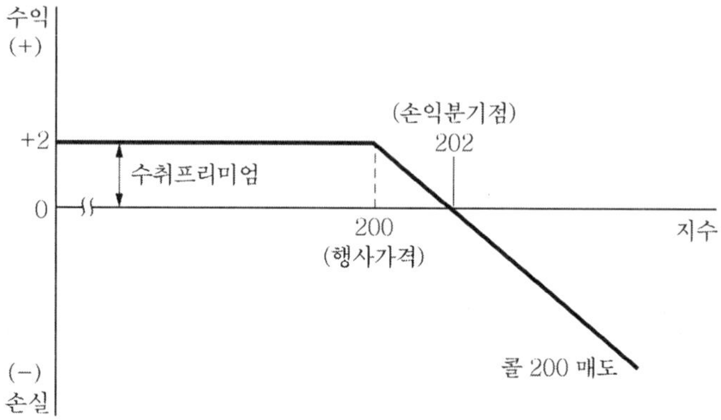

코스피200 지수		188	190	192	194	196	198	200	202	204	206	208
손익 (10만원)	콜 200 매도	+3	+3	+3	+3	+3	+3	+2	0	−2	−4	−6

2. 스프레드거래전략

옵션의 스프레드거래전략이란 방향성을 예상함으로써 투자하는 것이기 때문에 방향성거래전략의 하나로서, 수직적스프레드전략과 수평적스프레드전략으로 구분된다. 수직적스프레드(vertical spread)전략이란 만기가 같지만 행사가격이 서로 다른 콜옵션이나 풋옵션을 동시에 매수 또는 매도하는 옵션거래전략을 말한다. 이에 대해 수평적스프레드(horizontal spread)전략이란 행사가격은 같지만 만기가 서로 다른 콜옵션이나 풋옵션을 동시에 매수 또는 매도하는 옵션거래전략을 말하는 것이다. 그리고 이같은 수직적스프레드전략은 주가지수의 상승이 예상되는 강세스프레드전략과 주가지수의 하락이 예상되는 약세스프레드전략으로 세분되며, 콜옵션과 풋옵션을 모두 이용할 수 있는 옵션거래전략이다.

옵션포지션의 손익이 기초자산가격의 변동성에 크게 영향을 받지 않는데다 제한되어 있는 까닭에 향후 주가지수의 상승 또는 하락에 대해 확신이 없을 경우 수립할 수 있는 보수적인 전략이며, 만기가 같은 콜옵션이나 풋옵션을 동시에 매수 또는 매도하는 까닭에 시간가치의 소멸효과도 작아져 옵션포지션의 장기보유가 가능하기 때문에, 투자자들은 이같은 스프레드거래전략을 이용하고 있는 것이다.

1) 강세스프레드전략

(1) 강세콜옵션스프레드전략

① 투자전략

강세콜옵션스프레드전략(bull call spread strategy)은 향후 주가지수가 상승할 것으로 예상되지만 확신이 서지 않을 경우, 즉 향후 상승과 하락에 대해 제한적인 위험만 감수하고자 할 경우 이용하는 보수적인 옵션거래전략이다. 같은 만기의 콜옵션 가운데 낮은 행사가격의 콜옵션을 매수함과 동시에, 높은 행사가격의 콜옵션을 매도하는 것이다. 이때 ATM의 콜옵션을 매도할 경우 시간가치 소멸효과의 극대화로 인해 수익을 최대화시킬 수 있기 때문에, 매도하는 높은 행사가격의 콜옵션은 ATM일수록 유리하다. 따라서 강세콜옵션스프레드전략에서는 ITM의 콜옵션을 매수하면서 ATM의 콜옵션을 매도해야 할 것이다.

② 손익구조

이같이 강세콜옵션스프레드전략에서는 ITM의 콜옵션을 매수하면서 ATM의 콜옵션을 매도하기 때문에, 프리미엄의 순유출이 이루어질 것이다. 강세콜옵션스프레드전략시의 손익분기점, 최대수익, 최대손실은 〈표 10-5〉와 같다.

〈표 10-5〉 강세콜옵션스프레드전략시의 손익분기점, 최대수익, 최대손실

구 분	내 역
손익분기점	$K_1 + (C_1 - C_2)$
최대수익	$(K_2 - K_1) - (C_1 - C_2)$
최대손실	$C_2 - C_1$
프리미엄의 수취 · 지급	프리미엄 차액($C_2 - C_1$) 지급

주) K_1 : 낮은 행사가격, K_2 : 높은 행사가격, C_1 : 낮은 행사가격의 콜옵션 프리미엄, C_2 : 높은 행사가격의 콜옵션 프리미엄, $C_1 \rangle C_2$

예를 들어 코스피200지수 콜옵션 행사가격 200.0(ITM)을 5.0포인트로 1계약을 매수함과 동시에, 코스피200지수 콜옵션 행사가격 204.0(ATM)를 2.0포인트로 1계약을 매도한 이후 코스피200지수의 만기지수가 204.00포인트로 상승하게 될 때, 강세콜옵션스프레드전략의 경우를 보자. 만기일에 행사가격 200.0의 콜옵션매수시 10만원[={206(S)-200(K)}×10만원-50만원(C=5×1×10만원)]의 수익을 얻게 되고, 행사가격 204.0의 콜옵션매도시 0원[={204(K)-206(S)}×10만원+20만원(C=2×1×10만원)]의 손익을 갖게 된다. 따라서 이같은 강세콜옵션스프레드전략시에는 10만원(=10만원-0원=[{(K_2-K_1)-(C_1- C_2)}×10만원]=[(204-200)-(5-2)}×10만원]의 수익을 얻게 될 것이다. 그리고 강세콜옵션스프레드전략시 손익분기점은 203.00[=200(K_1)+[5(C_1)-2(C_2)] 포인트가 된다. 강세콜옵션스프레드전략시의 손익구조는 [그림 10-6]과 같다.

[그림 10-6] 강세콜옵션스프레드전략시의 손익구조

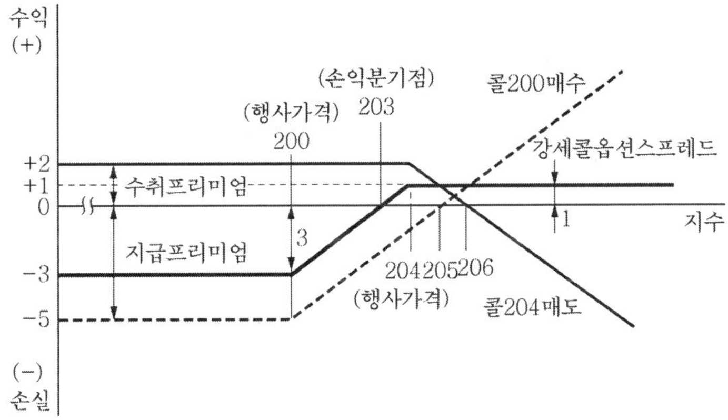

코스피200지수		196	198	200	202	203	204	205	206	208	210	212
손익 (10만원)	콜 200 매수	−5	−5	−5	−3	−2	−1	0	+1	+3	+5	+7
	콜 204 매도	+2	+2	+2	+2	+2	+2	+1	0	−2	−4	−6
	계	−3	−3	−3	−1	0	+1	+1	+1	+1	+1	+1

(2) 강세풋옵션스프레드전략

① 투자전략

강세풋옵션스프레드전략(bull put spread strategy)은 강세콜옵션스프레드전략과 같이 향후 주가지수가 상승할 것으로 예상되지만 확신이 서지 않을 경우 이용하는 보수적인 옵션거래전략이지만, 콜옵션 대신에 풋옵션(OTM)을 이용하는 것이 다르다. 즉 같은 만기의 풋옵션 가운데 낮은 행사가격의 풋옵션을 매수함과 동시에, 높은 행사가격의 풋옵션(ATM)을 매도하는 것이다.

② 손익구조

이같이 강세풋옵션스프레드전략에서는 프리미엄이 낮은 OTM의 풋옵션을 매수하면서 프리미엄이 높은 ATM의 풋옵션을 매도하기 때문에, 프리미엄의 순유입이 이루어질 것이다. 강세풋옵션스프레드전략시의 손익분기점, 최대수익, 최대손실은 〈표 10-6〉과 같다.

〈표 10-6〉 강세풋옵션스프레드전략시의 손익분기점, 최대수익, 최대손실

구 분	내 역
손익분기점	$K_2-(P_2-P_1)$
최대수익	P_2-P_1
최대손실	$(K_1-K_2)-(P_1-P_2)$
프리미엄의 수취·지급	프리미엄 차액(P_2-P_1) 수취

주) K_1 : 낮은 행사가격, K_2 : 높은 행사가격, P_1 : 낮은 행사가격의 풋옵션 프리미엄, P_2 : 높은 행사가격의 풋옵션 프리미엄, $P_2 > P_1$

예를 들어 코스피200지수 행사가격 200.0(OTM)의 풋옵션을 1.00포인트로 1계약을 매수함과 동시에, 코스피200지수 행사가격 202.0(ATM)의 풋옵션 2.00포인트로 1계약을 매도한 이후 코스피200지수의 만기지수가 199.00포인트로 하락하게 될 때, 강세풋옵션스프레드전략의 경우를 보자. 만기일에 행사가격 200.0의 풋옵션매수시 0원[={200(K)-199(S)}×10만원-10만원(P=1×1×10만원)]의 손익을 갖게 되고, 행사가격 202.0의 풋옵션매도시 -10만원[={199(S)-202(K)}×10만원+20만원(P=2×1×10만원)]의 손실을 입게 된다. 따라서 이같은 강세풋옵션스프레드전략시에는 -10만원(=0원-10만원=[{(K_1-K_2)-(P_1-P_2)}×10만원]=[(200-202)-(1-2)}×10만원]의 손실을 입게 될 것이다. 그리고 강세풋옵션스프레드전략시 손익분기점은 201.00[=202(K_2)-[2(P_2)-1(P_1)]포인트가 된다. 강세풋옵션스프레드전략시의 손익구조는 [그림 10-7]과 같다.

[그림 10-7] 강세풋옵션스프레드전략시의 손익구조

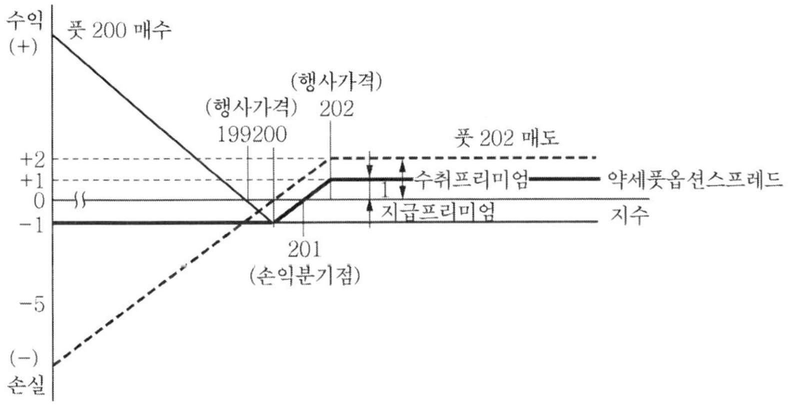

코스피200 지수		194	196	198	199	200	201	202	203	204	206	208
손익 (10만원)	풋 200 매수	+5	+3	+1	0	−1	−1	−1	−1	−1	−1	−1
	풋 202 매도	−6	−4	−2	−1	0	+1	+2	+2	+2	+2	+2
	계	−1	−1	−1	−1	−1	0	+1	+1	+1	+1	+1

2) 약세스프레드전략

(1) 약세콜옵션스프레드전략

① 투자전략

약세콜옵션스프레드전략(bear call spread strategy)은 향후 주가지수가 하락할 것으로 예상되지만 확신이 서지 않을 경우, 즉 향후 상승과 하락에 대해 제한적인 위험만 감수하고자 할 경우 이용하는 보수적인 옵션거래전략이다. 같은 만기의 콜옵션 가운데 높은 행사가격(OTM)의 콜옵션을 매수함과 동시에, 낮은 행사가격(ITM 또는 ATM)의 콜옵션을 매도하는 것이다.

② 손익구조

약세콜옵션스프레드전략의 경우 OTM의 콜옵션을 매수하면서 ITM 또는 ATM의 콜옵션을 매도하기 때문에, 프리미엄의 순유입이 이루어질 것이다. 따라서 약세콜옵션스프레드전략시의 손익분기점, 최대수익, 최대손실은 〈표 10-7〉과 같다.

〈표 10-7〉 약세콜옵션스프레드전략시의 손익분기점, 최대수익, 최대손실

구분	내역
손익분기점	$K_1+(C_1-C_2)$
최대수익	C_1-C_2
최대손실	$(K_1-K_2)-(C_2-C_1)$
프리미엄의 수취 지급	프리미엄 차액(C_1-C_2)

주) K_1: 낮은 행사가격, K_2: 높은 행사가격, C_1: 낮은 행사가격의 콜옵션 프리미엄, C_2: 높은 행사가격의 콜옵션 프리미엄.

예를 들어 코스피200지수 콜옵션 행사가격 204.0(OTM)을 2.0포인트로 1계약을 매수함과 동시에, 코스피200지수 콜옵션 행사가격 200.0(ATM)을 5.0포인트로 1계약을 매도한 경우 강세콜옵션스프레드전략시의 손익구조는 [그림 10-8]과 같다.

[그림 10-8] 약세콜옵션스프레드전략시의 손익구조

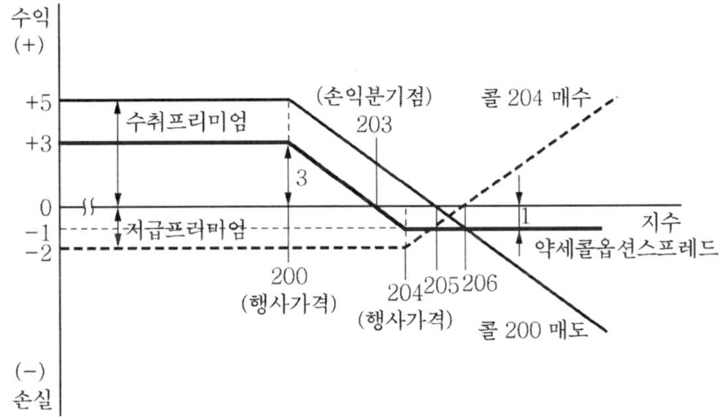

코스피200 지수		194	196	198	200	202	203	204	205	206	208	210
손익 (10만원)	콜 200 매도	+5	+5	+5	+5	+3	+2	+1	0	−1	−3	−5
	콜 204 매수	−2	−2	−2	−2	−2	−2	−2	−1	0	+2	+4
	계	+3	+3	+3	+3	+1	0	−1	−1	−1	−1	−1

② 손익구조

이같이 약세풋옵션스프레드전략의 경우 프리미엄이 낮은 OTM의 풋옵션을 매도하면서 프리미엄이 높은 ITM의 풋옵션을 매수하기 때문에, 프리미엄의 순유출이 이루어질 것이다. 약세풋옵션스프레드전략시의 손익분기점, 최대수익, 최대손실은 〈표 10-8〉과 같다.

예를 들어 코스피200지수 풋옵션 행사가격 202.0(ITM)을 2.0포인트로 1계약을 매수함과 동시에, 코스피200지수 풋옵션 행사가격 200.0(OTM)을 1.0포인트로 1계약을 매도한 경우 약세풋옵션스프레드전략시의 손익구조는 [그림 10-9]와 같다.

〈표 10-8〉 약세풋옵션스프레드전략시의 손익분기점, 최대수익, 최대손실

구분	내역
손익분기점	$K_2-(P_2-P_1)$
최대수익	$(K_2-K_1)-(P_2-P_1)$
최대손실	P_2-P_1
프리미엄의 수취·지급	프리미엄 차액(P_2-P_1) 지급

주) K_1: 낮은 행사가격, K_2: 높은 행사가격, P_1: 낮은 행사가격의 풋옵션 프리미엄, P_2: 높은 행사가격의 풋옵션 프리미엄.

[그림 10-9] 약세풋옵션스프레드전략시의 손익구조

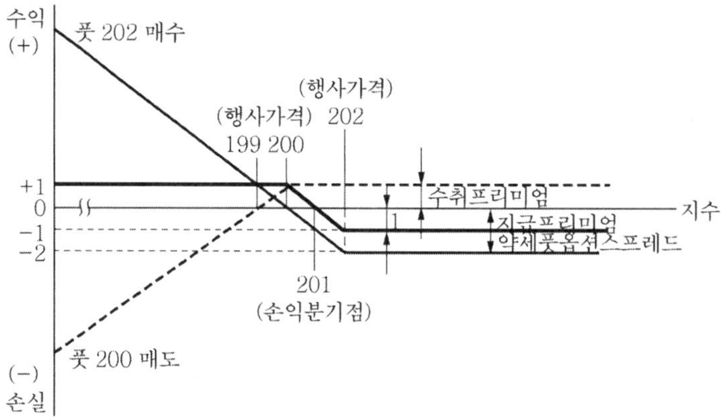

코스피200 지수		194	196	198	199	200	201	202	204	206	208	210
손익 (10만원)	풋 200 매도	−5	−3	−1	0	+1	+1	+1	+1	+1	+1	+1
	풋 202 매수	+6	+4	+2	+1	0	−1	−2	−2	−2	−2	−2
	계	+1	+1	+1	+1	+1	0	−1	−1	−1	−1	−1

3) 수평적 스프레드전략

수평적스프레드전략(horizontal spread stratege)이란 수직적스프레드

전략과 반대로 같은 행사가격에 만기가 서로 다른 콜옵션이나 풋옵션에 대해, 잔존만기가 짧은 근월물 옵션을 매도하면서 잔존만기가 긴 원월물 옵션을 매수하는 포지션으로 구성되는 옵션거래전략을 말한다. 즉 이같은 수평적스프레드전략은 시간가치의 감소가 잔존만기별로 다르다는 사실을 이용하는 것으로, 다른 조건이 일정한 경우 근월물의 시간가치 감소폭이 원월물의 시간가치 감소폭보다 크기 때문에 근월물 만기시점에서 근월물 옵션의 시간가치 감소에 의한 수익이 원월물 옵션의 시간가치 감소에 의한 손실보다 커짐에 따라 수익을 얻게 되는 옵션거래전략인 것이다. 이 같은 수평적스프레드전략은 시간스프레드전략(time spread stratege) 또는 캘린더스프레드전략(calendar spread stratege)이라고도 한다.

예를 들어 2012년 4월 20일 행사가격이 200.0인 5월물(근월물) 콜옵션 1계약을 3.00포인트에 매도함과 동시에, 같은 행사가격의 6월물 콜옵션 1계약을 4.0포인트에 매수한 이후, 근월물인 5월물 옵션의 만기일인 5월 10일(5월 두번째 목요일)에 코스피200지수가 196.00포인트로 하락하였으며 6월물의 콜옵션가격이 3.00포인트로 하락했을 때, 수평적스프레드매수시의 경우를 보자. 만기일에 행사가격 200.0의 5월물 콜옵션 매도시 30만원[={200(K)-196(S)}×10만원+30만원(C= 3 × 1 × 10만원)]의 수익(∵ 콜옵션매도)을 얻게 되고 행사가격 200.0의 6월물 콜옵션보유에 의해 -10만원[=(3-4)×10만원]의 손실을 입게 된다. 따라서 이같은 수평적스프레드매수시에는 5월물옵션의 만기일 현재 20만원(=30만원-10만원)의 수익을 얻게 되는 것이다. 이같이 콜옵션을 이용한 수평적스프레드매수시의 손익구조는 아래 [그림 10-10]과 같다.

[그림 10-10] 콜옵션을 이용한 수평적스프레드매수의 손익구조

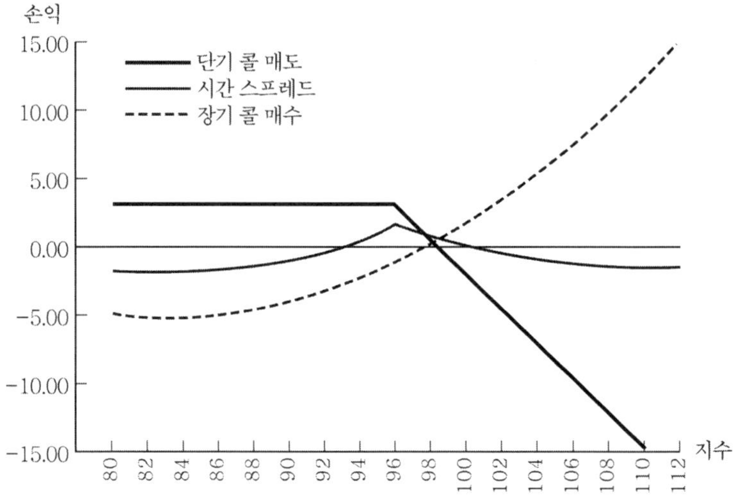

3. 변동성거래전략

옵션은 선물과 달리 기초자산의 상승 또는 하락에 대한 예상은 물론, 기초자산의 가격변동성의 크기를 예상하는 투자전략을 수립할 수 있다. 즉 기초자산의 가격변동성이 커질 것으로 예상되는 경우는 변동성에 대한 강세전략이라고 하며, 이같은 변동성강세전략에는 스트래들매수, 스트랭글매수, 버터플라이매도 등이 있다. 이같은 투자전략에 의하면, 기초자산가격이 상승하거나 하락한다 하더라도 그 방향과 관계없이 예상대로 기초자산의 가격변동성이 커지면 수익을 얻을 수 있게 될 것이다. 이와 반대로 기초자산의 가격변동성이 작아질 것으로 예상되는 경우에는 변동성에 대한 약세전략이라고 하며, 이같은 변동성약세전략에는 스트래들매도, 스트랭글매도, 버터플라이매수 등이 있다. 이같은 투자전략에 의하면, 기초자산가격이 크게 변동하지 않고 일정범위 내에서

움직이게 되면 수익을 얻게 된다.

특히 기초자산의 가격변동성이 커지는 것을 원하는 투자자들은 보유 포지션의 시간가치가 손실로 나타나는 것을 감수해야 되며, 이와 반대의 경우도 성립한다. 따라서 어떤 투자자든지 가격변동과 시간가치가 동시에 유리하게 되는 포지션을 보유할 수 없는 것이다.

1) 변동성강세전략

(1) 스트래들매수

① 투자전략

스트래들(straddle)매수란 최근에 보합세를 유지해 왔던 주가지수가 큰폭으로 상승 또는 하락할 것으로 예상될 때, 즉 기초자산가격 변동성이 커질 것으로 예상될 때 적합한 옵션거래전략이다. 즉 같은 만기와 같은 행사가격의 콜옵션매수+풋옵션매수를 동시에 동일량을 매수하는 옵션거래전략인 것이다. 이같은 스트래들매수 이후 예상대로 기초자산의 가격변동성이 커지면 즉시 포지션을 청산함으로써 수익을 실현하는 것이 유리하다. 왜냐하면 콜옵션과 풋옵션을 모두 매수하기 때문에, 시간가치 소멸효과에 의해 옵션포지션의 가치가 급속히 하락하게 될 것이기 때문이다.

② 손익구조

가격변동성이 커지게 됨에 따라 만기일에 주가지수가 손익분기점보다 높거나 낮을 경우 수익을 얻게 되는데, 이 때 기초자산가격의 변동성이 커질수록 수익이 커지게 된다. 그러나 만기일에 주가지수가 두개의 손익분기점 사이에 놓여 있는 경우에는 손실이 발생하게 되며, 최대손실은 이미 지급한 프리미엄 총액으로 제한될 것이다. 스트래들매수시의 손익분기점, 만기수익, 만기손실은 〈표 10-9〉와 같다.

〈표 10-9〉 스트래들매수시의 손익분기점, 만기수익, 만기손실

구분	내역
손익분기점	1) 주식가격 하락시 $K-(C+P)$ 2) 주식가격 상승시 $K+(C+P)$
만기 수익	손익분기점 이상 또는 이하의 주가 변동폭
만기 손실	두 손익분기점 사이에서 주식가격 형성시 손실 발생 (최대 손실$=C+P$)
프리미엄의 수취·지급	프리미엄 총액$(C+P)$ 지급

예를 들어 코스피200지수 행사가격 200.0의 콜옵션을 3.0포인트로 1계약을 매수함과 동시에, 코스피200지수 풋옵션 행사가격 200.0의 풋옵션을 2.0포인트로 1계약을 매수한 이후 코스피200지수의 만기지수가 192.00포인트로 하락하게 될 때, 스트래들매수시의 경우를 보자. 만기일에 행사가격 200.0의 콜옵션매수시 -30만원[=(192(S)-200(K))×10만원-30만원(C=3×1×10만원)](∵콜옵션매수)의 손실을 입게 되고, 행사가격 200.0의 풋옵션매수시 60만원[={200(K)-192(S)}×10만원-20만원(P=2×1×10만원)]의 수익을 얻게 된다. 따라서 이같은 스트래들매수시에는 30만원(=-30만원+60만원)의 수익을 얻게 될 것이다. 그리고 스트래들매수시 손익분기점은 예에서 주가지수 하락시이기 때문에, 195.00[=200(K)-{3(C)+2(P)]포인트가 된다[주가지수 상승시는 $K+(C+P)$]. 스트래들매수시의 손익구조는 [그림 10-11]과 같다.

[그림 10-11] 스트래들매수시의 손익구조

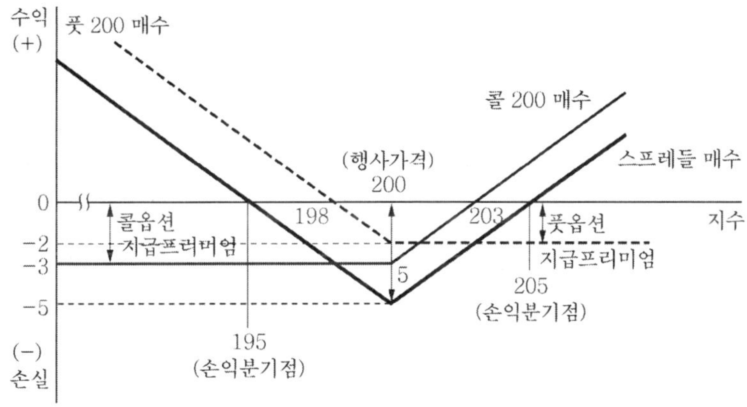

코스피200 지수		192	194	195	196	198	200	202	203	204	205	206
손익 (10만원)	콜 200 매수	-3	-3	-3	-3	-3	-3	-1	0	+1	+2	+3
	풋 200 매수	+6	+4	+3	+2	0	-2	-2	-2	-2	-2	-2
	계	+3	+1	0	-1	-3	-5	-3	-2	-1	0	+1

(2) 스트랭글매수

① 투자전략

스트랭글(strangle)매수란 스트래들매수와 같이 주가지수가 큰 폭으로 상승 또는 하락할 것으로 예상될 때, 즉 기초자산가격 변동성이 커질 것으로 예상될 때 적합한 옵션거래전략이다. 그러나 스트랭글매수는 스트래들매수와 같이 같은 만기의 옵션끼리의 결합이지만, 스트래들매수와 달리 높은 행사가격(OTM)의 콜옵션과 낮은 행사가격의 풋옵션을 동일 수량으로 동시에 매수하는 콜옵션매수+풋옵션매수의 구조이다.

② 손익구조

스트랭글매수전략은 OTM의 옵션을 매수하기 때문에, ATM의 옵션을 매수하는 스트래들매수에 비해 지급하는 프리미엄이 적다. 따라서 시간가치 소멸에 의한 최대손실도 스트래들매수보다 작기 때문에, 옵션 포지션을 스트래들매수에 비해 길게 보유할 수 있을 것이다. 만기일에 주가지수가 손익분기점보다 높거나 낮은 경우는 수익을 얻을 수 있겠지만, 두개의 손익분기점 사이에 놓여 있는 경우에는 손실을 입게 된다. 그리고 스트랭글매수는 스트래들매수에 비해 손실구간이 넓은 반면에 최대손실액은 적지만, 스트래들매수와 같이 최대손실액은 프리미엄으로 제한된다. 스트랭글매수시의 손익분기점, 만기수익, 만기손실은 〈표 10-10〉과 같다.

〈표 10-10〉 스트랭글매수시의 손익분기점, 만기수익, 만기손실

구분	내역
손익분기점	1) 주식가격 하락시 $K_1-[C(K_2)+P(K_1)]$ 2) 주식가격 상승시 $K_2+[C(K_2)+P(K_1)]$
만기 수익	손익분기점 이상 또는 이하의 주가 변동폭
만기 손실	두 손익분기점 사이에서 주식가격 형성시 손실발생 [최대손실$=C(K_2)+P(K_1)$]
프리미엄의 수취 · 지급	프리미엄 총액[$C(K_2)+P(K_1)$]지급

예를 들어 코스피200지수 행사가격 205.0의 콜옵션을 2.0포인트로 1계약을 매수함과 동시에, 코스피200지수 행사가격 200.0의 풋옵션을 1.0포인트로 1계약을 매수한 이후 코스피200지수의 만기지수가 204.00포인트로 상승하게 될 때, 스트랭글매수시의 경우를 보자. 만기일에 행사가격 205.0의 콜옵션매수시 -20만원[={204(S)-205(K_2)}×10만원-20만원(C=2×1×10만원]의 손실(∵콜옵션매수)을 입게 되고, 행사가격 200.0의 풋옵션매수시 -10만원[={200(K_1)-204(S)}×10만원-10만원(P=1×1×10만원)]의 손실(∵풋옵션매수)을 입게 된다. 따라서 이같은 스트랭글매수시에는 -30만원(=-20만원-10만원=[-{$C(K_2)+P(K_1)$}×10만원]=[-(2+1)×10만원]의 손실을 입게 될 것이다. 그리고 스트랭글매수시의 손익분기점은 예

에서 주가지수가 상승시이기 때문에, 208.00[$=205(K_2)+\{2(CK_2)+1(PK_1)\}$]포인트가 된다[주가지수 하락시는 [$K_1-(CK_2)+(PK_1)$]. 스트랭글매수의 손익구조는 [그림 10-12]와 같다.

[그림 10-12] 스트랭글매수시의 손익구조

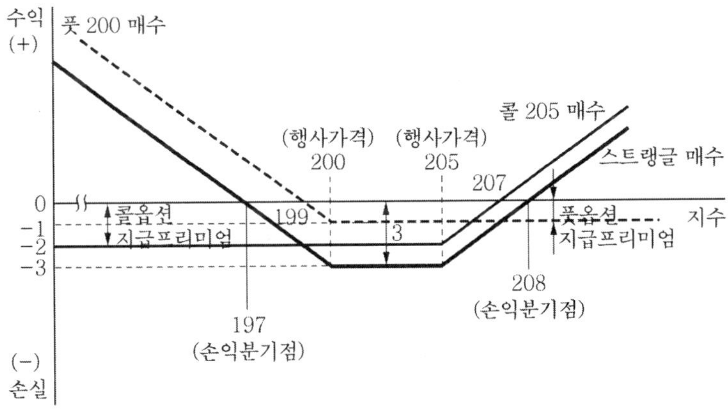

코스피200 지수		194	196	197	198	199	200	202	204	206	207	208
손익 (10만원)	콜 205 매수	−2	−2	−2	−2	−2	−2	−2	−2	−1	0	+1
	풋 200 매수	5	3	2	1	0	−1	−1	−1	−1	−1	−1
	계	3	1	0	−1	−2	−3	−3	−3	−2	1	0

(3) 버터플라이매도

① 투자전략

버터플라이(butterfly)매도란 기초자산가격의 변동성이 커지게 될 가능성이 높을 때 적합한 옵션거래전략이라고 하는 점에서는 스트래들매수나 스트랭글매수와 같지만, 버터플라이매수와 같이 수익과 손실을 제한시키고자 하는 보수적인 옵션거래전략이다. 즉 낮은 행사가격의 콜옵션 1계약을 매도함과 동시에 중간 행사가격의 콜옵션 2계약을 매수하고, 가장 높은 행사가격의 콜옵션 1계약을 매도하는 옵션거래전략이다.

이 때 옵션의 만기는 같고, 행사가격의 간격은 일정해야 한다.

② 손익구조

버터플라이매도전략은 기초자산의 가격변동성이 커지게 되면 수익을 얻을 수 있지만, 제한적이다. 물론 최대손실도 제한되어 있다. 버터플라이매도의 손익분기점, 만기수익, 만기손실은 〈표 10-11〉과 같다.

〈표 10-11〉 버터플라이매도시의 손익분기점, 만기수익, 만기손실

구분	내역
옵션 프리미엄	$C_1 > C_2 > C_3$, 프리미엄 차액=$(C_1 + C_3) - 2C_2$
손익분기점	1) 주식가격 하락시 K_1+프리미엄 차액 2) 주식가격 상승시 K_3-프리미엄 차액
만기 수익	1) 주식가격이 두 손익분기점을 위 또는 아래로 벗어나면 이익 발생 2) 주식가격이 K_1 이하 또는 K_3 이상에 있을 때 최대 이익은 프리미엄 차액
만기 손실	1) 주가가 두 손익분기점 이내에 있을 때 손실 발생 2) 최대손실: $(K_2 - K_1)$-프리미엄 차액 또는 $(K_3 - K_2)$-프리미엄 차액

주): K_1: 가장 낮은 행사가격, K_2: 중간 행사가격, K_3: 가장 높은 행사가격

예를 들어 코스피200지수 행사가격 198.0의 콜옵션을 5.0포인트로 1계약을 매도함과 동시에 코스피200지수 행사가격 200.0의 콜옵션을 3.0포인트로 2계약을 매수하고, 코스피200지수 행사가격 202.0의 콜옵션을 2.0포인트로 1계약을 매도한 이후 코스피200지수의 만기지수가 204.00포인트로 상승하게 될 때, 버터플라이매도시의 경우를 보자. 만기일에 행사가격 198.0의 콜옵션매도시 -10만원[={198(K_1)-204(S)}×10만원+50만원(C=5×1×10만원)의 손실을 입게 되며, 행사가격 200.0의 콜옵션매수시 20만원[[={204(S)-200(K_2)}×10만원-30만원(C=3×1×10만원)]×2계약]]의 수익을 얻게 되고, 행사가격 202.0의 콜옵션매도시 0원[={202(K_3)-204(S)}×10만원+20만원(C=2 × 1 × 10만원)의 손익을 갖게 된다. 따라서 이같은 버터플라이매도시에는 10만원(=-10만원+20만

원 +0원)의 수익을 얻게 될 것이다. 그리고 버터플라이매도시의 손익분기점은 예에서 주가지수가 상승시이기 때문에, 201.00[$=(K_3)+\{2(CK_2)-(C_1+C_3-2\times C_2)\}$] = [202-(5+2-2×3)]포인트가 된다[주가지수 하락시는 [$(K_1)+(C_1+C_3-2\times C_2)$]. 버터플라이매도시의 손익구조는 [그림 10-13]과 같다.

[그림 10-13] 버터플라이매도시의 손익구조

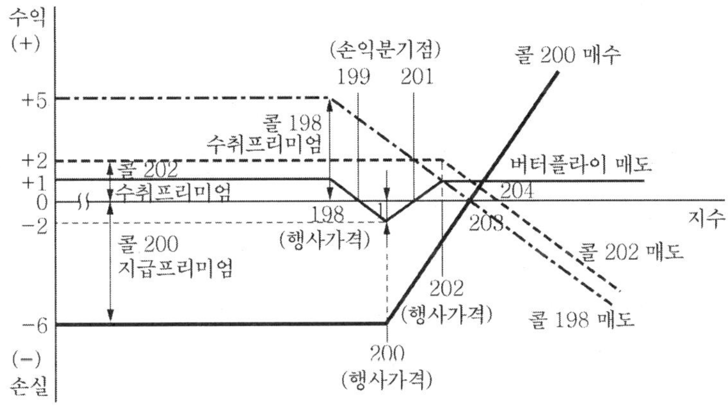

코스피200 지수		194	196	198	199	200	201	202	203	204	206	208
손익 (10만원)	콜 198 1계약매도	+5	+5	+5	+4	+3	+2	+1	0	-1	-3	-5
	콜 200 2계약매수	-6	-6	-6	-6	-6	-4	-2	0	+2	+6	+10
	콜 202 1계약매도	+2	+2	+2	+2	+2	+2	+2	-1	0	-2	-4
	계	+1	+1	+1	0	-1	0	+1	+1	+1	+1	+1

2) 변동성약세전략

(1) 스트래들매도

① 투자전략

스트래들(straddle)매도란 향후 주가지수의 변동성이 작아짐에 따라 현재 수준에서 횡보할 것으로 예상될 때 적합한 옵션거래전략이다. 즉 같은 만기와 같은 행사가격의 콜옵션매도+풋옵션매도를 동시에 동일량을 매도하는 옵션거래전략인 것이다. 이같이 스트래들매도를 하는 경우에는 프리미엄만큼의 수익을 얻을 수 있기 때문에, 시간가치의 소멸효과를 극대화시키는 것이 유리하다. 따라서 이를 위해 근월물의 옵션을 매도해야 하는 것이다. 여기서 시간가치의 소멸효과란 옵션만기일이 가까워질수록 시간가치가 점감함에 따라, 만기일이 되면 옵션의 시간가치는 0가 된다는 것을 말한다.

② 손익구조

이같은 스트래들매도는 기초자산의 가격변동성이 작아짐으로써 주가지수가 손익분기점 사이에 놓여 있게 되면 수익을 얻게 되고, 최대수익은 이미 받은 프리미엄총액이 될 것이다. 그러나 기초자산의 가격변동성이 예상과 달리 커지게 됨으로써 주가지수가 두개의 손익분기점을 벗어나게 될수록 손실을 입게 된다. 스트래들매도시의 손익분기점, 만기수익, 만기손실은 〈표 10-12〉와 같다.

〈표 10-12〉 스트래들매도시의 손익분기점, 만기수익, 만기손실

구분	내역
손익분기점	• 주식가격 하락시 $K-(C+P)$ • 주식가격 상승시 $K+(C+P)$
만기 손실	손익분기점 이상 또는 이하의 주가 변동폭(손실 무제한)
만기 수익	• 수취한 프리미엄의 총액$(C+P)$ 이내 • 최대이익: 수취한 프리미엄의 총액$(C+P)$
프리미엄의 수취 · 지급	프리미엄 총액$(C+P)$ 수취

예를 들어 코스피200지수 행사가격 200.0의 콜옵션을 3.0포인트로 1계약을 매도함과 동시에, 코스피200지수 행사가격 200.0의 풋옵션을 2.0포인트로 1계약 매도한 스트래들매도의 손익구조는 [그림 10-14]와

같다.

[그림 10-14] 스트래들매도시의 손익구조

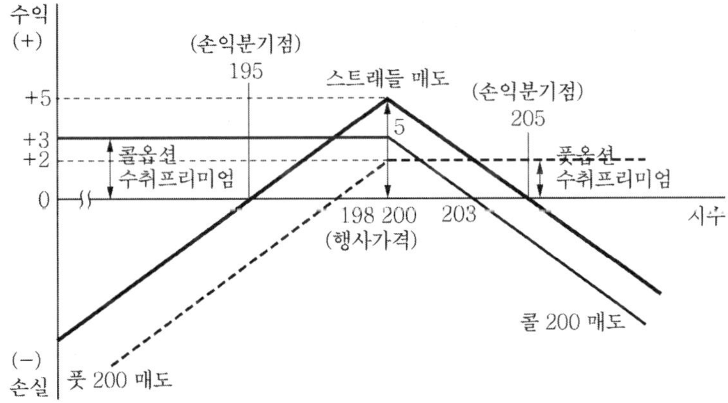

코스피200 지수		194	195	196	198	200	202	203	204	205	206	208
손익 (10만원)	콜 200 매도	+3	+3	+3	+3	+3	+1	0	−1	−2	−3	−5
	풋 200 매도	−4	−3	−2	0	+2	+2	+2	+2	+2	+2	+2
	계	−1	0	+1	+3	+5	+3	+2	+1	0	−1	−3

(2) 스트랭글매도

① 투자전략

스트랭글(strangle)매도란 스래들매도와 같이 주가지수가 변동성이 작아짐에 따라 현재 수준에서 횡보할 것으로 예상될 때 적합한 옵션거래전략이다. 그러나 스트랭글매도는 스트래들매도와 같이 같은 만기의 옵션끼리의 결합이지만, 스트래들매도와 달리 높은 행사가격(OTM)의 콜옵션과 낮은 행사가격의 풋옵션을 동일 수량으로 동시에 매도하는 콜옵션매도+풋옵션매도의 구조이다.

② 손익구조

스트랭글매도전략은 OTM의 옵션을 매도하기 때문에, ATM의 옵션을 매도하는 스트래들매도에 비해 수취하는 프리미엄이 적다. 따라서 스트랭글매도는 스트래들매도에 비해 최대수익이 상대적으로 감소하지만, 수익을 얻을 수 있는 기초자산가격의 범위가 상대적으로 넓다. 그리고 스트랭글매도전략의 경우에도 옵션의 시간가치 소멸효과를 극대화시키기 위해, 근월물 옵션을 매도해야 한다. 스트랭글매도시의 손익분기점, 만기수익, 만기손실은 〈표 10-13〉과 같다.

〈표 10-13〉 스트랭글매도시의 손익분기점, 만기수익, 만기손실

구분	내역
손익분기점	• 지수 하락시 $K_1 - [C(K_2) + P(K_1)]$ • 지수 상승시 $K_2 + [C(K_2) + P(K_1)]$
만기 손실	손익분기점 이상 또는 이하의 주가 변동폭(손실 무제한)
만기 수익	• 수취한 프리미엄 총액[$C(K_2) + P(K_1)$]이내 • 최대이익: 수취한 프리미엄 총액[$C(K_2) + P(K_1)$]
프리미엄의 수취 · 지급	프리미엄 총액[$C(K_2) + P(K_1)$] 수취

예를 들어 코스피200지수 행사가격 205.0의 콜옵션을 2.0포인트로 1계약을 매도함과 동시에, 코스피200지수 행사가격 200.0의 풋옵션을 1.0포인트로 1계약을 매도한 스트랭글매도의 손익구조는 [그림 10-15]와 같다.

[그림 10-15] 스트랭글매도시의 손익구조

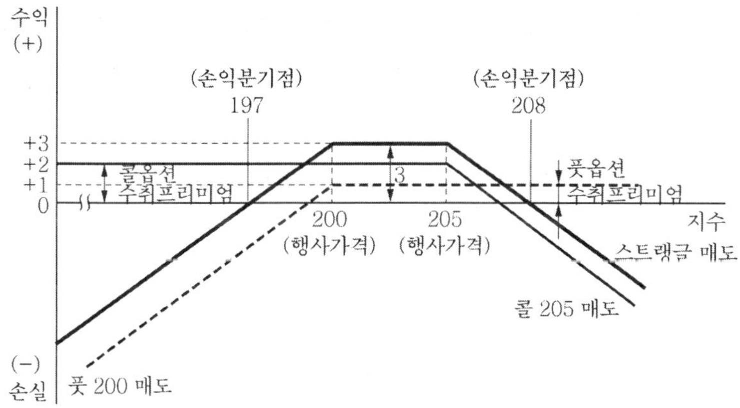

코스피200 지수		196	197	198	199	200	203	205	207	208	209	211
손익 (10만원)	콜 205 매도	+2	+2	+2	+2	+2	+2	+2	0	−1	−2	−4
	풋 200 매도	−3	−2	−1	0	+1	+1	+1	+1	+1	+1	+1
	계	−1	0	+1	+2	+3	+3	+3	+1	0	−1	−3

(3) 버터플라이매수

① 투자전략

버터플라이(butterfly)매수란 기초자산가격의 변동성이 작아지게 될 가능성이 높을 때 적합한 옵션거래전략이라고 하는 점에서는 스트래들매도나 스트랭글매도와 같지만, 버터플라이매도와 같이 수익과 손실을 제한시키고자 하는 보수적인 옵션거래전략이다. 즉 낮은 행사가격의 콜옵션 1계약을 매수함과 동시에 중간 행사가격의 콜옵션 2계약을 매도하고, 가장 높은 행사가격의 콜옵션 1계약을 매수하는 옵션거래전략이다. 이때 옵션의 만기는 같고, 행사가격의 간격은 일정해야 한다.

② 손익구조

버터플라이매수전략은 기초자산의 가격변동성이 작아지게 되면 수익을 얻을 수 있지만, 제한적이다. 물론 최대손실도 제한되어 있다. 버터플라이매수의 손익분기점, 만기수익, 만기손실은 〈표 10-14〉와 같다.

〈표 10-14〉 버터플라이매수시의 손익분기점, 만기수익, 만기손실

구분	내역
옵션프리미엄	$C_1 > C_2 > C_3$, 프리미엄 차액$=2C_2-(C_1+C_3)$
손익분기점	1) 주식가격 하락시 K_1-프리미엄 차액 2) 주식가격 상승시 K_3+프리미엄 차액
만기 손실	1) 주식가격이 두 손익분기점을 위 또는 아래로 벗어나면 손실 발생 2) 주식가격이 K_1 이하 또는 K_3 이상에 있을 때 최대 손실은 프리미엄 차액$[2C_2-(C_1+C_3)]$
만기 수익	1) 주식가격이 두 손익분기점 사이에 있을 때 이익 발생 2) 최대이익$=(K_2-K_1)$-프리미엄 차액 또는 (K_3-K_2)-프리미엄 차액

주: K_1: 가장 낮은 행사가격, K_2: 중간 행사가격, K_3: 가장 높은 행사가격

예를 들어 코스피200지수 행사가격 198.0의 콜옵션을 5.0포인트로 1계약을 매수함과 동시에 코스피200지수 행사가격 200.0의 콜옵션을 3.0포인트로 2계약을 매도하고, 코스피200지수 행사가격 202.0의 콜옵션을 2.0포인트로 1계약을 매수한 버터플라이매수의 손익구조는 [그림 10-16]과 같다.

[그림 10-16] 버터플라이매수시의 손익구조

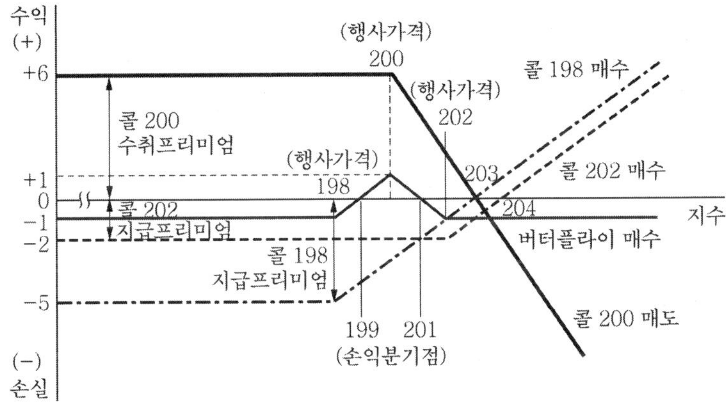

코스피200 지수		194	196	198	199	200	201	202	203	204	206	208
손익 (10만원)	콜 198 1계약 매수	−5	−5	−5	−4	−3	−2	−1	0	+1	+3	+5
	콜 200 2계약 매도	+6	+6	+6	+6	+6	+4	+2	0	−2	−6	−10
	콜 202 1계약 매수	−2	−2	−2	−2	−2	−2	−2	−1	0	+2	+4
	계	−1	−1	−1	0	+1	0	−1	−1	−1	−1	−1

4. 방향성거래전략과 변동성거래전략의 결합

1) 비율스프레드전략

① 투자전략

비율스프레드전략(ratio vertical spread stratege)란 옵션매수분보다 옵션매도분을 몇 배나 많이 편입하는 옵션거래전략을 말한다. 따라서 이같은 비율스프레드전략은 방향성을 감안한 변동성전략으로서, 기초자산가격의 변동성이 다소 높을 때 주가지수의 흐름을 어느 정도 확신할 수 있을 경우에 수립할 수 있는 옵션거래전략인 것이다. 비율스프레드전략도 콜비율스프레드전략과 풋비율스프레드전략으로 구분되는데, 이 같은 포지션구성에 대해서는 아래 〈표 10-15〉와 같다.

〈표 10-15〉 콜비율스프레드전략과 풋비율스프레드전략의 포지션구성

전략	포지션 구성
콜 비율 스프레드	낮은 행사가격 콜옵션 매수+높은 행사가격 콜옵션 x배 매도
풋 비율 스프레드	높은 행사가격 풋옵션 매수+낮은 행사가격 풋옵션 x배 매도

② 손익구조

비율스프레드전략은 옵션매도시의 프리미엄을 더욱 수취함으로써 매도행사시점에서 수익을 증대시킬 수 있겠지만, 예상과 달리 주가지수가 매도한 옵션의 행사가격 이상으로 상승할 경우에는 큰 손실을 입을 수 있는 구조이다.

예를 들어 코스피200지수 콜옵션 행사가격 200.0을 3.0포인트로 1계약을 매수함과 동시에, 코스피200지수 콜옵션 행사가격 204.0을 2.0포인트로 2계약을 매도한 콜비율스프레드의 손익구조는 [그림 10-17]과 같다.

2) 스트립과 스트랩

① 스트립의 투자전략

스트래들매수전략과 비슷한 스트립(strip)매수란 같은 행사가격의 풋옵션 2개와 콜옵션 1개를 매수하는 옵션거래전략이다. 따라서 스트래들매수전략과 다른 점은 풋옵션이 한개 더 추가됨에 따라, 기초자산가격의 변동성이 커질 것을 예상하면서 하락가능성에 더 비중을 두고 있다는 점이다.

[그림 10-17] 콜비율스프레드시의 손익구조

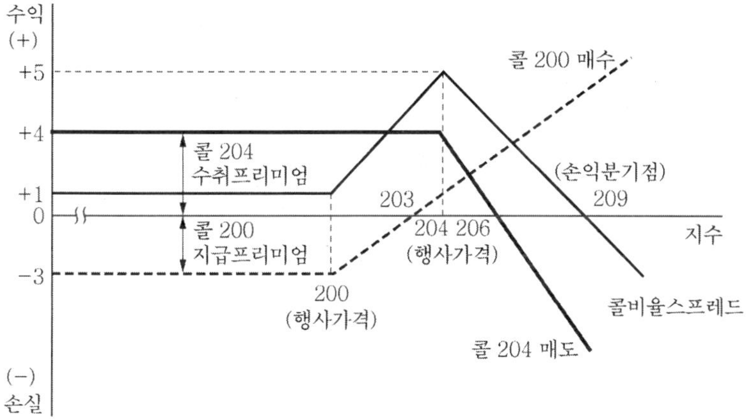

코스피200 지수		198	200	202	203	204	206	208	209	210	212	214
손익 (10만원)	콜 200 매수	-3	-3	-1	0	+1	+3	+5	+6	+7	+9	+11
	풋 204 매도	+4	+4	+4	+4	+4	0	-4	-6	-8	-12	-16
	계	+1	+1	+3	+4	+5	+3	+1	0	-1	-3	-5

② 스트랩의 투자전략

스트래들매수전략과 비슷한 스트랩(strap)매수란 같은 행사가격의 콜옵션 2개와 풋옵션 1개를 매수하는 옵션거래전략이다. 따라서 스트래들매수전략과 다른 점은 콜옵션이 한개 더 추가됨에 따라, 기초자산가격의 변동성이 커질 것을 예상하면서 상승가능성에 더 비중을 두고 있다는 점이다. 스트립매수와 스트랩매수시의 손익구조는 아래 [그림 10-18]과 같다.

[그림 10-18] 스트립매수와 스트립매수시의 손익구조

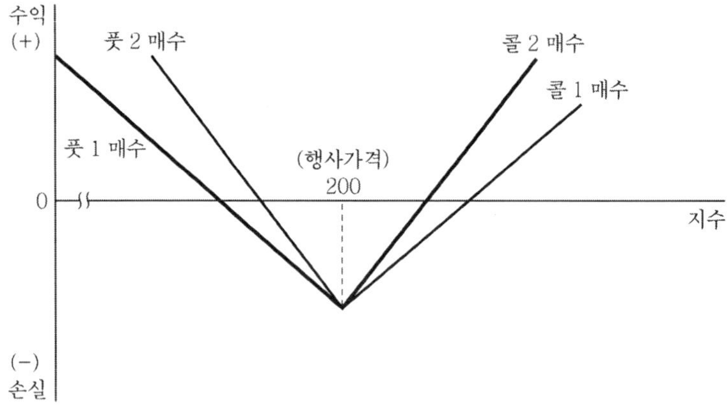

5. 헤지거래전략

헤지거래전략에는 보호적풋매수전략과 커버드콜매도전략 등이 있다. 그런데 보유주식을 주가지수선물로 헤지하고자 하는 경우는 보유주식의 가치상승 기회를 상실하게 되는 단점이 있다. 그러나 옵션을 이용한 헤지거래전략을 이용하는 경우에는 보유주식의 가치하락 위험을 제한시키면서 가치상승의 기회를 누릴 수 있게 된다.

1) 보호적풋매수전략

보호적풋매수전략(protective put option stratege)이란 현재 주식(또는 주가지수포트폴리오를 보유하고 있는 투자자가 향후 주가지수가 하락전환할 것으로 예상될 때 현재의 주가지수보다 약간 낮거나 높은 행사가격의 풋옵션을 매수함으로써 주가하락시 보유주식의 손실위험을 감소시키고자 하는 옵션헤지거래전략을 말한다. 즉 예상대로 주가지수가 하락하는 경우는 보유주식의 주가하락에 의해 일정손실이 발생하겠

지만, 이는 풋옵션매수로 인한 수익으로 일정부분의 손실은 만회(Covered)하게 될 것이다. 이와 반대로 예상과 달리 주가지수가 상승할수록 보유주식의 주가상승으로 인한 수익으로 풋옵션매수에 의한 프레미엄하락분 만큼의 손실을 만회(Covered)하고도 큰 수익을 얻게 될 것이지만, 주식포트폴리오만 보유한 경우보다 풋옵션매수시 지급한 프리미엄만큼 수익이 감소된다.

예를 들어 코스피200지수가 200.00포인트(S_t)일 때 코스피200지수를 추적하는 주식포트폴리오를 100억원 보유하고 있는 펀드매니저가 향후 주가하락에 대비하여 코스피200지수 행사가격 202.0의 풋옵션을 4.00포인트에 1,000계약 매수한 이후 코스피200지수의 만기지수가 206.00포인트(S_T)로 급등하게 될 때, 보호적풋매수시의 경우를 보자. 만기일에 보유주식포트폴리오에서 60만원[={206(S_T)-200(S_t)}×10만원]의 수익을 얻게 되고, 풋옵션매수시 -40만원[[={202(K)-206(S_T)]×10만원-40만원(P=4×1×10만원]×2계약]의 손실(∵풋옵션매수) 입게 된다. 따라서 이같은 보호적풋매수시에는 20만원(=60만원-40만원)의 수익을 얻게 될 것이다. 보호적풋매수의 손익구조는 아래 [그림 10-19]와 같다.

아래 [그림 10-19]에서 보는 바와 같이 옵션만기에 코스피200지수가 손익분기점보다 낮은 경우는 현물포트폴리오의 손익분과 풋옵션의 손익분의 차이만큼이 최대손실이 된다. 이와 반대로 코스피200지수가 손익분기점보다 높은 경우에는 현물포트폴리오의 수익분과 풋옵션의 손실분(프리이엄)의 차이가 수익이 되며, 이같은 수익은 주가지수가 상승할수록 커지게 된다.

이같은 보호적풋매수전략은 주식포트폴리오와 풋옵션의 매수포지션으로 구성되어 있기 때문에, 제7장에서 살펴본 풋-콜 패리티에 의해 다음과 같이 합성콜옵션매수포지션과 같다.

+ 주식포트폴리오매수 + 풋옵션매수 = 합성콜옵션매수포지션 (10-1)

[그림 10-19] 보호적풋매수시의 손익구조

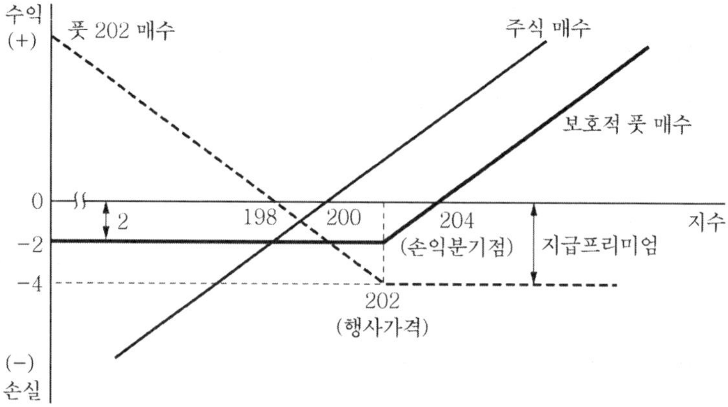

코스피200 지수		190	192	194	196	198	200	202	204	206	208	210
손익 (1,000만원)	주식 포트폴리오	-10	-8	-6	-4	-2	0	+2	4	6	8	10
	풋 202 1,000계약 매수	+8	+6	+4	+2	0	-2	-4	-4	-4	-4	-4
	계	-2	-2	-2	-2	-2	-2	-2	0	2	4	6

2) 커버드콜매도

커버드콜매도(covered call writing stratege)는 주식포트폴리오를 보유하고 있는 투자자가 향후 주가지수가 횡보국면을 유지하거나 약간 하락할 가능성이 있는 경우 현재의 주가지수보다 약간 낮거나 높은 행사가격의 콜옵션을 매도하여 프리미엄을 받음에 따라 주식매수에 의한 위험을 감소시키는 헤지거래전략을 말한다. 즉 예상과 같이 향후 주가지수가 횡보국면을 유지하거나 약간 하락하는 경우는 주식포트폴리오의 가치는 거의 변동이 없거나 약간 하락하는 가운데 콜옵션매도시에 받은 프리미엄의 시간가치 감소에 의한 수익이 가능해짐에 따라, 주식포트폴리오에서의 손실을 만회(Covered)하고도 어느 정도의 수익을 얻게 될 것이다. 이와 반대로 예상과 달리 주가지수가 상승할수록 콜옵션의 매도에서는 손실이 발생하겠지만 보유하고 있는 주식포트폴리오에서는 주가의 상승으로 인해 콜옵션매도로 인한 손실을 만회(Covered)하고도 어느 정도의 수익을 얻게 될 것이다. 그리고 예상과 달리 주가지수가 크게 하락할수록 옵션의 매도프리미엄 만큼 손익분기점이 하향조정되겠지만, 주가하락으로 인한 손실을 만회할 수 없게 될 것이다. 또한 커버드콜매도포지션은 풋옵션매도포지션과 같은 것이기 때문에, 최대수익은 풋옵션매도프리미엄으로 제한적일 것이다.

이같은 커버드콜매도전략은 주식포트폴리오와 콜옵션의 매도포지션으로 구성되어 있기 때문에, 풋-콜 패리티에 의해 다음과 같이 합성풋옵션매도포지션과 같다.

+주식포트폴리오매수-콜옵션매수=-합성풋옵션매도포지션 (10-2)

예를 들어 코스피200지수가 200.00포인트(S_t)일 때, 코스피200지수를 추적하는 주식포트폴리오 100억원을 보유하고 있는 펀드매니저가 코스피200지수 행사가격 200.0의 콜옵션 1,000계약을 프리미엄 3.00포인트에 매도한 이후 코스피200지수의 만기지수가 202.00포인트(S_T)로 약간 상승하게 될 때, 커버드콜매도시의 경우를 보자. 만기일에 보유주식포트폴리오에서 20만원[={202(S_T)-200(S_t)}×10만원]의 수익을 얻게 되고, 콜옵션매도시 10만원[={200(K)-202(S_T)]×10만원+30만원(C=3×1×10만원]의 수익을 얻게 된다. 따라서 이같은 커버드콜매도시에는 30만원(=20만원+10만원)의 수익을 얻게 될 것이다. 커버드콜매도의 손익구조는 아래 [그림 10-20]과 같다.

다음의 [그림 10-20]에서 보는 바와 같이 콜옵션만기일에 주가지수가 손익분기점보다 상승한다 하더라도 최대수익은 콜옵션매도프리미엄으로 제한될 것이다. 그리고 이때 커버드콜매도포지션의 손익분기점은 주식포트폴리오만 보유했을 때의 손익분기점보다 하향조정되었는데, 이는 콜옵션을 매도했기 때문이다.

[그림 10-20] 커버드콜매도시의 손익구조

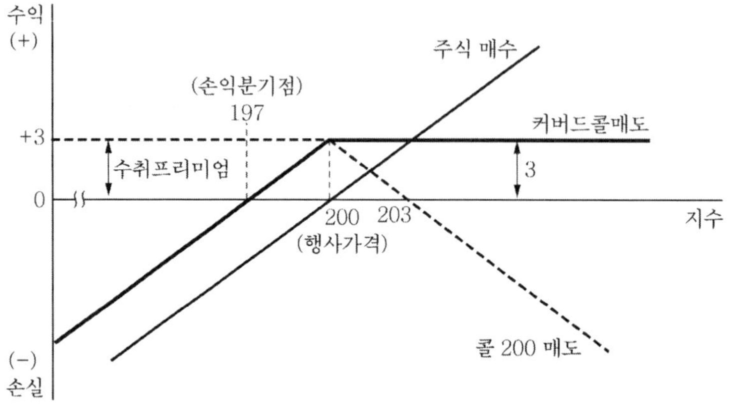

코스피200 지수		192	194	196	197	198	200	202	203	204	206	208
손익 (1,000만원)	주식 포트폴리오	−8	−6	−4	−3	−2	0	+2	+3	+4	+6	+8
	콜 200 1,000계약 매도	+3	+3	+3	+3	+3	+3	+1	0	−1	−3	−5
	계	−5	−3	−1	0	+1	+3	+3	+3	+3	+3	+3

6. 합성포지션전략

동일한 기초자산에 대해 같은 만기와 같은 행사가격의 콜옵션과 풋옵션 간에는 아래 식(10-3)과 같은 풋-콜 패리티가 성립한다는 사실을 제7장에서 이미 살펴보았다. 이같은 풋-콜 패리티가 성립한다는 조건하에서 옵션에 의한 기초자산 합성에 대해 살펴본 후, 합성옵션에 대해서도 살펴보도록 하겠다. 이같은 합성포지션에는 옵션의 기초자산을 옵션 기초자산의 선물로 대체하더라도 무방하다.

$$C + Ke^{-r(T-t)} = S_t + P \tag{10-3}$$

1) 기초자산 합성

같은 만기와 행사가격의 콜옵션과 풋옵션을 결합하면 기초자산과 동일한 포지션을 만들 수 있다. 즉 콜옵션을 매수함과 동시에 풋옵션을 매도하게 될 경우에는 기초자산을 매수한 경우와 같이 된다. 우리는 이를 합성기초자산매수포지션이라고 한다.

예를 들어 잔존만기가 T일 남아 있는 주가지수옵션에서 행사가격 K인 콜옵션 1계약을 가격 C로 매수하고, 같은 행사가격인 풋옵션 1계약을 가격 P로 매도하면 주가지수를 행사가격 K에 매수하는 것과 같은 합성기초자산매수포지션이 될 것이다. 아래 [그림 10-21]에서 보는 바와 같이, 합성기초자산매수포지션의 만기시 손익은 $S_T - K$와 같다.

그러나 투자자는 이같은 포지션을 구성하기 위해 콜옵션매수비용으로 C를 지급하고 풋옵션매도에 의해 프리미엄 P를 수취함으로써, $C - P(C > P)$만큼의 현금순유출이 이루어지게 된다. 따라서 합성기초자산매수포지션의 실제 매수가격은 $K + (C - P)$가 될 것이다. 이같이 현금순유출$(C - P)$의 연속복리의 이자비용을 감안하면, 합성기초자산매수가격은 아래 식(10-4)와 같다.

$$\text{합성기초자산매수가격} = K + (C - P) \times e^{r(T-t)} \qquad (10\text{-}4)$$

[그림 10-21] 합성기초자산매수포지션의 만기시 손익구조

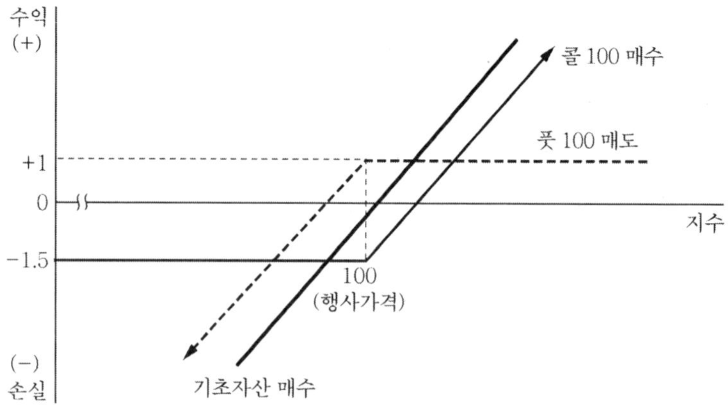

	$S_T \leq K$	$S_T > K$
K 콜옵션 매수	0	$(S_T - K)$
K 풋옵션 매도	$-(K - S_T)$	0
만기손익	$S_T - K$	$S_T - K$

이와 반대로 주가지수를 행사가격 K에 매도하는 것과 같은 합성기초자산매도포지션은 같은 만기와 행사가격의 콜옵션을 매도하고 풋옵션을 매수함으로써 만들 수 있다. 아래 [그림 10-22]에서 보는 바와 같이, 합성기초자산매도포지션의 만기시 손익은 $K - S_T$와 같다.

[그림 10-22] 합성기초자산매도포지션의 만기시 손익구조

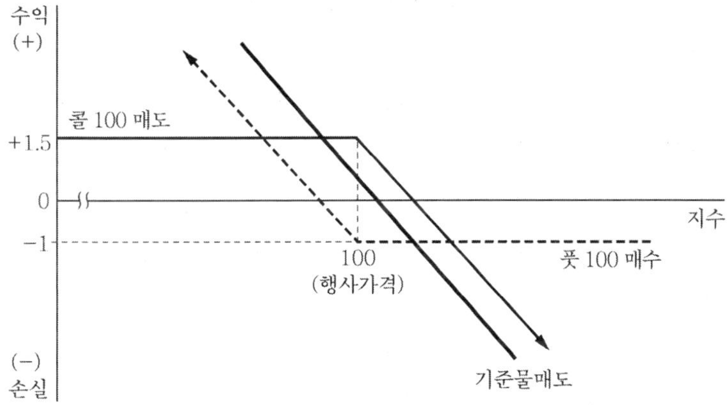

	$S_T \leq K$	$S_T > K$
K 콜옵션 매도	0	$-(S_T-K)$
K 풋옵션 매수	$(K-S_T)$	0
만기손익	$K-S_T$	$K-S_T$

이 때 투자자는 이같은 포지션을 구성하기 위해 콜옵션매도비용으로 C를 수취하고 풋옵션매수에 의해 프리미엄 P를 지급함으로써, $C-P(C>P)$만큼의 현금순유입이 이루어지게 된다. 따라서 합성기초자산매도포지션의 실제 매수가격은 $K-(C-P)$가 될 것이다. 이같이 현금순유입$(C-P)$의 연속복리의 이자비용을 감안하면, 합성기초자산매도가격은 아래 식 (10-5)와 같다.

$$\text{합성기초자산매도가격} = K-(C-P)\times e^{r(T-t)} \qquad (10\text{-}5)$$

2) 합성옵션

이제까지 살펴본 콜옵션과 풋옵션을 결합함으로써 기초자산을 합성하는 방법 이외에, 합성옵션이란 기초자산과 옵션 하나를 결합함으로써 또는 콜옵션과 풋옵션을 결합함으로써 합성옵션포지션 또는 합성기초자산포지션을 만드는 옵션거래전략을 말한다. 이같은 합성옵션은 유동성 또는 규제상의 문제로 인해 옵션 등을 매수하기 곤란한 경우에 이용된다. 즉 기초자산을 매수하고 풋옵션을 매수하는 경우는 콜옵션의 매수포지션을 합성할 수 있게 된다. 이는 앞서 말한 보호적풋매수와 같은 수익구조를 갖는 합성콜옵션매수(synthetic long call)포지션이라고 한다. 이 밖에도 합성풋옵션매수(synthetic long put)포지션, 합성콜옵션매도(synthetic short call)포지션, 합성풋옵션매도(synthetic short put) 포지션을 합성할 수가 있다. 이같은 합성옵션의 구성방법은 아래 〈표 10-16〉에 요약되어 있다.

〈표 10-16〉 합성포지션의 구성방법

합성 콜옵션 매수포지션	=	풋옵션 매수	+	기초자산 매수
합성 콜옵션 매도포지션	=	풋옵션 매도	+	기초자산 매도
합성 풋옵션 매수포지션	=	콜옵션 매수	+	기초자산 매도
합성 풋옵션 매도포지션	=	콜옵션 매도	+	기초자산 매수
합성 기초자산 매수포지션	=	콜옵션 매수	+	풋옵션 매도
합성 기초자산 매도포지션	=	콜옵션 매도	+	풋옵션 매수

7. 차익거래전략

옵션을 이용하는 차익거래란 옵션가격이 풋-콜 패리티의 균형상태가 무너지게 됨으로써 무위험수익을 얻게 되는 옵션거래전략을 말한다. 이같이 옵션을 이용한 차익거래에는 기초자산과 옵션을 이용하는 컨버전(conversion)전략과 리버설(reversal)전략, 그리고 옵션만 이용하는 박스(box)전략이 있다.

1) 컨버전

컨버전(conversion)전략이란 콜옵션이 풋옵션에 비해 상대적으로 고평가된 상태를 이용하는 차익거래전략을 말한다. 따라서 고평가된 콜옵션을 매도하면서 저평가된 풋옵션을 매수함으로써 옵션가격이 균형가격에 도달할 때 그 차익을 수익으로 얻게 되는 것이다.

즉 컨버전의 경우 풋-콜 패리티에서 $C+K_e^{-r(T-t)} < S+P$인 경우 고평가된 콜옵션을 매도하고 저평가된 풋옵션을 매수하는 과정을 거치게 되는데, 이같은 콜옵션매도와 풋옵션매수의 결합은 앞의 합성옵션에서 말한 바와 같이 합성기초자산매도포지션이 될 것이고 이에다가 무위험이자율로 투자자금을 차입하여 기초자산을 매수한다면 합성기초자산매도포지션과 실제 기초자산매수포지션으로 구성되게 된다. 여기서 콜옵션과 풋옵션, 그리고 기초자산을 모두 1단위씩 거래한다고 가정하고 이자비용이 무시할 수 있는 정도로 작다면, 컨버전수익은 아래 식(10-6)과 같이 될 것이다.

$$\Psi = (S_T - S_t) - [\mathrm{Max}(S_T - K,\ 0) - C] + [\mathrm{Max}(K - S_T,\ 0) - P] \tag{10-6}$$

(다만 Ψ: 컨버전수익, C: 콜옵션 프리미엄, P: 풋옵션 프리미엄, K: 행사가격, S_T: 만기시 기초자산가격, S_t: 현재 기초자산가격)

$$\begin{aligned} S_T < K\text{인 경우: } \Psi &= (S_T - S_t) - (S_T - K) + C - P = (K - S_t) + (C - P) \\ S_T \geq K\text{인 경우: } \Psi &= (S_T - S_t) + C + (K - S_T) - P = (K - S_t) + (C - P) \end{aligned} \tag{10-7}$$

$$\Psi = (K - S_t) + (C - P) \tag{10-8}$$

따라서 주식가격수준에 의한 컨버전수익은 위 식(10-7)과 같이 결정됨을 알 수 있다. 즉 컨버전수익은 위 식(10-8)에서 보는 바와 같이, 만기시 주가지수 수준과 관계없이 일정하게 된다. 이같이 컨버전이 이루어지는 상황은 풋-콜 패리티가 일시적으로 불균형상태를 보이는 시점이 될 것이며, 이 때 기초자산매수 또는 선물매수와 동시에 합성기초자산매도포지션을 결합함으로써 무위험차익을 얻을 수 있는 옵션거래 전략이다. 물론 선물을 이용한 차익거래와 마찬가지로 실제 거래에 있어서는 거래비용을 감안한 차익거래 불가능영역을 벗어나는 시점에서 컨버전전략이 유효해지는 것이다. 그리고 컨버전전략시의 수익구조는 아래 [그림 10-23]과 같다.

[그림 10-23] 컨버전전략시의 수익구조

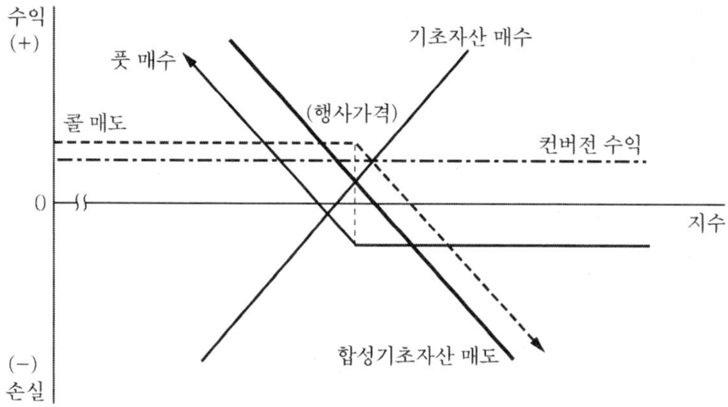

2) 리버설

리버설(reversal)전략이란 컨버전전략과 정반대로 상대적으로 고평가되어 있는 풋옵션을 매도하면서 상대적으로 저평가된 콜옵션을 매수함으로써 옵션가격이 균형가격에 도달할 때 그 차익을 수익으로 얻게 되는 차익거래전략을 말하며, 리버스 컨버전(reverse conversion)이라고도 한다.

즉 리버설의 경우 풋-콜 패리티에서 $C+K_e^{-r(T-t)}<S+P$인 경우 고평가된 풋옵션을 매도하고 저평가된 콜옵션을 매수하는 과정을 거치

게 되는데, 이같은 풋옵션매도와 콜옵션매수와의 결합은 앞의 합성옵션에서 말한 바와 같이 합성기초자산매수포지션이 될 것이고 이에다가 실제 기초자산의 매도포지션으로 구성되게 된다. 그리고 옵션의 기초자산을 매도하는 것을 공매도로 처리하거나 옵션기초자산의 선물을 매도하는 것으로 대체하더라도 무방하다. 여기서 콜옵션과 풋옵션, 그리고 기초자산을 모두 1단위 씩 거래한다고 가정하고 이자비용이 무시할 수 있는 정도로 작다면, 리버설수익은 다음의 식(10-9)와 같이 될 것이다.

$$\Psi = -(S_T - S_t) + [\mathrm{Max}(S_T - K,\ 0) - C] - [\mathrm{Max}(K - S_T,\ 0) - P] \tag{10-9}$$

(다만 Ψ: 리버설수익, C: 콜옵션 프리미엄, P: 풋옵션 프리미엄, K: 행사가격, S_T: 만기시 기초자산가격, S_t: 현재 기초자산가격)

$$\begin{aligned} &S_T < K\text{인 경우: } \Psi = -(S_T - S_t) + (S_T - K) - C + P = (S_t - K) + (P - C) \\ &S_T \geq K\text{인 경우: } \Psi = -(S_T - S_t) + (S_T - K) - C + P = (S_t - K) + (P - C) \end{aligned} \tag{10-10}$$

$$\Psi = (S_t - K_t) + (P - C) \tag{10-11}$$

따라서 리버설수익도 컨버전수익과 함께 위 식(10-11)에서 보는 바와 같이, 옵션만기시 주가지수 수준과 관계없이 일정하게 된다. 그리고 리버설전략시의 수익구조는 아래 [그림 10-24]와 같다.

[그림 10-24] 리버설전략시의 수익구조

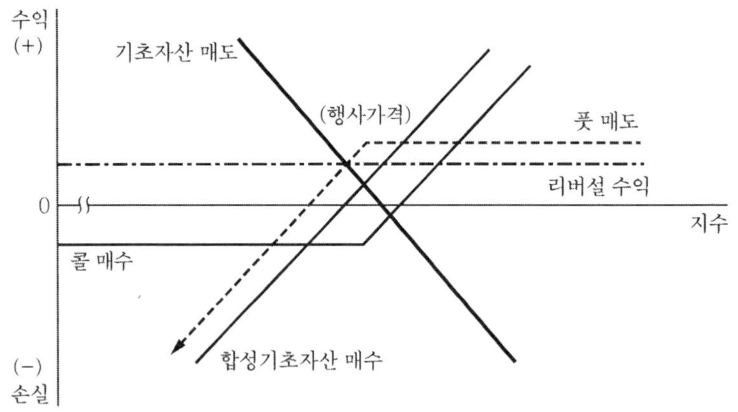

3) 박스거래전략

박스(box)거래전략이란 옵션을 이용한 합성포지션 간의 차익거래이다. 이같은 박스거래전략은 포지션 설정시 프리미엄을 지급하느냐 수취하느냐에 따라 크레디트박스거래전략과 데빗박스거래전략으로 구분된다. 그리고 박스의 구성은 다음과 같이 컨버전 구성과 리버설 구성의 합으로 정의된다.

박스 = 컨버전(K_1) + 리버설(K_2)

= 기초자산매수 + 콜옵션매도(K_1) + 풋옵션매수(K_1) + 기초자산매도 + 콜옵션매수(K_2) + 풋옵션매도(K_2)

= (기초자산매수 + 기초자산매도) + 콜옵션매도(K_1) + 풋옵션매수(K_1) + 콜옵션매수(K_2) + 풋옵션매도(K_2)

= 합성기초자산매도포지션(K_1) + 합성기초자산매수포지션(K_2) (10-12)

그런데 차익거래 초기의 현금흐름은 이같은 합성포지션의 행사가격

크기에 의해 달라진다. 즉 $K_1>K_2$인 경우는 초기에 프리미엄의 순유입이 이루어지고(크레디트박스거래시), 차익거래 수익은 [초기 프리미엄 순유입-(K_1-K_2)]가 될 것이다. 이와 반대로 $K_1<K_2$인 경우에는 초기에 프리미엄의 순유출이 이루어지고(데빗박스거래시), 차익거래 수익은 [(K_2-K_1)-초기 프리미엄 순유출]이 된다. 이제 박스거래전략에 대해 크레디트박스거래전략과 데빗박스거래전략으로 나누어 살펴보도록 한다.

4) 크레디트박스거래전략

크레디트박스(credit box)거래전략이란 합성기초자산매수포지션(콜옵션매수+풋옵션매도)에 이용된 행사가격이 합성기초자산매도포지션(콜옵션매도+풋옵션매수)에 이용된 행사가격보다 높은 경우의 옵션차익거래전략을 말한다. 이같은 크레디트박스거래전략의 특징은 거래시 프리미엄을 수취하는 구조이기 때문에 박스매도(selling a box)라고도 한다. 그리고 크레디트박스거래전략은 포지션을 설정하는 시점의 경우는 옵션거래에 의해 현금이 순유입되지만, 만기시점의 경우에는 옵션 행사가격 간의 차이만큼 순유출된다. 만기시 순유출이 포지션설정시의 현금순유입을 상회하지 않는다면, 일정한 수익을 얻게 되는 것이다.

예를 들어 6월물 행사가격 200.0인 콜옵션가격과 풋옵션가격이 각각 6.10포인트, 4.20포인트이고, 6월물 행사가격 197.50인 콜옵션가격과 풋옵션가격이 7.80포인트, 3.20포인트이라고 할 때, 크레디트박스거래전략을 이용하면 순수익이 얼마나 될까?

우선 크레디트박스거래전략에 의하면 차익거래시점인 현재에서의 손익은 아래 〈표 10-17〉과 같이 옵션거래에 의한 순현금흐름이 수익이기 때문에, 2.70(=4.60-1.90)의 수익을 얻게 될 것이다.

〈표 10-17〉 크레디트박스거래시 차익거래시점에서의 손익

콜옵션 197.5 매도 풋옵션 197.5 매수	+ 7.80 - 3.20	콜옵션 200.0 매수 풋옵션 200.0 매도	- 6.10 + 4.20
합성선물매도포지션 수익	+ 4.60	합성선물매수포지션 손실	- 1.90
총수익	+ 2.70		

그러나 만기시점에서의 손익은 아래 〈표 10-18〉과 같이 시황변동에 관계없이 크레디트박스의 구성에 이용된 옵션 행사가격의 차이(- 2.50)만큼 손실을 입게 된다. 따라서 만기시 지급해야 할 현금유출이 차익거래시 수취한 프리미엄(현금유입)보다 적다면, 옵션만기시 기초자산의 가격과 상관없이 항상 0.20(= 2.70 - 2.50)의 수익을 얻을 수 있게 될 것이다.

〈표 10-18〉 크레디트박스거래시 만기시점에서의 옵션포지션손익

	$S_T \le 197.5$	$197.5 < S_T < 200.0$	$200.0 \le S_T$
콜옵션 197.5 매도 콜옵션 200.0 매수 풋옵션 197.5 매수 풋옵션 200.0 매도	0 0 $197.5 - S_T$ $-(200.0 - S_T)$	$-(S_T - 197.5)$ 0 0 $-(200.0 - S_T)$	$-(S_T - 197.5)$ $S_T - 200.0$ 0 0
순손익	-2.50	-2.50	-2.50

이같은 크레디트박스거래전략을 요약해 보면 다음과 같다. 즉 합성기초자산매수포지션의 행사가격 > 합성기초자산매도포지션의 행사가격인 경우에는 포지션설정시 수익 > 만기시 손실이 되기 때문에, 크레디트박스거래에 의한 순이익은 다음과 같다.

$$\begin{aligned} \text{순수익} &= \text{포지션설정시 수익} - \text{만기시 손실} \\ &= \text{프리미엄차} - \text{행사가격차} \\ &= [(C_L + P_H) - (C_H + P_L)] - (K_H - K_L) \qquad (10\text{-}13) \end{aligned}$$

(다만 C_L: 낮은 행사가격의 콜옵션가격, C_H: 높은 행사가격의 콜옵션가격, P_L: 낮은 행사가격의 풋옵션가격, P_H: 높은 행사가격의 풋옵션가격)

5) 데빗박스거래전략

데빗박스(debit box)거래전략이란 합성기초자산매수포지션(콜옵션매수 + 풋옵션매도)에 이용된 행사가격이 합성기초자산매도포지션(콜옵션매도 + 풋옵션매수)에 이용된 행사가격보다 낮은 경우를 말한다. 이 같은 데빗박스거래전략은 크레디트박스거래전략과 달리 거래당시 프리미엄을 지급하는 구조를 갖고 있는 특징이 있기 때문에, 박스매수(buying a box)라고도 하며 따라서 포지션 개설시 현금이 있어야 한다. 그리고 데빗박스거래전략은 포지션을 설정하는 시점의 경우는 옵션거래에 의해 현금이 순유출되지만, 만기시점의 경우에는 옵션 행사가격 간의 차이만큼 순유입된다. 따라서 포지션설정시의 현금 순유출이 만기시 순유입을 상회하지 않는다면, 일정한 수익을 얻게 되는 것이다. 그러나 이같이 포지션 개설시 현금이 있어야 하기 때문에, 데빗박스거래전략은 크레디트박스거래전략에 비해 덜 이용되고 있다.

예를 들어 6월물 행사가격 200.0인 콜옵션가격과 풋옵션가격이 각각 6.10포인트, 4.20포인트이고, 6월물 행사가격 197.50인 콜옵션가격과 풋옵션가격이 7.80포인트, 3.20포인트이라고 할 때, 데빗박스거래전략을 이용하면 순수익이 얼마나 될까?

우선 데빗박스거래전략에 의하면 차익거래시점인 현재에서의 손익은 아래 〈표 10-19〉와 같이 옵션거래에 의한 순현금흐름이 손실이기 때문에, -2.70(=-4.60+1.90)의 손실을 입게 될 것이다.

〈표 10-19〉 데빗박스거래시 차익거래시점에서의 손익

콜옵션 197.5 매수 풋옵션 197.5 매도	-7.80 +3.20	콜옵션 200.0 매도 풋옵션 200.0 매수	+6.10 -4.20
합성선물매수포지션 손실	-4.60	성선물매도포지션 수익	+1.90
총손실	-2.70		

그러나 옵션만기시점에서의 손익은 아래 〈표 10-20〉과 같이 시황변동에 관계없이 데빗박스의 구성에 이용된 옵션 행사가격의 차이(-2.50)만큼 손실을 입게 된다. 따라서 데빗박스거래의 경우에는 지급해야 할 현금유출이 차익거래시 수취한 프리미엄(현금유입)보다 적다면 옵션만기시 기초자산의 가격과 상관없이 항상 순수익을 얻을 수 있다. 그러나 상기 예에서는 지급해야 할 현금유출이 차익거래시 수취한 프리미엄(현금유입)보다 크기 때문에, 즉 이미 크레디트박스거래의 경우 순수익을 얻었기 때문에 만기시 기초자산의 가격과 상관없이 항상 -0.20(=-2.70+2.50)의 손실을 입게 된 것이다.

〈표 10-20〉 데빗박스거래시 만기시점에서의 손익

	$S_T \leq 197.5$	$197.5 < S_T < 200.0$	$200.0 \leq S_T$
콜옵션 197.5 매수 콜옵션 200.0 매도 풋옵션 197.5 매도 풋옵션 200.0 매수	0 0 $-(200.0-S_T)$ $197.5-S_T$	0 $-(S_T-197.5)$ $-(200.0-S_T)$ 0	$S_T-200.0$ $-(S_T-197.5)$ 0 0
순손익	-2.50	-2.50	-2.50

이같은 데빗박스거래전략을 요약해 보면 크레디트박스거래전략과 반대로 다음과 같다. 즉 합성기초자산매수포지션의 행사가격<합성기초자산매도포지션의 행사가격인 경우에는 포지션설정시 손실<만기시 수익이 되기 때문에, 데빗박스거래에 의한 순이익은 다음과 같다.

순수익 = 만기시 수익-포지션설정시 손실
　　　= 행사가격차-프리미엄차
　　　$= (K_H - K_L) - [(C_L + P_H) - (C_H + P_L)]$　　　(10-14)

(다만 C_L: 낮은 행사가격의 콜옵션가격, C_H: 높은 행사가격의 콜옵션가격, P_L: 낮은 행사가격의 풋옵션가격, P_H: 높은 행사가격의 풋옵션가격)

〈부표〉 정규분포표

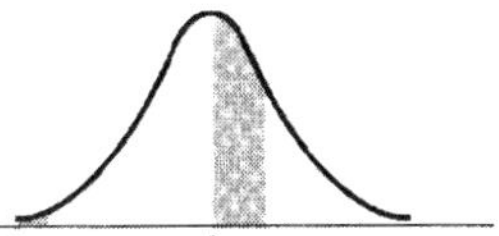

z	.00	.01	.02	.03	.04	.05	.06	.07	.08	.09
0.0	.0000	.0040	.0080	.0120	.0160	.0199	.0239	.0279	.0319	.0359
0.1	.0398	.0438	.0478	.0517	.0557	.0596	.0636	.0675	.0714	.0753
0.2	.0793	.0832	.0871	.0910	.0948	.0987	.1020	.1064	.1103	.1141
0.3	.1179	.1217	.1255	.1293	.1331	.1368	.1406	.1443	.1480	.1517
0.4	.1554	.1591	.1628	.1664	.1700	.1736	.1772	.1808	.1844	.1879
0.5	.1915	.1950	.1985	.2019	.2054	.2088	.2123	.2157	.2190	.2224
0.6	.2258	.2291	.2324	.2357	.2389	.2422	.2454	.2486	.2518	.2549
0.7	.2580	.2612	.2642	.2673	.2704	.2734	.2764	.2794	.2623	.2852
0.8	.2881	.2910	.2939	.2967	.2996	.3023	.3051	.3078	.3106	.3133
0.9	.3159	.3186	.3212	.3238	.3264	.3289	.3315	.3340	.3365	.3389
1.0	.3413	.3438	.3461	.3485	.3508	.3531	.3554	.3577	.3599	.3621
1.1	.3643	.3665	.3686	.3708	.3729	.3749	.3770	.3790	.3810	.3830
1.2	.3649	.3869	.3888	.3907	.3925	.3944	.3962	.3980	.3997	.4015
1.3	.4032	.4049	.4066	.4082	.4099	.4115	.4131	.4147	.4162	.4177
1.4	.4192	.4207	.4222	.4236	.4251	.4265	.4279	.4292	.4306	.4319
1.5	.4332	.4345	.4357	.4370	.4382	.4394	.4406	.4418	.4429	.4441
1.6	.4452	.4463	.4474	.4484	.4495	.4505	.4515	.4525	.4535	.4545
1.7	.4554	.4564	.4573	.4582	.4591	.4599	.4608	.4616	.4625	.4633
1.8	.4641	.4649	.4656	.4664	.4671	.4678	.4686	.4693	.4699	.4709
1.9	.4713	.4719	.4726	.4732	.4738	.4744	.4750	.4756	.4761	.4767
2.0	.4772	.4778	.4783	.4788	.4793	.4798	.4803	.4808	.4812	.4817
2.1	.4821	.4826	.4830	.4834	.4838	.4842	.4846	.4850	.4854	.4857
2.2	.4861	.4864	.4868	.4871	.4875	.4878	.4881	.4884	.4887	.4890
2.3	.4893	.4896	.4898	.4901	.4904	.4906	.4909	.4911	.4913	.4916
2.4	.4918	.4920	.4922	.4925	.4927	.4929	.4931	.4932	.4934	.4936
2.5	.4938	.4940	.4941	.4943	.4945	.4946	.4948	.4949	.4951	.4952
2.6	.4953	.4955	.4956	.4957	.4959	.4960	.4961	.4962	.4963	.4964
2.7	.4065	.4066	.4967	.4968	.4969	.4970	.4971	.4972	.4973	.4974
2.8	.4974	.4975	.4976	.4977	.4977	.4978	.4979	.4979	.4980	.4981
2.9	.4981	.4982	.4982	.4983	.4984	.4984	.4985	.4985	.4986	.4986
3.0	.4987	.4987	.4987	.4988	.4988	.4989	.4989	.4989	.4990	.4990
3.1	.4990	.4991	.4991	.4991	.4992	.4992	.4992	.4992	.4993	.4993
3.2	.4993	.4993	.4994	.4994	.4994	.4994	.4994	.4995	.4995	.4995
3.3	.4995	.4995	.4995	.4996	.4996	.4996	.4996	.4996	.4996	.4997
3.4	.4997	.4997	.4997	.4997	.4997	.4997	.4997	.4997	.4997	.4998
3.5	.4998	.4998	.4998	.4998	.4998	.4999	.4998	.4998	.4998	.4998
3.6	.4998	.4998	.4999	.4999	.4999	.4998	.4999	.4999	.4999	.4999
3.7	.4999	.4999	.4999	.4999	.4999	.4999	.4999	.4999	.4999	.4999
3.8	.4999	.4999	.4999	.4999	.4999	.4999	.4999	.4999	.4999	.4999
3.9	.5000	.5000	.5000	.5000	.5000	.5000	.5000	.5000	.5000	.5000

찾아보기

[ㅍ]

[ㅎ]

〈기타〉

[저자 약력]

• 조기현

서울대학교 졸업(농학사)
日本 同志社(DOSHISHA)大學 대학원 졸업(상학석사)
한국금융투자협회(조사부, 국제부, 장외관리실),
LG투자자문(주), 현대투자자문(주) 펀드매니저
국민대학교 경영학과 강사
수원과학대학교 증권금융과 겸임교수
현재 수원과학대학교 증권금융과 교수

〈저서 및 주요논문〉
한국에서의 사채등급제도에 대한 연구(일본어판)
「나의 장기투자기법」(www.fo24.co.kr)
『투자론』(공저, 청목출판사, 2012년)

금융파생상품

2014년 2월 25일 초판인쇄
2014년 3월 3일 초판발행

저 자 조 기 현
발행인 유 성 열
발행처 **청목출판사**
서울특별시 영등포구 신길로 40길 20
전화 (02) 849-6157(代) · 2820 / 833-6090~1
FAX (02) 849-0817
등록 제318-1994-000090호

파본은 바꾸어 드립니다. 값 15,000원

http : //www.chongmok.co.kr

ISBN 978-89-5565-563-6